一课研究丛书·图形与几何系列

主编　朱乐平

三角形和梯形面积教学研究

陈　敏　许含英◎著

教育科学出版社
·北　京·

出版人　所广一
策划编辑　郑　莉
项目统筹　郑　莉
责任编辑　郑　莉
版式设计　宗沅雅轩　贾艳凤
责任校对　贾静芳
责任印制　叶小峰

图书在版编目（CIP）数据

三角形和梯形面积教学研究/陈敏，许含英著. —北京：教育科学出版社，2014.1（2018.7重印）
（一课研究丛书 / 朱乐平主编. 图形与几何系列）
ISBN 978-7-5041-8228-9

Ⅰ.①三… Ⅱ.①陈… ②许… Ⅲ.①三角形—面积—教学研究—小学②梯形—面积—教学研究—小学 Ⅳ.①G623.502

中国版本图书馆CIP数据核字（2014）第009876号

一课研究丛书 · 图形与几何系列
三角形和梯形面积教学研究
SANJIAOXING HE TIXING MIANJI JIAOXUE YANJIU

出版发行	教育科学出版社		
社　址	北京 · 朝阳区安慧北里安园甲9号	市场部电话	010-64989009
邮　编	100101	编辑部电话	010-64981357
传　真	010-64891796	网　址	http://www.esph.com.cn
经　销	各地新华书店		
制　作	北京金奥都图文制作中心		
印　刷	保定市中画美凯印刷有限公司		
开　本	169毫米×239毫米　16开	版　次	2014年1月第1版
印　张	17.5	印　次	2018年7月第4次印刷
字　数	262千	定　价	43.00元

如有印装质量问题，请到所购图书销售部门联系调换。

丛书序

这是一套什么样的书?

你见过对一节课的研究形成一本十几万字的学术专著吗?

你见过查阅百年来课标（大纲）后综述对一节课的教学要求吗?

你见过对一节课的内容进行国内外多个版本教材比较吗?

你见过对主要杂志上关于一节课的研究成果进行综述吗?

你见过根据一节课的内容给出许多个不同的教学设计吗?

你见过对一节课的研究形成系列校本教研的活动方案吗?

你见过以作者与读者互动对话的形式写成的学术专著吗?

本丛书将让你见到上面所有的“样子”。

《一课研究丛书·图形与几何系列》（以下简称“丛书”）是对课的研究。其中的每一本都是围绕小学数学“图形与几何”领域的一节课（或两三节相关的课）进行多视角系统研究而形成。

研究的内容主要根据教师的课堂教学实践与理论水平提高的需要来确定。主要维度如下：

1. 数学知识维度。数学老师要上好一节课，就应该比学生有更多关于这节课的数学知识，即“上位数学知识”。它是指超越了小学数学一节课的内容，在初中、高中（或中等师范学校）以及大学数学中出现的相关数学知识。很显然，没有上位数学知识是无法上好一节课的，但只有上位的数学知识也远远不够，还必须能够从中获得教学的启示。也就是说，要把围绕一节课的上位数学知识与小学数学紧密结合，指导小学数学教学。这一维度的研究主要解决老师在知识上的“一桶水”问题。

2. 课程标准（教学大纲）维度。从理论上说，一个教师有了数学知识以后，首先要关注的就是课程标准（教学大纲）。这是因为数学课程标准（教学大纲）是一个规定了数学学科的课程性质、目标、内容和实施建议的教学指导性文件。对一节课展开研究应该从最高的纲领性文件入手，明确这节课的目标定位。丛书中所涉及的每一节课，其作者都查阅了自20世纪初到现在的一百多年来国内所有和国外部分数学课程标准（教学大纲），从标准的视角，展现出一节课教学要求的历史沿革过程并从中获得启示。

3. 教材比较维度。数学教材为学生学习一节课的内容提供了基本线索和知识结构，它是重要的数学课程资源。丛书对一节课的教材从多个角度进行比较研究。从时间的角度看，进行了纵向与横向比较研究。纵向比较研究是对不同时期出版的教材进行比较，特别是对同一个出版社或同一个主编不同时期编写的教材进行多角度比较，从历史的沿革中感悟一节课不同时期的编写特点；横向比较研究是对同一时期出版的多种不同版本教材进行比较。从地域的角度看，进行了中国大陆与港、澳、台教材的比较，以及国内外教材的比较。教材比较研究可以为研究这节课或去给小学生上这节课的老师开阔视野，帮助找到更多有价值的课程资源。丛书的每一本不但在正文中对教材进行了比较，而且还在附录中完整呈现了多个版本的相关教材，供读者进一步研究参考。

4. 理论指导维度。我们知道，没有实践的理论是空虚的，没有理论的实践是盲目的。要上好一节课，自然需要理论的指导。奇怪的是，虽然有许多教育理论，但要真正系统地指导一节课的时候，特别是要指导一节课进入实践操作时，却又常常是困难的。丛书在数学教育理论指导课堂教学方面做了探索，努力做到让理论进入课堂教学实践，使得实践者能够真正感受到理论的力量。

5. 学生起点维度。学生是学习的主体，要进行一节课的教学，自然要研究学生的起点。丛书不仅阐述了如何了解学生起点的方法，而且还围绕一节课的学习，对学生起点情况进行分析与研究，以便更好地进行教学设计。

6. 教学设计维度。有了上述五个维度的研究后，我们就可以进入教学设计的研究维度。丛书首先对一节课的教学设计进行综述，就是把散见在多种重要杂志和专著上的教学设计成果进行整理（比如，查阅《小学数学教师》《小学教学》等刊物自创刊以来的全部内容），试图明确这节课迄今为止的所有研究成果。然后再根据学生的情况和多个不同的角度设计出新的不同的教学过程。这些新的教学设计都可以直接进入课堂教学实践。

7. 课堂教学维度。有了教学设计就可以进入课堂教学研究。这一维度主要是对一节课进行课堂教学的观察与评价，具体阐述了如何从多个角度了解教师与学生的情况，如何对教师的教与学生的学进行观察与评价。

8. 课后评价维度。课后评价维度是指在学生学习了一节课以后，对学生的学习情况进行了解与评价。丛书主要从情感态度与“四基”（基础知识、基本技能、基本思想、基本活动经验）内容两大方面，对学生进行测查评价，包括如何进行课后测查与访谈，学生容易掌握的内容和容易出错的地方的调查与研究，等等。

9. 校本教研维度。校本教研的重要性不言而喻。丛书主要围绕一节课提供校本教研的活动方案。即提供了老师们对一节课开展系列研究的活动方案，以便在更广的范围内对一节课进行全面深入系统的研究。

上述九个维度是丛书研究的基本视角，丛书中每一本书的作者还会根据课的具体内容与特点有所侧重地展开研究。所以，每本书既有自己的个性，又有丛书的共性。

从写作形式来说，丛书中每一本书的目录基本都采用了问题形式，以便读者能够快速查到自己感兴趣的内容。正文中的阐述方式采用了平等对话的形式，并提出了一些问题让读者思考。这样的写作形式，试图拉近作者与读者的距离，增加读者的参与度，让读者更感亲切。

这套书是如何形成的？

时间与人员：丛书撰写历时五年。丛书作者 25 人，有省特级教师、省优秀教师、省市教坛新秀和骨干教师。他们都是“朱乐平小学数学名师工作室”的成员，是经过自愿报名、笔试、面试后，在众多的报名者中脱颖而出者。

目标与问题：丛书撰写的目标是为了与大家分享成果，试图在分享中促进数学老师的专业发展，让更多的老师能够减轻工作负担，提高数学教学水平。如何真正促进数学教师的专业发展？有人说，要“实践—认识—再实践—再认识”。这很正确，但任何一个专业要发展都应该如此。也有人说，要“多读书，多交流”。这很对，但对所有专业的发展都适用。还有人说，要“多实践，多反思”。这也很有道理，但缺少了教师专业发展的特点。

观念与操作：通过课例研究，促进专业发展——这是具有教师职业特点的专业发展之路。数学教师主要通过一节课一节课的教学体现出自己的专业水平，学生主要通过一节一节数学课的学习而成长。可见，对一节节课进行研究的重要性怎么强调都不会过分。数学教师通过一节一节课的研究定能提高自己的专业水准，而研究出的成果又可以与同行分享，并有可能减轻同行的工作负担。正是基于上面的这些想法，我们才花五年时间写出了这套丛书，希望同行们能够从中得到一些启迪。

由于水平所限，书中一定存在不足甚至错误，敬请读者批评指正。

朱乐平
2013 年 7 月于杭州

目录

上篇　三角形面积的教学研究

1　上位数学知识研究

1.1　三角形面积的计算公式及相关上位数学知识解读 / 6

什么是三角形的面积？/ 6

求三角形面积有哪些公式？/ 7

1.2　上位数学知识对教学的启示 / 12

平面图形面积计算教学可以按怎样的顺序展开？/ 12

在探求面积公式的过程中，可以渗透哪些数学思想方法？/ 14

要求三角形面积必须知道它的底和高吗？/ 15

2　教材编写比较研究

2.1　课程与教材比较研究综述 / 18

2.2　根据实验稿课标编写的教材比较研究 / 19

预设的教学基础有何异同？/ 20

分别是怎样导入的？/ 23

各呈现了哪些推导方法？/ 24

预设的学习方式有何异同？/ 27

习题的构成有何异同？/ 30

2.3 刘静和、张天孝主编的不同时期三种教材的比较研究 / 35

选取了哪三个时期的教材进行比较？/ 35

各安排在哪个年级教学？/ 36

单元结构有何不同？/ 37

课时结构有何相同之处？/ 39

引入方式有何异同？/ 41

推导方法有何异同？/ 42

出现了哪些类型的练习题？/ 42

2.4 日本教材比较研究 / 45

教育会社教材中有哪些特色内容？/ 45

启林馆教材中有哪些特色内容？/ 48

2.5 教材比较对教学的启示 / 51

3 学情研究

3.1 关于知识掌握水平的几种理论 / 54

3.2 学前基础测试与分析 / 55

测试的问题、对象与过程 / 56

测试的结果与分析 / 57

3.3 作业错误收集与归因 / 60

测试的问题、对象与过程 / 62

测试的结果与分析 / 64

4 教学设计比较研究

4.1 已有教学设计概述 / 68

4.2 已有教学设计比较 / 71

有几种不同的导入方式？/ 71

教学中是否组织学生数格子求面积？/ 73

为学生准备了什么样的学具？/ 74

采用怎样的教学形式来组织学生推导公式? / 75
先呈现哪种推导方法? / 78
如何处理转化图形与推导公式的关系? / 80
练习设计有何相同和不同? / 81
4.3 教学新设计 / 85
新授课设计 / 85
练习课设计 / 93
4.4 对教学新设计的效果评估 / 98
测试的内容、对象与过程 / 98
测试的结果与分析 / 99

5 校本教研活动方案

5.1 校本教研背景综述 / 101
5.2 校本教研活动方案举例 / 102
方案一:上位数学知识研究 / 102
方案二:学情研究 / 105
方案三:教学设计研究 / 108

下篇 梯形面积的教学研究

1 上位数学知识研究

1.1 上位数学知识解读 / 118
梯形面积公式推导的理论依据是什么? / 118
梯形面积公式推导的思想方法是什么? / 119
梯形面积公式的推导方法有哪些? / 122
梯形面积公式的变式有哪些? / 126
1.2 上位数学知识对教学的启示 / 128
梯形面积有什么教育价值? / 128

平行四边形、三角形和梯形面积之间有什么联系？/ 129
求钢管总根数能用梯形面积公式吗？/ 133

2 课程标准(教学大纲)研究

2.1 课程标准(教学大纲)对梯形面积的教学要求 / 136
“梯形面积”教学是从什么时候开始的？/ 136
课程标准(教学大纲)有哪些教学要求？/ 137
课程标准(教学大纲)的教学要求有什么变化？/ 138
2.2 课程标准(教学大纲)研究对教学的启示 / 140
从只强调计算结果到重视探索推导过程 / 140
从只强调实际应用到重视基本思想和基本活动经验 / 141

3 教材编写比较研究

3.1 2001 年以前教材比较 / 145
1949—1977 年教材是如何编写的？/ 145
1978—2000 年教材是如何编写的？/ 151
3.2 2001 年以后教材比较 / 154
选取哪些教材进行比较？/ 154
教材是怎样预设教学基础的？/ 154
教材是怎样安排年级的？/ 157
教材是怎样提出梯形面积计算的？/ 157
教材是怎样推导梯形面积计算公式的？/ 159
教材是怎样引导学生思考与交流的？/ 162
教材是怎样安排习题的？/ 165
3.3 刘静和、张天孝主编的不同时期四种教材的比较 / 170
选取了哪四个时期的教材进行比较？/ 171
怎样安排年级的？/ 171

依据哪个课程标准(教学大纲)编写? / 173
预设的学习起点是什么? / 173
课时结构是怎样的? / 176
引入方式有什么不同? / 177
怎样推导梯形面积公式的? / 179
是否呈现拓展性知识及其教育价值? / 184
3.4 日本教材编写情况介绍 / 185
课时结构是怎样的? / 185
设计了哪些练习? / 186

4 教学设计比较研究

4.1 教学设计综述 / 189
教学目标有什么变化? / 189
怎样引入新课? / 191
如何取舍多种推导方法? / 193
采用什么方式组织探索活动? / 195
如何引导学生交流探索结果? / 196
怎样选用习题? / 197
4.2 教学设计综述对教学的启示 / 200
4.3 教学新设计 / 202
4.4 优秀教学设计赏析 / 211

5 学情研究

5.1 学后基础测试的问题、对象与过程 / 221
研究的问题 / 221
研究的对象 / 221
研究的理论基础 / 221
研究内容 / 222

5.2 测试的结果与分析 / 222
“阅读”错误 / 223
“理解”错误 / 225
“转换”错误 / 226
“加工技能”错误 / 228
“编码”错误 / 229

参考文献 / 230

附　录 / 235
1 根据实验稿课标编写的“三角形面积”教材图片 / 237
2 根据实验稿课标编写的“梯形面积”教材图片 / 244
3 三角形面积的前测、后测试卷 / 252
4 梯形面积的后测试卷 / 256
5 三角形面积的教学片段欣赏 / 258
6 作业中部分题目学生错误情况统计 / 262

后　记 / 264

上篇　三角形面积的教学研究

1 上位数学知识研究

2 教材编写比较研究

3 学情研究

4 教学设计比较研究

5 校本教研活动方案

你上过“三角形面积”这节课吗？听过这节课吗？你知道吗，“三角形面积”成为小学数学教学内容的历史非常悠久。我们查到在1932年颁布的《小学各科课程标准·算术》中，第五、六学年即有一项作业为“面积和地积关系的实测与计算”；1941年的《小学算术科课程标准》第五学年第十项“简单地形的实测与计算”要目第2点也明确提出了“三角形面积的实测和计算”要求；此后，除1952年的《小学算术教学大纲（草案）》中曾短暂地将求图形面积局限为求长（正）方形面积以外，“三角形面积”一直是课程标准或教学大纲规定的教学内容。（课程教材研究所，1999）但在2001年新课程改革之前，对该内容的教学要求，始终停留在“掌握三角形的面积计算公式，并学会应用”。2001年颁布的《全日制义务教育数学课程标准（实验稿）》（简称“实验稿课标”），提出要“利用方格纸或割补等方法，探索并掌握三角形的面积公式”释放出强烈的教学转向的信号，即从把知道公式后“应用公式”当作教学重点转为把知道公式前“探索公式”作为重点。如何理解这种转向？理解之后，我们一线教师又该怎样去操作？这是时代提出的新课题。

目前查找到的资料，多为“三角形面积”一课的教学实录及反思，主要可以梳理出两方面的问题：

①在探索公式的过程中“体会化归思想”已被老师们认知为本课的一大教学目标，但与前一课“平行四边形面积”教学相比，本课体现化归的方法又有所不同。具体来说，当把平行四边形转化成长方形时进行的是等积转化（如图0-1），而要把三角形转化成平行四边形，则需构造它的镜像，即需要构造一个与之全等的三角形来拼合成平行四边形（如图0-2），这无疑是一个困难。

根据克莱门兹等人（Clements et al，2004）对图形构造能力层次的划分，我们可以认为，在前一次转化中，学生只是作为一个“堆砌者”（piece assembler），即根据平行四边形和长方形整体形状上的区别与联系实现转化，尤其是在老师已作好带有高的平行四边形的情况下。（如图0-1）而在后一次转化中，学生则需要达到“合同构图者”（substitution composer）的水平，他需要有意识地去构造一个合同图形（全等图形）以达到目的。（如图0-2）因此，不仅要在主观上追求思想方法方面的目标，更必须认真地追问：学生可能主动完成这样的图形转化吗？他们需要怎样的教学支持？还有其他图形转化的方法吗？

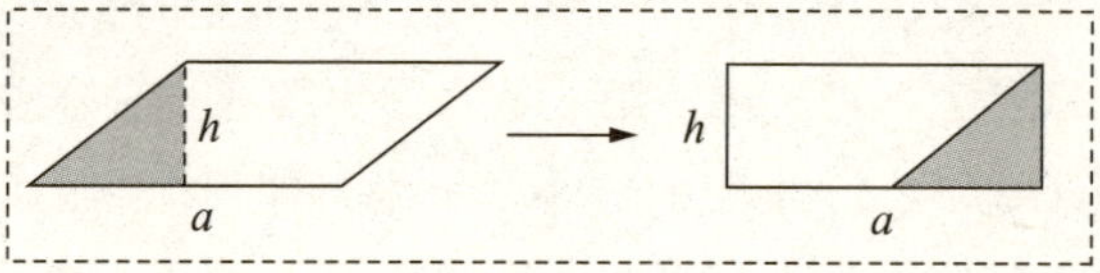

图 0－1

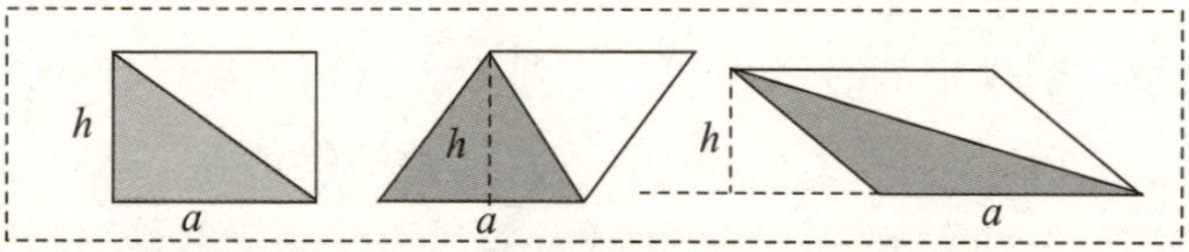

图 0－2

②由于展开了探索公式部分的教学，应用公式的习题数量减少了，这就更应该提升习题的质量。而好的习题应该像希尔伯特所说的那样，能够使练习者“锻炼其钢铁意志，发现新方法和新观点，达到更为广阔自由的境界”（周春荔 等，1993）。新课程背景下，练习应该如何设计？哪些练习有助于学生深刻地理解公式，即学生是否能将这个公式与数学学科中“更多的概念上很强大的思想联系起来”？（马立平，2011）[116]

尝试研究和解决这些问题，不仅有助于我们精加工“三角形面积”一课，使学生在本课中收获更多、更好，而且我们可以举一反三，将其中的经验迁移到其他图形度量属性的教学，甚至是其他领域内容的教学中去。

1

上位数学知识研究

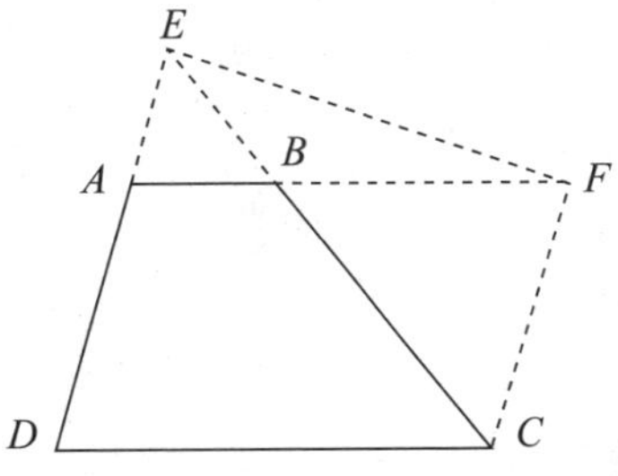

思考

林崇德等人（1996）的研究称："教师的本体性知识（注：即上位数学知识）与学生成绩之间几乎不存在统计上的关系。我们认为，教师需要知道一部分学科知识，以达到某种水平，但并非本体性知识越多越好。"对于这样的说法，你怎么看?

人们常说：要给学生一杯水，教师自身要有一桶水。但这种单纯强调知识量的"桶论"，随着新课程改革的深入，显示出了它的不足。人们质疑：为什么教师的教学能力没能随着教师的学历提高而提高呢？于是，在保持必要的水量的前提下，教师"桶"中的水质也受到了关注。马立平（2011）[118-119]对中、美小学数学教师的学科知识进行了对比研究，提出了"数学知识的深刻理解（PUFM）"的概念：不仅是对小学数学有很好的概念性理解——而且还是对小学数学中内在的概念结构和基本的数学态度的掌握，还有能为概念结构提供的基础并把那些基本的态度传授给学生的能力。深刻理解数学包括了宽度、深度和完整度。

那么对于三角形面积，教师"桶"中应保持怎样的水量？哪些基础知识、基本方法是必须掌握的？进而，对这些知识、方法又该持有怎样的"深刻的理解"？在本章中，我们将与你一起来学习、交流和探讨这些问题。

1.1 三角形面积的计算公式及相关上位数学知识解读

什么是三角形的面积？

根据面积的含义，三角形所围成的区域表面的大小，就是三角形的面积。它可以通过面积单位的度量来得到。

比如，对图 1－1 中的直角三角形 ABC，容易在计数单位格数的时候想到，它的面积正好是相应长方形 $ABCD$ 的一半：$7\times4\div2=14$。

进一步，可推导出锐角三角形和钝角三角形的面积计数方法，如图 1－2 和图 1－3 所示。

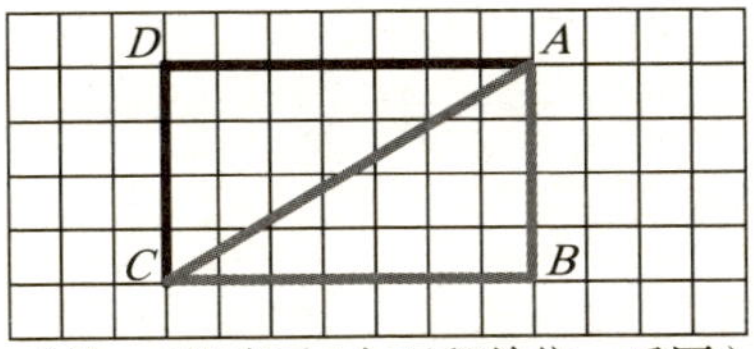

图 1－1

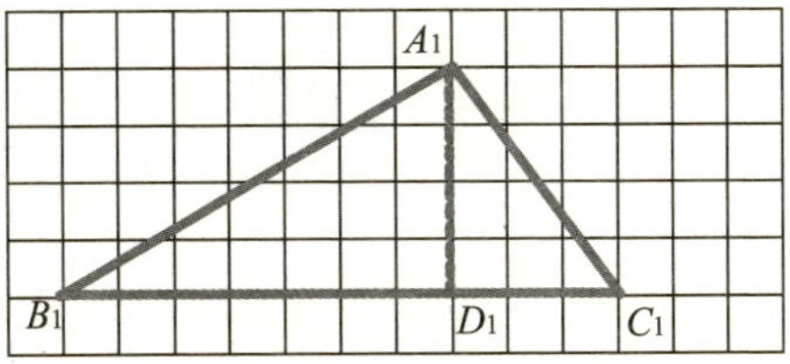

图 1－2

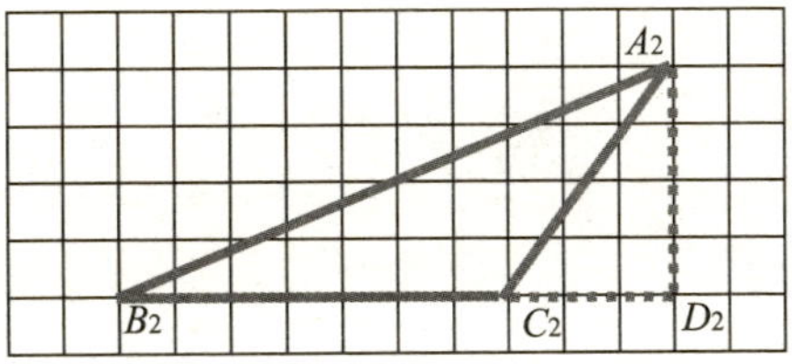

图 1－3

$$\begin{aligned}S_{\triangle A_1B_1C_1}&=S_{\triangle A_1B_1D_1}+S_{\triangle A_1C_1D_1}\\&=7\times4\div2+3\times4\div2\\&=14+6\\&=20\end{aligned}$$

$$\begin{aligned}S_{\triangle A_2B_2C_2}&=S_{\triangle A_2B_2D_2}-S_{\triangle A_2C_2D_2}\\&=10\times4\div2-3\times4\div2\\&=20-6\\&=14\end{aligned}$$

求三角形面积有哪些公式？

曹培英（2006）认为，造成教师本体性知识缺失的职后原因，首要的是学习的遗忘。而遗忘是学习的客观规律，职后培训应常常结合教材帮助教师回忆、分析有关数学知识。

> **思考**
>
> 在小学，我们是怎样求三角形面积的？在中学，我们又可以怎样求三角形的面积？要求三角形的面积，必须知道底和高吗？

下面，我们一起来复习中小学教材中出现过的三种三角形面积计算公式。

（1）$S_{三角形}=\frac{1}{2}ah$（a 表示底边长，h 表示高度）

一般小学教材中，会通过割补的办法，将平行四边形转化为相应的长方形，得到平行四边形面积的一般求法。即 $S_{平行四边形}=ah$。（如图 1-4）

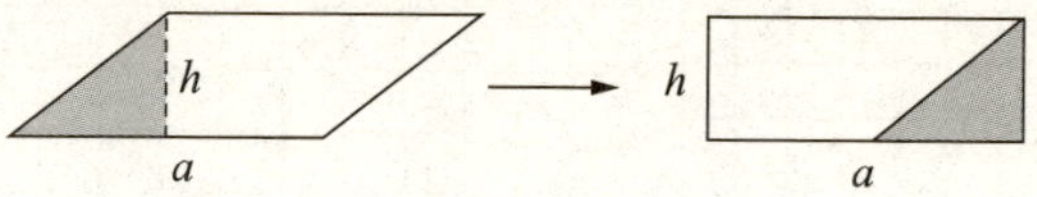

图 1-4

进而，利用两个全等的三角形可以拼接成一个平行四边形，推导出一般三角形的面积公式：$S_{三角形}=\frac{1}{2}ah$。（如图 1-5）

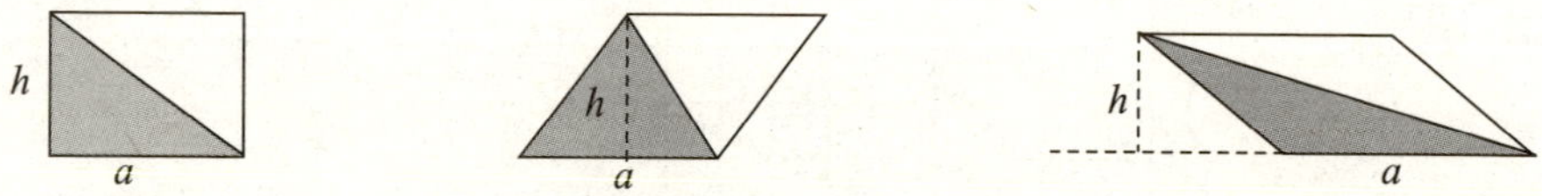

图 1-5

（2）$S_{三角形}=\frac{1}{2}ab\sin A$（$a$、$b$ 指相邻两边长度，A 为两边夹角）

三角函数中规定，对任一直角三角形 ABC 中的锐角 A（如图 1-6），有：$\sin A=\frac{a}{c}$，$\cos A=\frac{b}{c}$，$\tan A=\frac{a}{b}$。

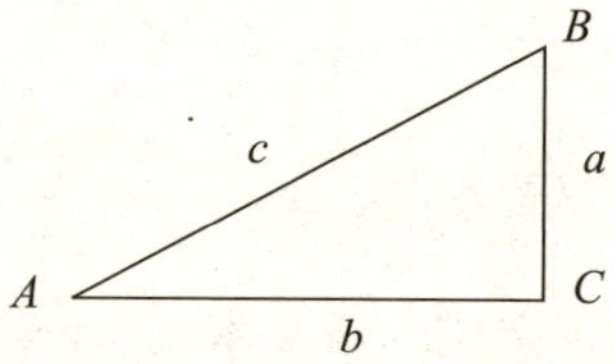

图 1-6

推广到任意角 α，以其一条边（始边）为 x 轴正向、顶点 O 为原点建立直角坐标系，在另一边（终边）上任取一点（非原点）$P(x,y)$，记 $r=OP=\sqrt{x^2+y^2}>0$。（如图 1-7）则：$\sin\alpha=\frac{y}{r}$，$\cos\alpha=\frac{x}{r}$，$\tan\alpha=\frac{y}{x}$。

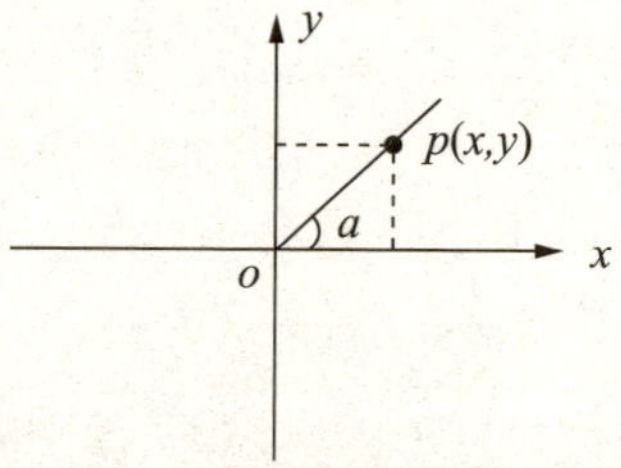

图 1-7

这里需要强调的是，若$\beta = 2k\pi + \alpha$（$k \in \mathbf{Z}$），β 与 α 的同名三角函数值是相同的，即凡是终边相同的角的三角函数值相等。三角函数的值因角的终边所处象限的不同，有正负的区别。

容易发现，如图 1 -8，对任意三角形 ABC，有 $h = b \cdot \frac{h}{b} = b \cdot \sin A$，故 $S_{\text{三角形}} = \frac{1}{2}ah = \frac{1}{2}ab\sin A$。

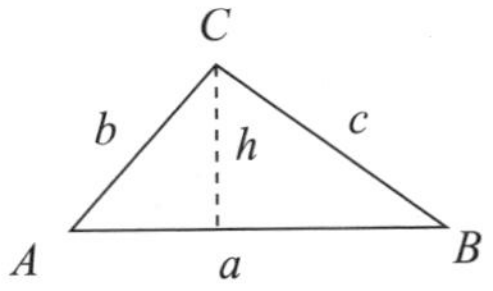

图 1 -8

受张景中院士《三角下放　全局皆活》一文的启发，张奠宙（2006）先生提出三角里的正弦函数可以在小学里引进。正弦的定义怎么给呢？正好与三角形面积的算法相联系。先生的设想是：从正方形出发，把单位正方形“压扁”成菱形（菱形的一个锐角是 A）。通过操作，可以直观地发现，压得越扁，即$\angle A$ 越小，面积也越小。张先生将压扁后菱形的面积与原正方形的面积之比妙喻为面积打的“折扣”，这个折扣就是$\angle A$ 的正弦函数，即 $\sin A$。这样，用单位菱形（面积为：$1 \cdot 1 \cdot \sin A = \sin A$）来度量，得到两边长为 a、b 的平行四边形面积为 $ab \cdot \sin A$，其中 A 是两边的夹角。而与其等底等高的三角形，即两边长为 a、b，夹角为 A 的三角形，其面积为 $\frac{1}{2}ab\sin A$。

（3）海伦公式

从上文可知，对任一三角形 ABC（如图 1 -9），

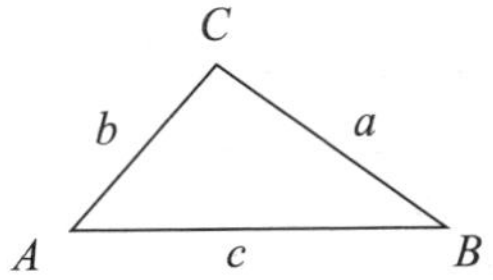

图 1 -9

有： $$S_{\triangle ABC}=\frac{1}{2}ab\sin C=\frac{1}{2}bc\sin A=\frac{1}{2}ac\sin B$$

使等式的每一项都除以$\frac{1}{2}abc$，

得： $$\frac{\sin C}{c}=\frac{\sin A}{a}=\frac{\sin B}{b} \tag{1}$$

这就是正弦定律。

下面，我们来推导余弦定律，仍以三角形 ABC 为例（如图 1－10），根据余弦定义，可知：

$$\begin{cases} b\cos A+a\cos B=c \\ c\cos B+b\cos C=a \\ a\cos C+c\cos A=b \end{cases}$$

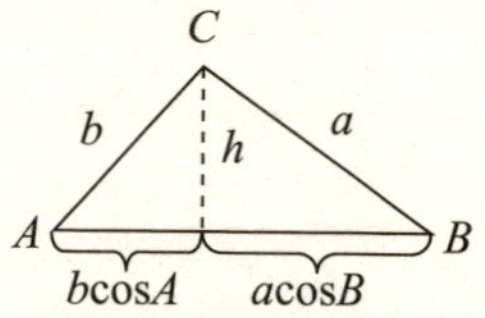

图 1－10

解上面方程组，

得： $$\begin{cases} \cos A=\dfrac{b^2+c^2-a^2}{2bc} \\ \cos B=\dfrac{a^2+c^2-b^2}{2ac} \\ \cos C=\dfrac{a^2+b^2-c^2}{2ab} \end{cases} \tag{2}$$

这就是余弦定律。

从余弦定律，我们可以看到，三角形的三个内角分别是其三边边长的函数。换言之，三角形的三边长唯一确定了它三个内角的大小。这也是三角形稳定性的一个说明。

现在，我们用余弦定律来证明正弦定律。

$$\begin{aligned}\frac{\sin^2 A}{a^2}&=\frac{1-\cos^2 A}{a^2}\\ &=\frac{1}{4a^2b^2c^2}[4b^2c^2-(b^2+c^2-a^2)^2]\\ &=\frac{1}{4a^2b^2c^2}[2(a^2b^2+b^2c^2+a^2c^2)-(a^4+b^4+c^4)] \qquad (3)\end{aligned}$$

因为上式的右侧是 a、b、c 的对称式，所以：$\frac{\sin^2 A}{a^2}=\frac{\sin^2 B}{b^2}=\frac{\sin^2 C}{c^2}$ （4）

而$\frac{\sin A}{a}$，$\frac{\sin B}{b}$，$\frac{\sin C}{c}$恒为正，

所以：$\frac{\sin A}{a}=\frac{\sin B}{b}=\frac{\sin C}{c}$

$$=\frac{\sqrt{2\left(a^2b^2+b^2c^2+a^2c^2\right)-\left(a^4+b^4+c^4\right)}}{2abc}$$

$$=\frac{\sqrt{2\sum a^2b^2-\sum a^4}}{2abc} \tag{5}$$

（$\sum a^2b^2=a^2b^2+b^2c^2+a^2c^2$，$\sum a^4=a^4+b^4+c^4$ 是常用的简约写法）

对比式（1）和式（5），

得：
$$16S_{三角形}^2=2\sum a^2b^2-\sum a^4$$
$$=(a+b+c)(a+b-c)(a-b+c)(-a+b+c)$$

（从这里也可看出，三角形任两边之和若等于第三边，则其面积为0）通常把它改写成：

$$S_{三角形}=\sqrt{s(s-a)(s-b)(s-c)} \qquad \left(s=\frac{a+b+c}{2}\right)$$

这就是著名的海伦公式，也有译作希伦公式、海龙公式的，传说是古代的叙拉古国王海伦二世发现的（约1世纪）。但根据 Morris Kline 出版的著作考证，这个公式其实是阿基米德所发现，假托海伦二世之名发表的。（张奠宙 等，2009）

我国南宋时期的数学家秦九韶（约1208—1261年）也独立发现了相似的公式。他在《数书九章》一书中写道：

以小斜幂并大斜幂减中斜幂，余半之。自乘于上，以小斜幂乘大斜幂，减上，余四约之，为实：一边多隅，开平方得积。

即：
$$S_{三角形}=\sqrt{\frac{a^2c^2-\left(\frac{a^2+c^2-b^2}{2}\right)}{4}}$$

秦九韶把这个公式称为三斜求积公式，实质上与海伦公式是一样的。由于这两个公式形式不同而实质相同，而且两人又是完全独立发现的，因此，人们通常称它们为“海伦—秦九韶公式”。（张奠宙 等，2009）[150-151]

自此，人们只需测量三角形三边的长度，即可求得三角形的面积。而且特别是，任一 n 边形都可以分割成（$n-2$）个三角形，所以这个公式也

可以推广至任意多边形的面积求取。

1.2 上位数学知识对教学的启示

我们梳理三角形面积计算的有关知识和方法，并不仅仅为了唤起对几个公式的记忆，更希望对这些公式能有一个“深刻的理解”。怎么才算是从教学上“理解”了这些公式呢？我们认为，至少应明确：①三角形面积计算公式与其他平面图形面积计算公式之间有怎样的联系？为什么要安排在长方形和平行四边形面积计算之后教学？这样安排之后，三角形面积计算教学的目标应该如何定位？②在学习三角形面积计算公式的过程中，承载和强化着哪些数学基本思想？可以借此锻炼和培养学生哪些方面的数学思维？

平面图形面积计算教学可以按怎样的顺序展开？

显然，平面图形的面积计算可以遵循这样的教学顺序：先教学长方形（含正方形）的面积计算，然后引导学生把平行四边形转化成长方形，因此得到平行四边形的面积计算法则。进一步，指导学生用两个全等的三角形拼成一个平行四边形，从而得到三角形的面积算法。同样，用两个全等的梯形拼成一个平行四边形，亦可得到梯形的面积等于这个平行四边形面积的$\frac{1}{2}$。最后，化曲为直，使学生直观体会到可以将圆尽量多地（无限）细分，近似地拼成（逼近）长方形、平行四边形、三角形或梯形，推导出圆面积公式。这也是我们通常见到的小学数学教材中的教学顺序。（如图 1－11）

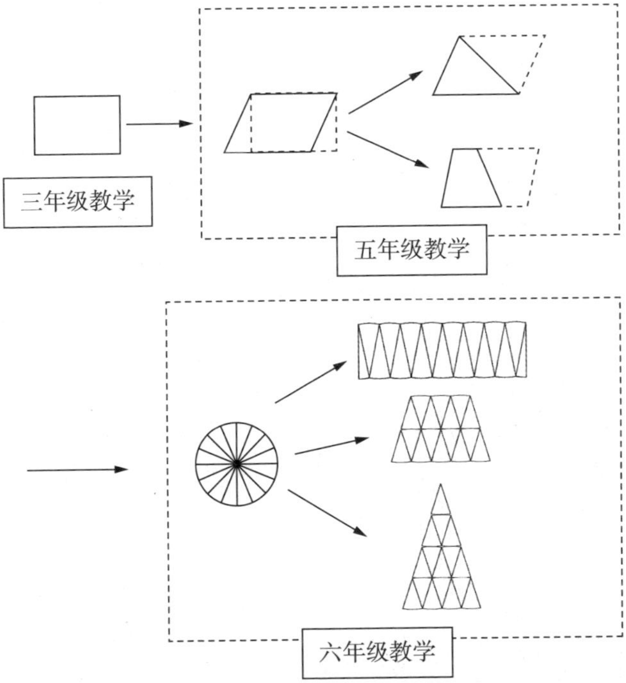

图 1－11

另一方面，平面图形的面积计算也可以紧扣“面积”的度量意义，在教学面积单位——单位正方形的基础上，先根据面积计算的乘法模型得出长方形的面积计算方法。如图 1－12，长方形 *ABCD* 含有 4×3 个面积单位，即它的面积为 $4\times3=12$。

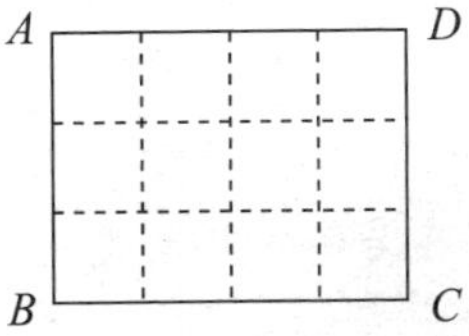

图 1－12

容易发现直角三角形的面积等于对应长方形面积的一半，进一步地可推导出锐角三角形和钝角三角形面积的算法，从而推导出三角形面积 = 底 × 高 × $\frac{1}{2}$。

平行四边形、梯形都可通过对角线分成两个三角形，因此可以用三角形面积计算公式来导出平行四边形与梯形面积的计算法则。

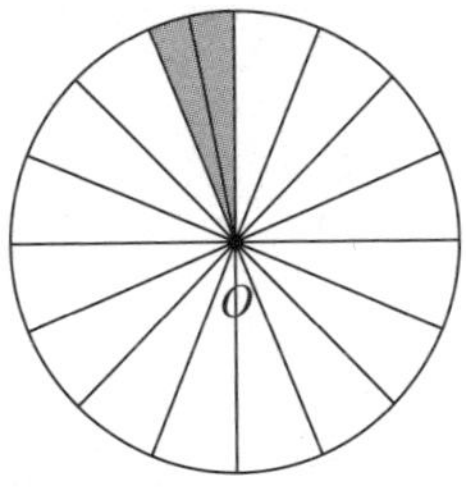

图 1－13

最后，可将圆无限细分成近似三角形，再同样以三角形面积之和来求圆面积。如图 1－13，将⊙*O*

进行 16 等分，则每一个小扇形的面积可近似地按三角形面积计算：$\frac{C}{16}\cdot r\cdot\frac{1}{2}$。

那么整个圆的面积为

$$16\cdot\left(\frac{C}{16}\cdot r\cdot\frac{1}{2}\right)=\frac{1}{2}cr=\frac{1}{2}\ (2\pi r)\ r=\pi r^2$$

这一教学路径强调把三角形作为基本的图形。

在探求面积公式的过程中，可以渗透哪些数学思想方法？

“化归”的思想方法在三角形面积公式探求过程中得到了生动的体现。所谓化归，简单地说，就是化新为旧、化繁为简、化难为易，即：

未知的、复杂的问题 —（变形、分解）→ 已知的、简单的问题

波利亚（2007）[8-21]在著作《怎样解题》中给过这样一些思路：

你以前见过它吗？你是否见过相同的问题而形式稍有不同？

你是否知道与此相关的问题？你是否知道一个可能用得上的定理？

这里有一个与你现在的问题有关，且早已解决的问题。你能不能利用它？能利用它的结果吗？能利用它的方法吗？为了能利用它，你是否应该引入某些辅助元素？

……

化归思想的核心，是用联系的、整体的观点来看待问题、分析问题和解决问题。这在数学学习和研究中非常重要。

现在我们来看三角形的面积计算。

作为目标的问题是：

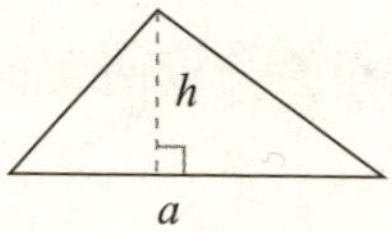

$S_1=?$

而人们通过“加倍”，将问题转化成为：

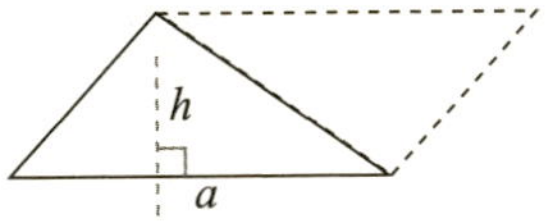

$2S_1 = ?$

根据先有的平行四边形面积计算公式，可知 $2S_1 = ab$。由此，$S_1 = \frac{1}{2}ab$。

引导学生在面对三角形面积计算这一新问题时，自觉地想到“是否能用学习过的图形面积来推算它?”，并自主地经历图形面积之间的转化、比较和推算过程，较之单纯地让学生知道三角形面积计算公式，其教学价值孰大孰小，不言而喻。

补充一点，“加倍法”（“镜像法”）是一种典型的化归方法。譬如，求 $S_1 = 1 + 2 + 3 + \cdots + 99$，可构造它的“镜像” $S_2 = 99 + 98 + 97 + \cdots + 1$ 使原问题“加倍”成 $S_3 = (1 + 99) + (2 + 98) + (3 + 97) + \cdots + (1 + 99) = 100 + 100 + \cdots + 100$。$S_3$ 显然等于 100×99，即 9900，所以 $S_1 = \frac{9900}{2} = 4950$。

思考

有人说，“化归”是典型的数学思维方式之一。在小学里，还有哪些问题是应用化归思路来解决的? 不妨先制作一张空表，然后逐步把相关教学内容填充进去，这样三五年后，我们对小学数学内容的思想方法体系一定会有新的认识。

蕴含化归思想的教学内容整理表

册 数	目标问题	化归问题	教学分析	备 注

要求三角形面积必须知道它的底和高吗?

在实际教学中，我们常常遇到教师这样告诫学生——

师：要求三角形面积必须知道什么?

生：它的底和高。

教师满意地点头。

而根据前面上位数学知识的分析，我们只能说知道了三角形的底和高，可以求出三角形的面积，但其逆命题并不成立。即三角形的底和高是求三角形面积的充分而非必要条件。且不说到了初中，知道两边一角或者知道三边就能求得三角形面积，即使在小学阶段，也存在着一些习题，不需要求底和高，只要理清图形之间的关系就能得出三角形面积了。比如：

已知右图梯形 *ABCD* 的面积是 50 平方厘米，三角形 *ABD* 的面积是 20 平方厘米。求图中阴影部分的面积。

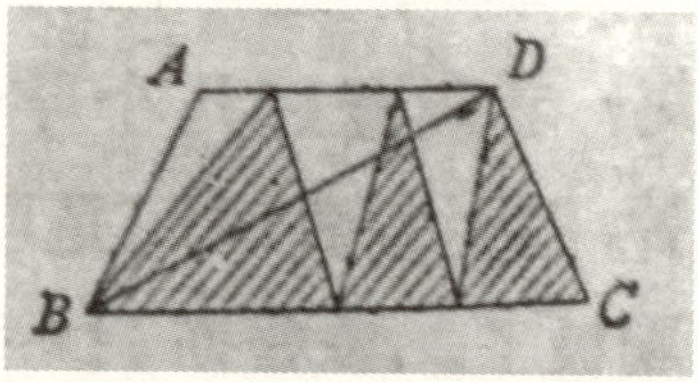

解：$S_{阴} = S_{\triangle BDC} = 50 - 20 = 30$（平方厘米）。

如果学生一味苦思本题中各图形的底、高数据，就会陷入泥沼。很多时候，学生解题思路的刻板恰恰源于教师教学的僵化。

2

教材编写比较研究

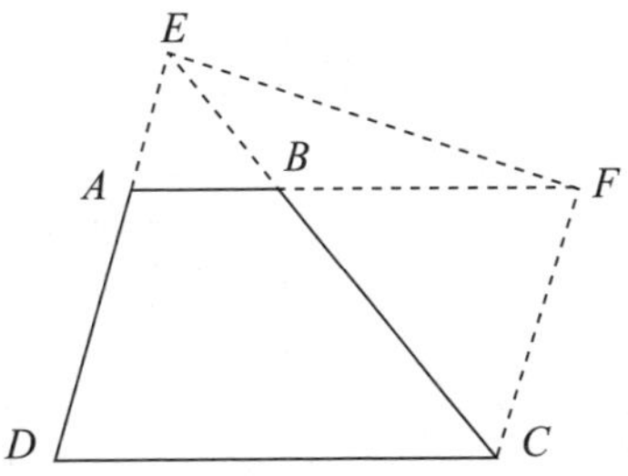

教材提供了学生学习的具体内容和基本结构，是教学的直接和主要依据。教材是教材编写者意图的物化，体现了教材编写者对相关教学理论和教学实践的思考与主张。本章将梳理现有的教材比较文献，以此为鉴，对收集到的“三角形面积”课时教材进行横向和纵向的比较研究，获得一些结论。需说明的是，这里横向的比较研究，是对同一时期不同版本教材的编写进行比较，以概括共性，感悟特色；所谓纵向的比较研究，则主要是对同一版本教材不同时期的编写进行比较，从而试图分析历史的沿革和未来的趋向。

2.1 课程与教材比较研究综述

国际的比较教育研究蓬勃发展，越来越多的专家和学者认可课程在学生学习和教师培训中所起的重要作用。有一种假说是：各国学生在国际数学学业成就测试中的表现不同，是因为每个国家课程设置不同。第二次国际数学教育研究（The Second International Mathematics Study，简称 SIMS）的研究证明，日本的预期课程和执行课程其知识的深度和广度要比美国大得多。Harnisch 等于 1985 年的比较研究也揭示出特定的数学课程的设计和设置在美国和日本学生的成绩差异中起着主导作用。Stigler 等在 1982 年分析了来自日本、中国台湾和美国的基础数学教材，用于确定引入各种概念和技巧的年级水平。他们共发现相关概念和技巧 320 条，其中 91% 出现在日本的教材体系中，而在美国的教材中只涉及 78%。Fuson 等在 1988 年调查了在小学引入加法和减法的年级水平，发现同苏联、日本及中国大陆、中国台湾的教材相比，美国数学教材引入加、减法的时间相对要晚一些。对一套美国教材（Eicholz 等于 1987 年编写）和一套中国教材（人民教育出版社数学室于 1987 年编写）的比较发现，内容方面也存在差异。Flanders1987 年统计发现，美国教材中各个年级新内容的百分比在 40% 到 65% 之间，而蔡金法（2007）[58-60]按 Flanders 的方法分析了中国教材，发现每个年级中超过 95% 的教学内容是新的，旧内容主要在每本教材末尾复习部分中。马立平（2012）发表文章指出中国小学数学教材的基本结构在很长一段时期内属于“核心学科结构”，即以“小学算术”为主体，在算术教学发展的某些阶段，分别插入相宜的其他数学领域的内容教学；而美国的课程采用“条目并列型”结构，即列出数学基础概念的若干方面，如数字与运算、度量衡、几何、数据分析等，各个方面齐头并进，共同贯穿小学数学教学。

中国国内也出现了不少教材比较研究方面的文章。鲍建生（2002）提出数学课程综合难度的概念，并构建了课程难度的多因素模型，借此研究、比较了中英初中数学期望课程，得出了一些有益于保持中国数学课程优势同时改进不足的结论和建议。曹培英（2000）选择上海地方性教材与日本教材对比，概括出中日小学数学教材在教学内容、编排体系和编写方法方面的差异。张天孝等（2005）总结了美、日、德等发达国家小学数学教材建设方面的共性特点，提出了中国小学数学教材建设的新思路。此外，孟庆玲（2008）的硕士论文《“人教版”与“华师版”初中数学教材比较》，高文君等（2009）《中美教材习题的数学认知水平比较——以二次方程及函数为例》，刘丽（2010）《有关“除法的初步认识”和“有余数的除法”的教材比较研究》，吴玉兰（2010）《“角的认识”实物图使用的教材比较研究》等为教材比较研究提供了新的、微观的角度，从而使研究更贴近实践。

总体而言，教材比较是教学研究的一个重要分支项目，但目前单就一个课时的教学内容对不同版本教材进行深入分析的资料很少。

2.2 根据实验稿课标编写的教材比较研究

我们阅读并分析了《全日制义务教育数学课程标准（实验稿）》颁布后审查通过的六套教材中“三角形面积”这一课。这六套教材分别由人民教育出版社于2005年、江苏教育出版社于2005年、北京师范大学出版社于2005年、西南师范大学出版社于2005年、浙江教育出版社于2006年、青岛出版社于2006年出版（以下分别简称“人教版”、“苏教版”、“北师版”、“西师版”、“浙教版”、“青岛版”，教材内容详见附录1）。通过比较不同教材对这一内容的编排，揣摩课程专家对“三角形面积”教学有怎样的期望和见解，为教师开展有效教学提供参考。

预设的教学基础有何异同？

思考

你教学的是哪个版本的教材？在这套教材中，“三角形面积”安排在几年级教学？对平行四边形、三角形和梯形面积，教材是怎样安排它们的教学顺序的？这样安排的依据是什么？

六套教材基本都按“平行四边形面积”、“三角形面积”和“梯形面积”的顺序集成一个单元，安排在五年级上教学。也就是说，六套教材都默认平行四边形的面积计算是三角形面积计算的基础。这个基础包含两层意思：①可以利用平行四边形的面积计算公式推导三角形的面积计算公式。②可以借鉴把平行四边形转化成长方形的方法把三角形转化成平行四边形。这当然是一条理想的路径，但对于后者，前文的理论分析已表明，学生在具体的图形转化方面存在困难，尤其是可能不能主动联想到要构造一个全等的镜像图形来突破思考。

部分教材对此有所考虑。比如，浙教版教材采用“长铺垫”策略，在前期即穿插了如下的练习。

二年级上册“认识平行四边形”

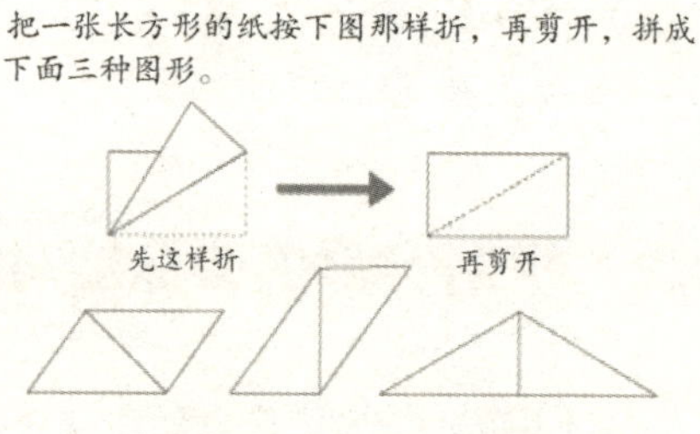

三年级上册“整理与应用四”

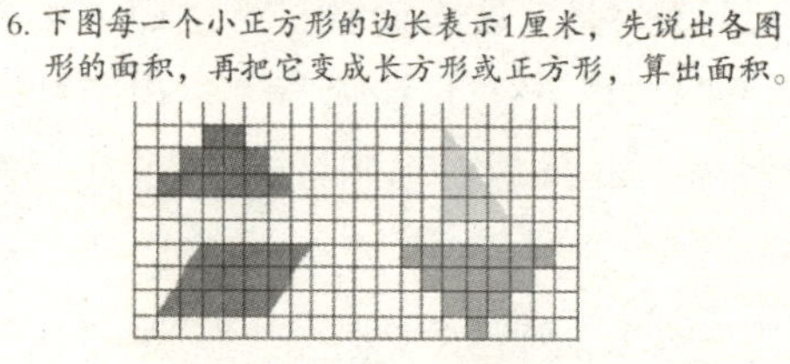

三年级下册“练一练八”

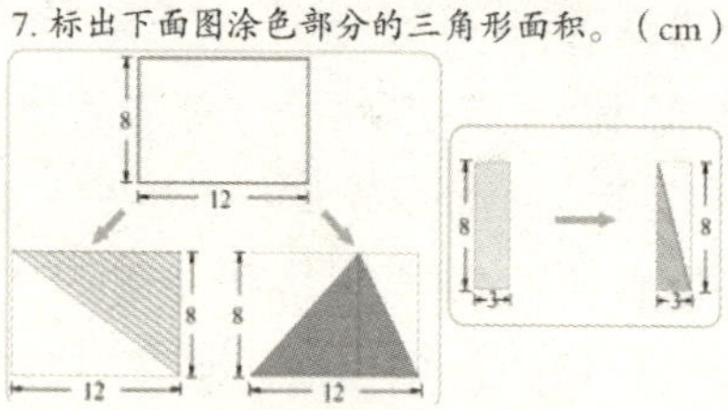

四年级下册“练一练五”

图 2－1

而北师版和苏教版则力促“近迁移”，即将学习经验迁移到相近的学习情况中，直接在这一单元的起始安排了专讲图形等积变换的课。

北师版安排了两节，分别名为“比较图形的面积”和“地毯上图形的面积”。教材在比较图形面积的过程中渗透了割补和拼接的方法（如图2－2和图2－3）；而在数方格毯上图形面积时，则强调了面积的意义，并渗透了多角度观察图形、多方法求取面积的思想。（如图2－4）

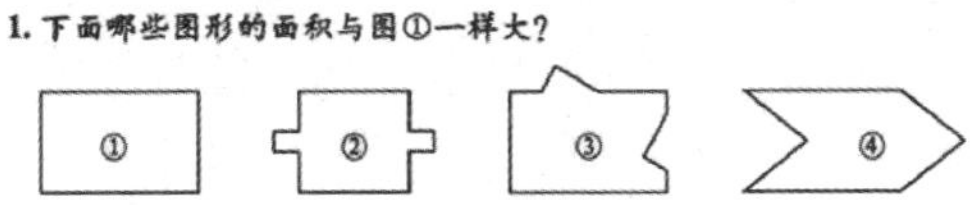

图2－2

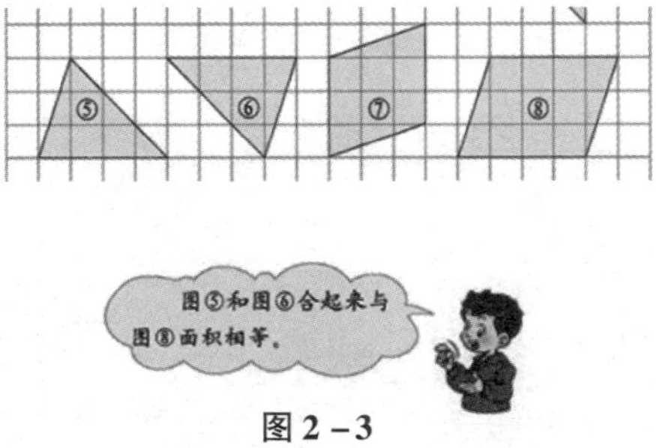

图2－3

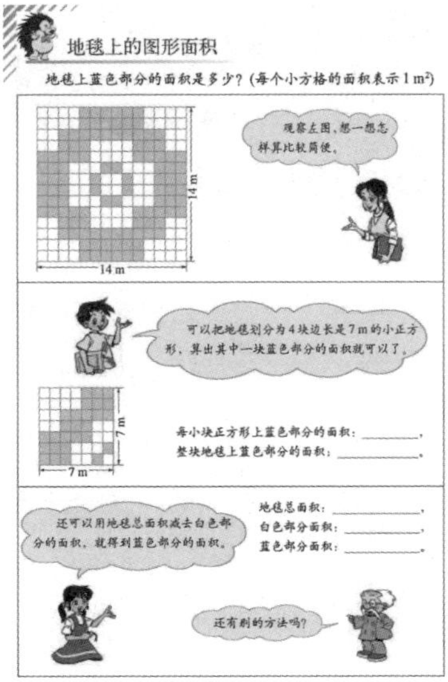

图2－4

苏教版安排了一节数面积的课：一方面为强化面积概念，另一方面也暗示了割补的思路。（如图2-5）值得一提的是，这一课中还安排了估测不规则图形面积的活动（如图2-6），学生可以从中体会到单纯使用单位面积来度量的不足，并初步发展起一些近似处理的方法，如近似拼整与近似取舍。

图2-5

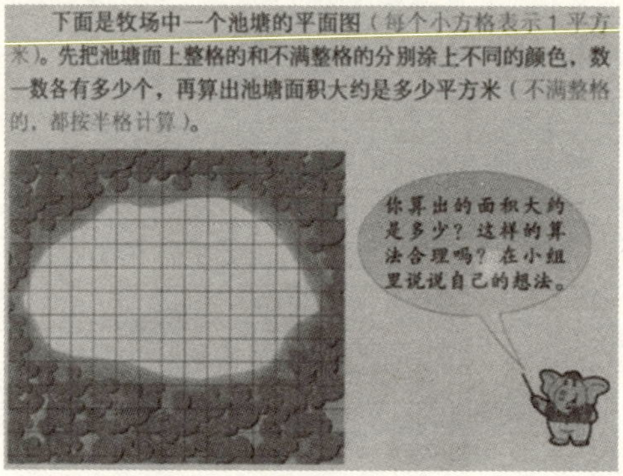

图2-6

应说明，可以通过“一对一”的等积变换把三角形变成平行四边形（如图2-7）。但对学习者而言，它有“硬伤”：因为根据教材的编写，学生在此前并没有系统学习过“中位线”的有关概念和定理，即从理论上讲，学生要主动构造出$\triangle EFC\cong\triangle EDA$的可能性很小。

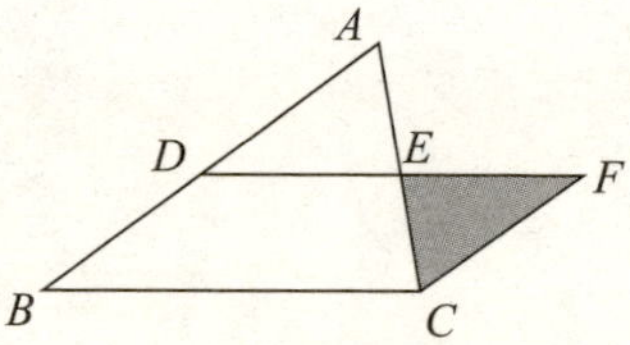

图2-7

即对任一三角形ABC，取AB的中点D，AC的中点E，连接DE并延长。作$CF/\!/BD$并与DE的延长线相交于F。

△ 分别是怎样导入的？

思考

下面呈现了两个版本教材的引入部分，请你比较这两种引入方式有什么不同？如果你上课，会采用哪种引入方式？为什么？

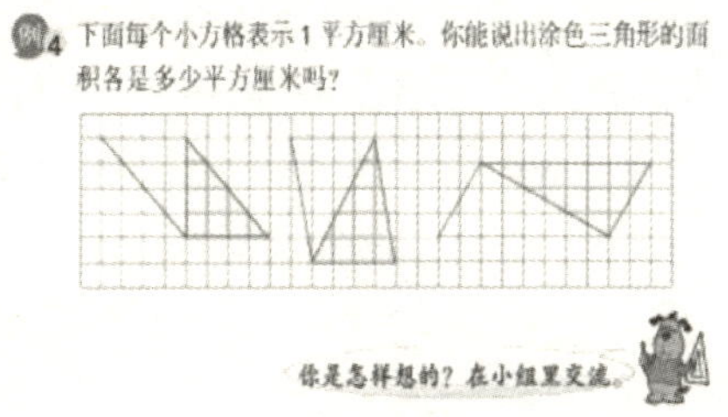

苏教版

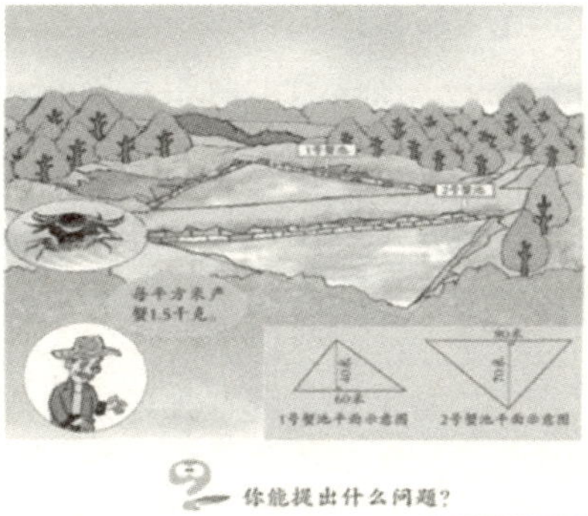

青岛版

教材中主要出现了两种导入方式。一种是基于实际问题的解决，即求三角形形状的物体表面的面积。如人教版提出“怎样求红领巾的面积？”，北师版要求一张三角形彩纸的面积，浙教版给出的是一块三角形的麦田，青岛版则是两个三角形的蟹池。另一种是基于数学学习本身的进程。如西师版以“前面是怎样探讨平行四边形面积的计算方法的？”开门见山，直奔主题——“你能把三角形转化成哪些我们会计算面积的图形？”，突出了化归的基本思想。苏教版则秉承面积的意义，先要求学生计数带方格背景的三角形的面积（且每个三角形都带有其对应的平行四边形，如本页“思考”中左图），为促成从平行四边形面积到三角形面积的迁移做了明显的暗示。

从具体的情境引发数学问题的产生，多为新课程所强调。有学者称这样能让学生感受到数学与生活的密切联系，鼓励兴趣；有学者指此是数学建模的第一步；如此云云，意见纷呈。就本课来讲，我们的理解是：①实际问题最好具有相当的真实感。即在生活过程中确实容易碰到这样的问题并且有必要去研究。基于这样的考量，现行教材中的几个引子，不免有为情境而情境之嫌。比如，青岛版的蟹池，虽然颇有地方特色，但一般的蟹池总是长方形的居多（在农技资料中提到蟹池形状以东西向的长方形为佳）。给出一个三角形的蟹池显然是研究三角形的需要，而不是养蟹的需要。②学生最好对于这个实际问题有一些积极的经验，也就是说，这些经验能帮助他们更好地理解问题的实质，或者对解决问题的方法有一定的启示。那么前面所列的几种教材情境，恐怕还是彩纸较有操作探究的可能，其他情境只是更多地说明有必要去学习三角形面积计算，对具体的算法研究并无实质作用。

学生是在学习了面积和面积单位、长方形面积计算及平行四边形面积计算的基础上遇到求三角形面积的问题的，而无论是通过单位面积的度量，还是转化成长方形或平行四边形来计算，都是正确有效的路径，因此立足于数学知识之间的联系与发展来展开教与学，于情于理都是非常合适的。

各呈现了哪些推导方法？

思考

你知道可以用哪些方法来推导三角形的面积计算公式？请写一写。这些方法中，你觉得最容易为学生所接受的是哪一种？

六套教材主要采用了两种不同的推导方法。

方法一：用两个全等的三角形拼成一个平行四边形，进而根据平行四边形的面积计算公式推导出三角形的面积计算公式。

这是所有教材都用到的一条推导路径。所不同的是，西师版和北师版只出现了用两个全等的锐角三角形合拼成平行四边形的案例，而其余四套教材则同时呈现了直角三角形、锐角三角形和钝角三角形三类案例。

方法二：将三角形沿一条中位线剪开，割补成平行四边形，进而根据平行四边形的面积计算公式推导出三角形的面积计算公式。（如图 2－7）

北师版、西师版和浙教版都用到这种思路。浙教版同时呈现了将三角形割补成等底半高的平行四边形和半底等高的平行四边形两个例子（如图 2－8）。

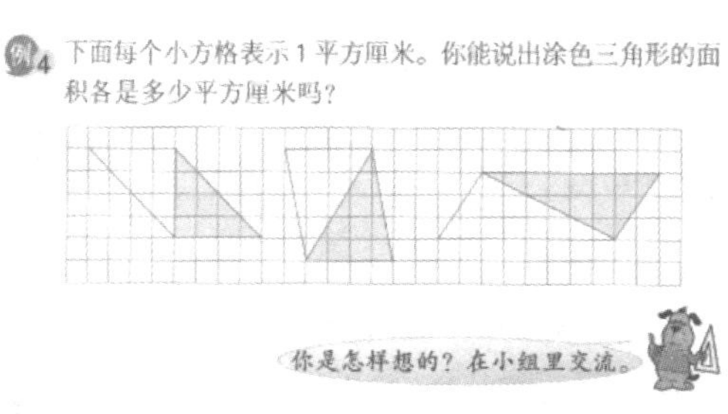

图 2 – 8

此外，苏教版以阅读资料的形式介绍了第三种推导方案——刘徽的“以盈补虚”法。即分别过三角形两边的中点作第三边（一般为底边）的垂线，然后将三角形割补成长方形。(如图 2 – 9)

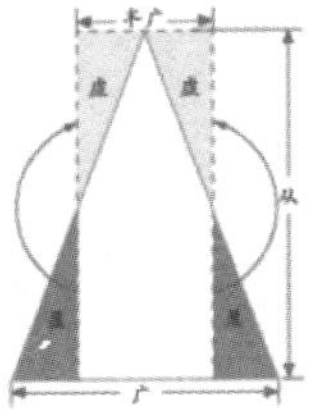

图 2 – 9

表 2 – 1　六套教材中三角形面积推导方法一览

方法 \ 教材	人教版	北师版	苏教版	浙教版	西师版	青岛版
全等拼接	√	√	√	√	√	√
中位线割补	—	√	—	√	√	—
以盈补虚	—	—	√	—	—	—

综上，各套教材均以“全等拼接，折半求积”的方法为核心方法。原因可能是：①刚刚教学过平行四边形，学生比较容易联想到把三角形转化成平行四边形。②转化成的平行四边形与原三角形各部分之间的关系比较明确。如前文第 23 页“思考”中的左图，所拼成的平行四边形与原三角形等底等高，而面积正好是原三角形的两倍，因此可得三角形面积 = 底 × 高 ÷ 2。无论是图形操作，还是公式推导，都显得直截了当。而上面提到的另两种方法，一来需要更多的图形知识，如怎样知道沿中位线剪下的图形与原中位线以下梯形部分能拼成一个平行四边形呢？严格地讲，需要平行四边形的判定定理。如何知道拼成的平行四边形的高度是原三角形高度的一半呢？要用到平行线分线段成比例定理。诸如此类，学生都只能直观感知。再者底和高中至少有一者发生了变化，则在推导公式的过程中需要应用

运算定律对运算顺序做出一定的调整，也可能会造成一些干扰，如图 2－10。因 $DE \parallel BC$，故 $KG:AG=EC:AC=1:2$，故 $S_{三角形ABC}=S_{平行四边形DBCF}=a\cdot\left(\frac{1}{2}h\right)=\frac{1}{2}ah$。③对后续学习有所帮助。构造全等三角形的思路可直接作用于下一节梯形面积的探索。如图 2－11，把两个全等的梯形 $ABCD$ 与 $CDEF$ 拼成一个平行四边形，有 $S_{梯形ABCD}=\frac{1}{2}S_{平行四边形CDEF}=\frac{1}{2}(a+b)h$。

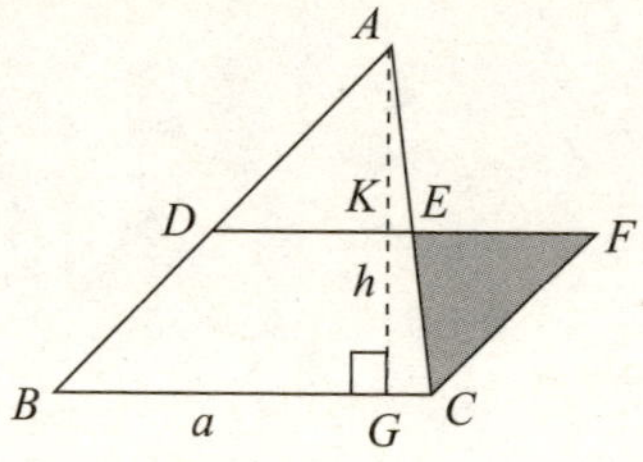

图 2－10

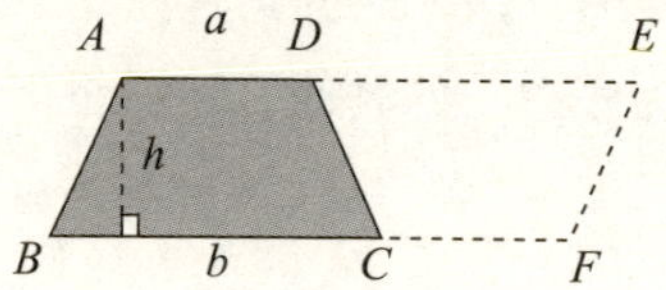

图 2－11

在第 1 章上位数学知识的解读中，已提到加倍法（或者称“镜像法”）是常用的化归策略之一，可用于许多其他数学问题的解决。与教材中前一课把平行四边形割补成长方形不同，在这里，编写者突破了现有图形的局限，自觉构造了一个新的图形来帮助问题得到解决，表现出一定的前瞻性和创造性，这是思维的飞跃。进而，人们还可以根据解决问题的需要，构造任何有辅助作用的辅助线、辅助图形、辅助函数等。而这，“也常常是数学家扇动直觉与逻辑的双翼，实现数学创造的地方”（郑毓信，2008）。

多数教材呈现两种推导思路，可以看作开放课堂的信号。到了五年级，学生在几何直观和几何度量方面都有一定的积累，完全可能自主来探索三角形的面积计算。不同的学生一般会有不同的想法。从另一个方面来说，教材呈现多种推导方法，并不意味着教学就要落实各种推导方法。对三角形面积计算来说，我们认为全等拼接的方法是主要的。对中位线割补等，则：①应看所教班级基础。主要是能否胜任在一节课中有多种推导，并切实体会到各种推导过程中蕴含的基本思想方法，而不至于从一个活动转到另一个活动，动手、动眼、不动心（脑），对每个活动在数学思维上的精髓都只是囫囵吞枣。②应注意提供合适的材料。在学生对中位线、全等、平行等概念较为生涩的情况下，浙教版在每一个待转化和转化过程中的图形上都附有作为计量单位的方格背景，使得对图形量性特征的刻画更加直观，有助于学生观察、思考、操作和交流，这种做法颇为可取。

预设的学习方式有何异同?

(1) 推导方式比较

六套教材中有三套教材——人教版、西师版和青岛版——以学生讨论的形式展开三角形面积计算公式的推导，预设学生能自主想到从三角形到平行四边形的转化，并进而讨论三角形与转化成的平行四边形各部分之间的关系。(如图 2－12) 另三套教材——北师版、苏教版和浙教版，则指导学生在活动中研究三角形面积计算。它们一般会先说明要进行的操作活动，然后提出需在操作中思考的问题。(如图 2－13)

青岛版

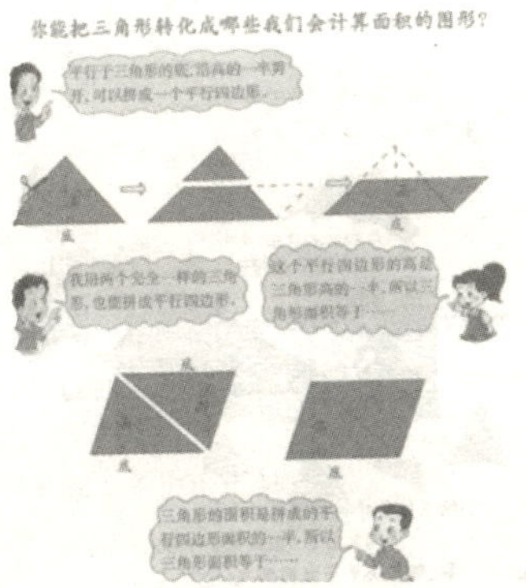

西师版

图 2－12

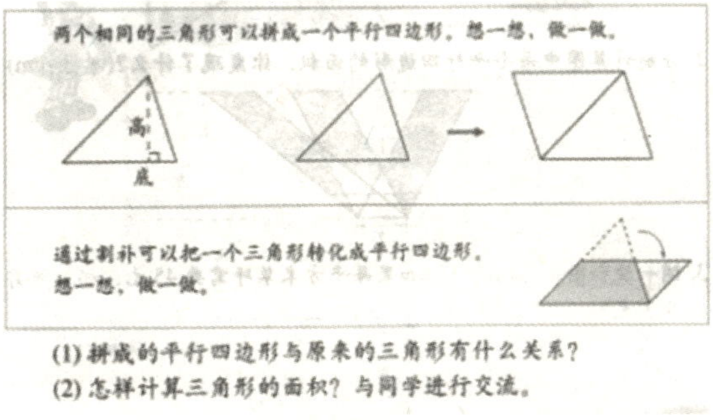

北师版

图 2－13

思考

你上课时，会采用哪种活动形式？该形式的利弊各是什么？

以上两种学习形式虽略有区别，但都体现出新课程对学生主体地位的强调。即学生应在个别化的活动和集体性的交流中，“再创造”数学知识，感悟数学方法，形成数学态度；而不仅仅是对前人概括的公式和概括公式的过程一唱三叹、奉为圭臬。

同时，需指出的是，个别教材在呈现的细节上值得琢磨。

苏教版走了一条“归纳”的路线。在推导的环节中，它先给出了三个带有底、高数据的不同类别的三角形（分别是直角三角形、锐角三角形和钝角三角形），要求学生列表填写、计算三角形与拼成的对应平行四边形的底、高及面积。（如图 2－14）

例5 从第123页上选一个三角形剪下来，看看与下面哪个三角形可以拼成平行四边形。先拼一拼，再求出拼成的平行四边形和每个三角形的面积，在小组里交流，并填写下表。

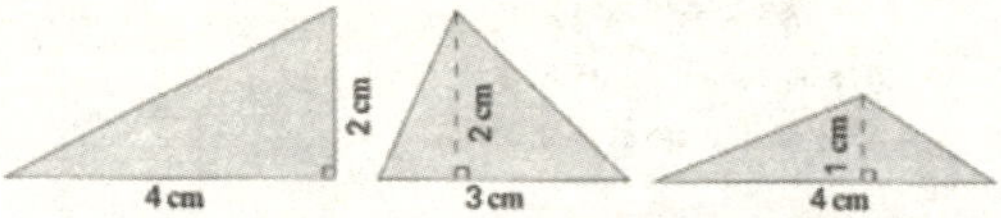

拼成的平行四边形			三角形		
底（cm）	高（cm）	面积（cm²）	底（cm）	高（cm）	面积（cm²）

图 2－14

然后对不同类别三角形相同的数据关系进行抽象。（如图 2－15）

小组讨论：

（1）拼成平行四边形的两个三角形有什么关系？

（2）拼成的平行四边形的底和高与三角形的底和高有什么关系？每个三角形的面积与拼成的平行四边形的面积呢？

（3）根据平行四边形的面积公式，怎样求三角形的面积？

图 2－15

苏教版对于“任意三角形都可以和与自己全等的三角形拼成平行四边形”、“任意三角形的面积都等于与之等底等高的平行四边形面积的一半”这些结论的解释是比较细腻的。

前已述及，浙教版对整个推导过程中的图形都附有单位方格背景，因此它也是在具体数据中讨论三角形面积与等底等高的平行四边形面积之间的关系的。这就使得那些对讨论任一三角形与对应平行四边形关系感到抽象的学生有了“实实在在”的可以计数和计算的数值，降低了他们进入活动的门槛。

（2）面积公式的呈现方式比较

虽然各版本教材都要求学生基于具体的图形操作活动自主概括三角形面积计算公式，但在“是否给出三角形面积计算公式？以何种形式给出？”这些方面仍小有差异。其中西师版只给出文字式，人教版只给出字母式，另外四种教材则两种情况皆有。其中浙教版是文字式和字母式两者都完整呈现；苏教版是完整给出文字式，字母式要求学生填写；北师版和青岛版则两种表达都要学生自己填写。（如图 2－16）

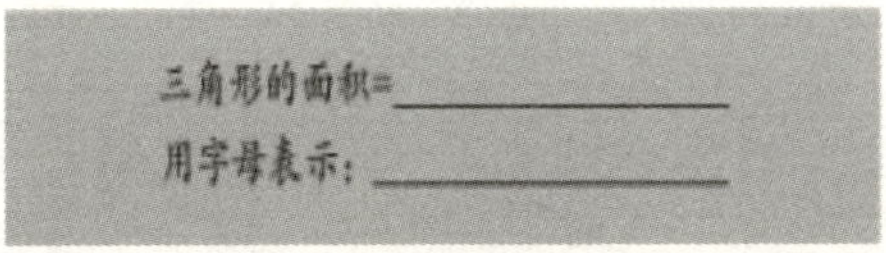

青岛版

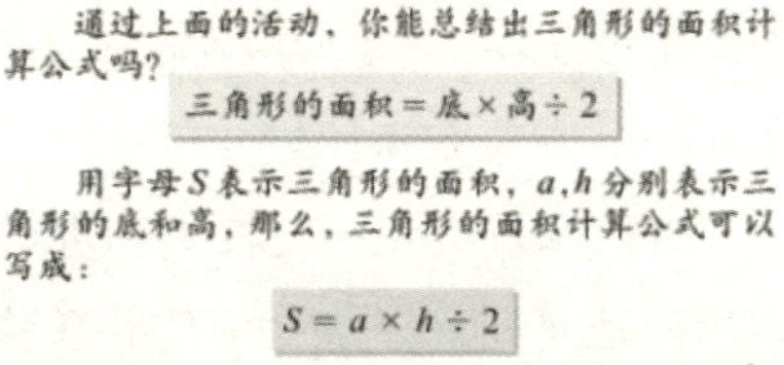

浙教版

图 2－16

从教学上来说，应该提倡学生自主概括、表达三角形面积公式，而教材是否应该给出“标准答案”，反映了各教材编写者对“教材”这个概念的理解。

（3）例题比较

六套教材中，人教版和西师版配有例题——既有情境性问题，又有具体的解答，而尤以西师版配备的例题为多（如图 2－17）。北师版和苏教版开辟了一个“试一试”的栏目，只有问题，没有解答。其中北师版是给出标有底、高的三角形，要求面积；苏教版是一道应用题，要求一块已知底、高的三角形交通标志牌的面积。青岛版和浙教版都没有例题，只到探究出公式为止。

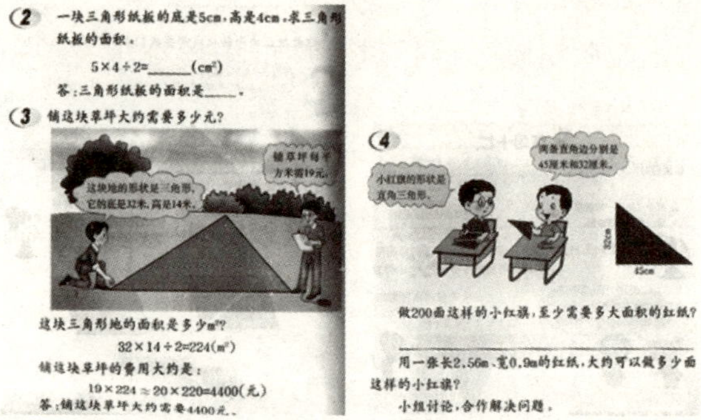

图 2－17

这就涉及课时分配的问题，事实上是教学目标取向问题。如果要充分展开推导公式的过程，那么很可能来不及对公式进行强化练习。若无法在有限的教学时间内取得平衡，则教师需要有一个取舍：经历三角形的面积推导过程是为了更好地记住三角形的面积计算公式呢，还是过程本身就是教学价值所在？（要考虑在二者不可兼得的情况下和在新授课的情况下）

（4）背景知识比较

有两套教材——人教版和苏教版，结合新课补充了一份数学史料，介绍的都是《九章算术》中的相关内容。其中，人教版主要是介绍《九章算术》中长方形和三角形的面积公式。即所谓“方田术曰，广从步数相乘得积步”、“圭田术曰，半广以乘正从”。而苏教版除了计算公式，更给出了刘徽“以盈补虚”法的图文资料。我们较为赞同后者。一份史料若不仅能使学生对古人、古代文明油然而生一种景仰，还能使学生把自己在一节课上辛苦经历的思考与古人的思考相比照，感受古今共鸣或古今差异（自己的智慧所未能企及之处或有所超越之处），从而进一步开拓思维、陶冶情操，则不仅是多知道了一份史实，更多了一重思考。

习题的构成有何异同？

（1）数学认知水平分析框架在三角形的面积中的具体化

顾泠沅等分别于1990年和2007年两次进行大样本测试，并经过分析、改造，提出数学认知水平的4层次分析框架，即计算——操作性记忆水平、概念——概念性记忆水平、领会——说明性理解水平，以及分析——探究性理解水平。（高文君 等，2009）[57-60]

思考

就“三角形面积”一课而言，这四个水平分别对应着怎样的数学问题?

我们根据三角形面积的内容，把以上认知水平分析框架具体化。（陈敏，2011）

水平1：计算——操作性记忆水平。这里指直接根据三角形面积计算公式求三角形面积或三角形物体表面面积的问题。（如图2－18）

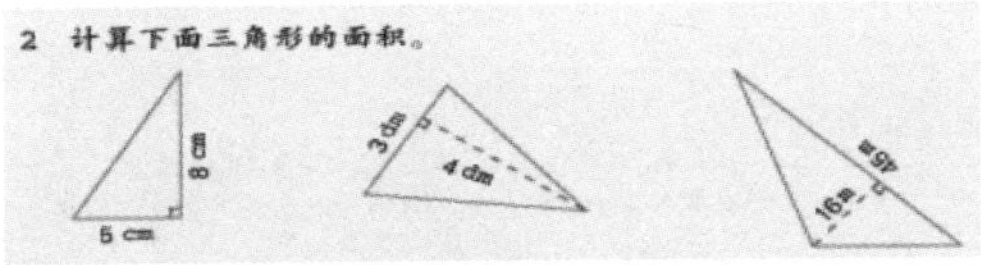

苏教版

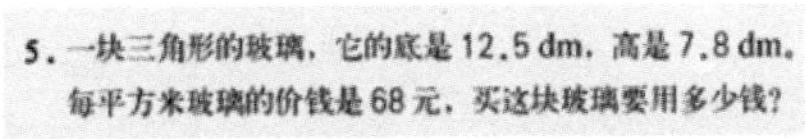
5. 一块三角形的玻璃，它的底是12.5 dm，高是7.8 dm。每平方米玻璃的价钱是68元，买这块玻璃要用多少钱?

人教版

图2－18

水平2：概念——概念性记忆水平。它考查学生对三角形面积计算公式的记忆，包括对“等底等高三角形面积相等”、“三角形面积是与其等底等高的平行四边形面积的一半”等事实的记忆。如下面图2－19中的练习，如果学生不是基于图像的想像来辨别命题的真伪，则完全可能演化为对“用两个全等的三角形能够拼成一个平行四边形”表层语句上的计较，而这种计较是没有意义的。

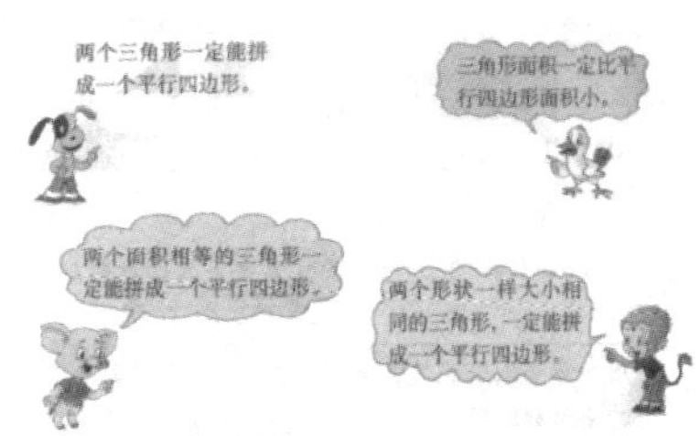

图2－19

水平 3：领会——说明性理解水平。这一水平层次的问题要求学生能较好地理解三角形面积计算公式的内涵，能灵活运用公式进行不同方向的思考。比如需要自主测量以求取三角形面积的题目（如图 2－20 西师版所示），又如已知三角形面积和底（高）求高（底）的题目（如图 2－21 人教版所示）。它还要求学生能根据三角形面积计算的推导过程，进一步沟通平行四边形与三角形底、高及面积之间的关系，并利用这种关系解决问题。（如图 2－22 浙教版所示）还有些题目是多步的，涉及对一个公式的正向与反向应用，或者多个公式的综合应用。（如图 2－23 青岛版所示）

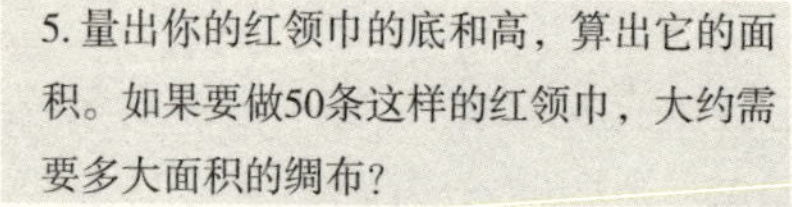

图 2－20

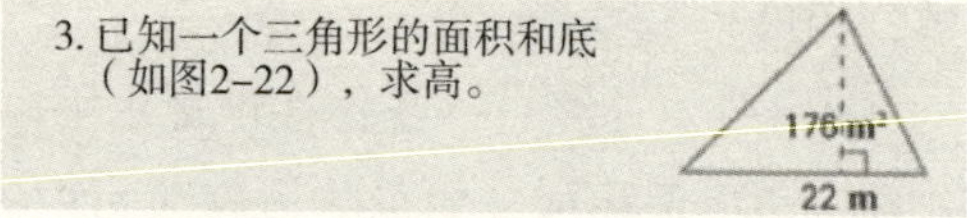

图 2－21

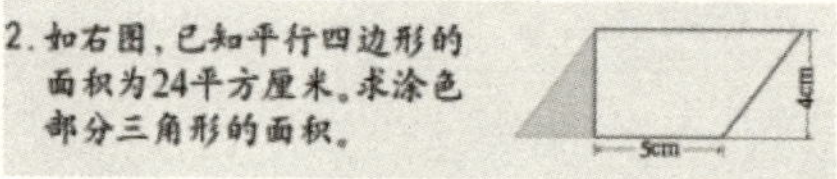

图 2－22

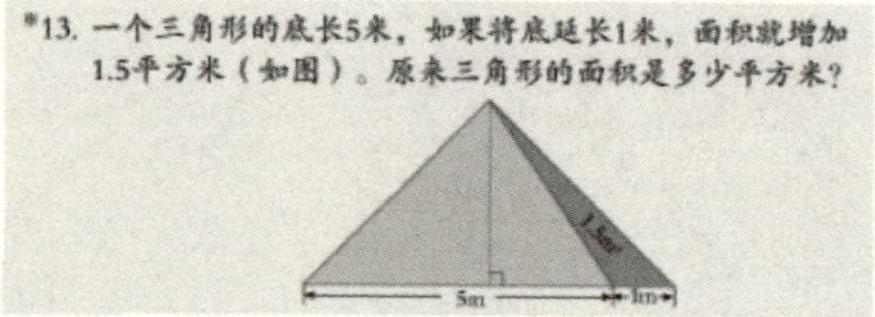

图 2－23

水平 4：分析——探究性理解水平。练习中出现了归纳推理的题目（如图 2－24 北师版所示）、开放性质的题目（如图 2－25 人教版所示），均归于该水平。

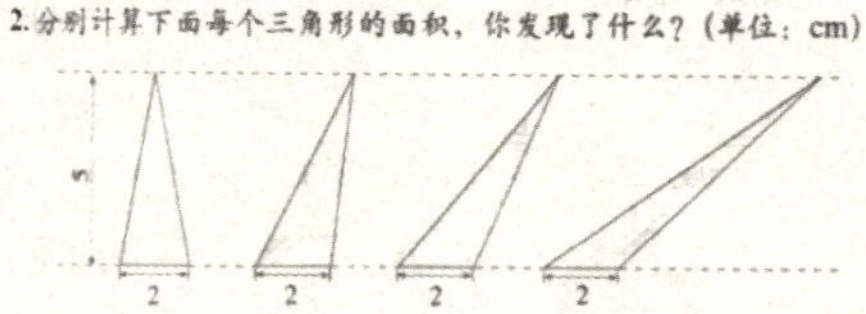

图 2－24

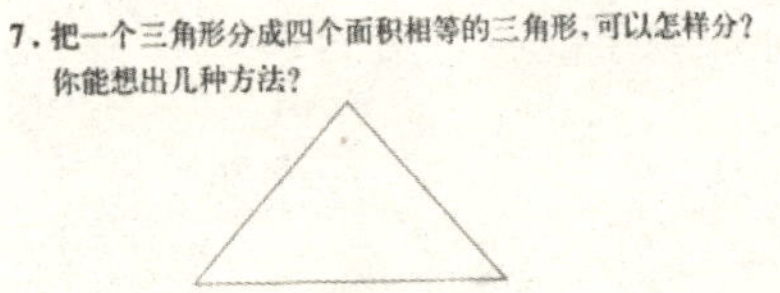

图 2－25

以上四个层次中，水平 1、2 为记忆水平，属于较低认知水平。水平 3、4 为理解水平，属于较高认知水平。

（2）用数学认知水平框架比较习题

鉴于不同版本教材编写体例有所不同，本次分析的习题既包括新课中的练习，也包括紧随新课之后的那节练习。其中浙教版将平行四边形和三角形的内容合在一起练习，北师版则把三角形和梯形合在一起练习，统计时只择取了其中有关三角形的练习。此外，当一道题目里有多次提问的，统计时仍按照 1 题统计，而对一个大题里有多个小题的，则按小题的数量统计。

表 2－2　六套教材中三角形面积练习题认知水平比较　单位：个

层次 版本	水平 1	水平 2	水平 3	水平 4	合 计
人教版	4（30.8%）	0	7（53.8%）	2（15.4%）	13
北师版	5（35.7%）	0	5（35.7%）	4（28.6%）	14
浙教版	10（58.8%）	0	5（29.4%）	2（11.8%）	17
苏教版	8（47.1%）	0	7（41.2%）	2（11.8%）	17
西师版	8（32.0%）	4（16.0%）	12（48.0%）	1（2.0%）	25
青岛版	10（47.6%）	4（19.0%）	4（19.0%）	3（14.3%）	21

（注：表中括号内数字为该题量占该教材全部习题量的百分比。）

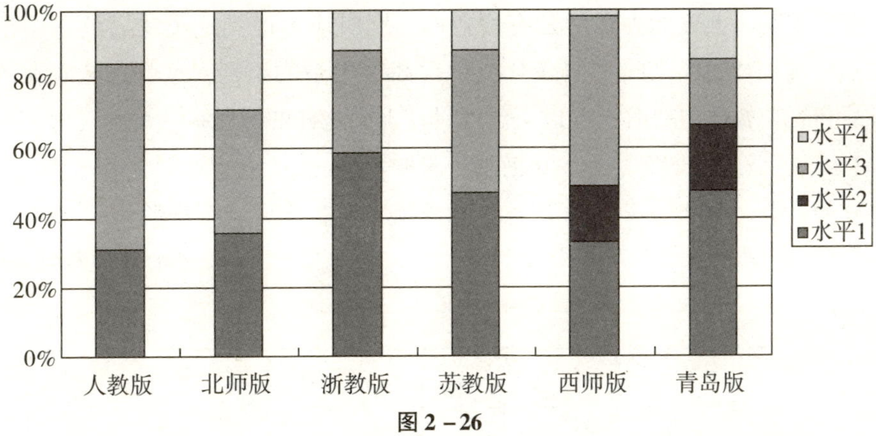

图 2－26

从整体上看，水平 1 的题目占各版本教材题量的比例普遍在$\frac{1}{3}$以上，水平 2 的题目较为少见，仅西师版和青岛版有对等底等高图形关系的判断题。合计水平 1、水平 2 的题目，即教材中记忆和模仿性练习题目的比重约为 50%，这应是对新知识予以强化所必需的。

对水平 3 的题目进一步分析如表 2－3 所示。

表 2－3 六套教材中三角形面积水平 3 练习题数量比较 单位：个

问题 \ 版本	人教版	北师版	浙教版	苏教版	西师版	青岛版
测量相关数据，求面积	3	5	2	4	5	3
对等底等高图形面积的讨论（基于图）	1	0	1	0	0	0
已知面积和底（或高）求高（或底）	1	0	1	0	2	0
利用等底或等高，根据一个图形的有关信息推求另一个图形的面积或周长（附图）	2	0	1	3	5	1

练习中出现了相当数量的测量有关数据求面积的题，有助于学生进一步理解底、高及面积三者之间的对应关系。有三个版本的教材即便在练习课中也没有出现已知面积和底（或高）求高（或底）的练习，这样对公式的变式应用至少是不充分的。除北师版外所有教材都有利用等底或等高，根据一个图形有关信息推求另一个图形有关信息的题目，对发展学生的空间观念和逻辑推理能力显然是有增益的。同时应考虑到这类练习的一个重要基础就是对图形之间"同高"或"等高"关系的识别，这就意味着在图形高和底的教学中要有所考虑。建议设计下面这样的习题——

小游戏：慧眼识高

如下图，动点 A 在直线 l_1 上水平移动，想象一下，三角形 ABC 会发生什么变化？BC 边上的高会发生什么变化？如果 A 点在 l_1 之外的区域移动呢？

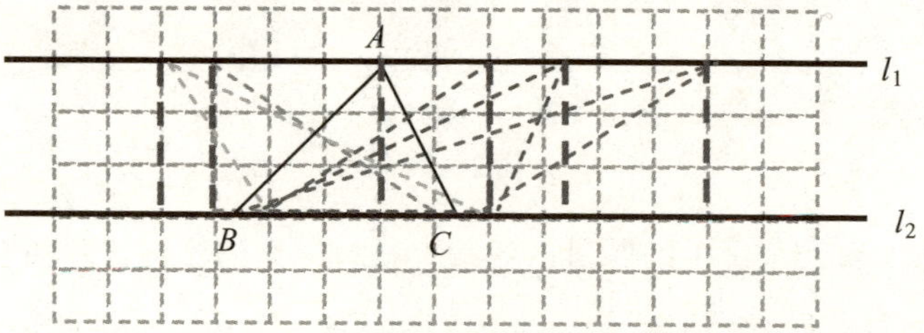

图 2－27

这既有助于学生认识到高的本质——顶点到对边的垂线段，又突出了“平行线之间距离处处相等”，为等积变形的教学埋下伏笔。

另外，现行教材中水平 4 的题目较少，出现的主要有两类：①给出一组等底等高的三角形，要求面积，进而归纳出等底等高的三角形面积相等，并在此基础上，作出几个形状不同而面积相同的三角形——这是多数教材都采用的一道习题。②人教版有一道将三角形按面积四等分的开放题。

2.3 刘静和、张天孝主编的不同时期三种教材的比较研究

这套教材从 1984 年开始投入实验、逐步推广使用，至今已近 30 年了。这 30 年来，教材经过多次修改，不断变化与完善。教材名称从最初的《现代小学数学》到现在的《数学》，出版社由原来的科学出版社到现在的浙江教育出版社。比较这套教材不同时期“三角形面积”一课的编写特点，可以发现其中一脉相承的地方，进一步了解这套教材的特色，也能感受到教材在不同教学思潮影响下发生的变化，从中推知中国数学教育的历史流向。

思考

你会选择哪些角度来比较同一版本教材不同时期的编写情况呢？你是怎样想的呢？

选取了哪三个时期的教材进行比较？

“现代小学数学”教学实验是在中国科学院心理研究所指导下，由该所“儿童数学思维发展”课题组主持，心理学工作者、小学数学教育研究工作者和一线教师共同参与的一个协作性研究项目。1989 年，包括“现代小学数学”教学实验在内的儿童数学思维发展的科研成果，荣获中国科学院科技进步一等奖。《现代小学数学》正是供此实验使用的一套教材。自 1984 年起，这套教材先后经过试用本、修订本、实验本三次较大修改。1992 年 9

月，《现代小学数学》五年制第一、二册经国家教委中小学教材审定委员会审查通过，由科学出版社出版。1993 年秋季起，作为九年义务教育试用课本，该书供全国各地选用。1993 年 9 月至 1996 年 10 月，《现代小学数学》五年制第三至十册也相继审查通过。1997 年 1 月，国家教委中小学教材审定委员会办公室批准实验组编写九年义务教育六年制小学实验课本《现代小学数学》。2002 年该教材通过审查，2003 年由科学出版社出版后投入使用。(张天孝 等，1998)

2000 年世纪之交，国家出台《九年义务教育全日制小学数学教学大纲(试用修订版)》，全国各地掀起新教改的高潮。2002 年，在《现代小学数学》的基础上，张天孝带领其团队投入《新数学读本》的编写。《新数学读本》秉承《现代小学数学》“强调思维训练”特色，依据《全日制义务教育数学课程标准（实验稿)》又做了许多的创新。与编写同步，杭州市上城区 24 所学校参与了《新数学读本》的教学实验，根据师生试用情况，《新数学读本》修订后更名为《数学》（常被称为“新思维”小学数学教材)，2008 年 4 月，教材一、二年级上、下册共 4 册经全国中小学教材审定委员会审查通过，成为全国九年义务教育实验教科书。2009 年，三年级上、下册通过了全国中小学教材审定委员会审定。2010 年 6 月，四年级上册至六年级下册共 6 册通过了全国中小学教材审定委员会审查。至此，“新思维”小学数学教材全套通过审查。《新数学读本》与“新思维”《数学》均由浙江教育出版社出版。

翻阅历册教材，我们感到以下三个时期教材在“三角形面积”一课编写上变化较大：1989 年《现代小学数学》(修订本，五年制)，2003 年正式出版的《现代小学数学》（六年制)，以及 2008 年正式出版的“新思维”《数学》(六年制)。下文将围绕这三种教材展开比较研究。

各安排在哪个年级教学？

1989 年的《现代小学数学》把“三角形面积”安排在第七册，即四年级上学期进行教学。2003 年的《现代小学数学》和 2008 年的《数学》，都是安排在五年级上学期学习三角形的面积计算的。

单元结构有何不同？

1989 年的《现代小学数学》，把平面图形的认识和面积计算集结为一个单元。（如图 2－28）把“对称图形”放进这一单元来教学是一个挺有特点的安排。

六、平面图形……………………………………………（93）

三角形〔93〕　三角形的内角和〔96〕

梯形和平行四边形〔104〕　平面图形的底和高〔108〕

平行四边形和三角形的面积〔112〕

梯形的面积〔116〕　对称图形〔126〕

组合图形面积〔128〕

图 2－28

2003 年的《现代小学数学》的单元内容与 1989 年的修订本大同小异，都是先学习图形的相关特征和性质，包括垂直和平行，三角形、平行四边形及梯形的认识，三角形的内角和，图形的底和高等；再学习平面图形面积计算，包括面积单位的进率和换算，平行四边形、三角形及梯形的面积计算，组合图形的面积计算（选学），实际测量与土地面积单位等。

在 2008 年的《数学》中，平面图形的性质和面积计算是分开编排的。有关三角形和四边形的几何特点、底和高的认识等已在四年级下册学习过，而五年级上册的这个单元集中学习平面图形的面积计算。此外，围绕平面图形面积计算，增加了两个新内容：①正式教学面积计算公式前增加了一节思想方法课，引导学生通过平移、旋转、倍拼等方法，完成图形之间的转化；②学完平面图形面积计算后，增加了一节综合与实践课，即结合环保素材，提出数学问题，让学生有机会在生活情境中熟悉土地面积单位，应用图形面积公式。（如图 2－29）

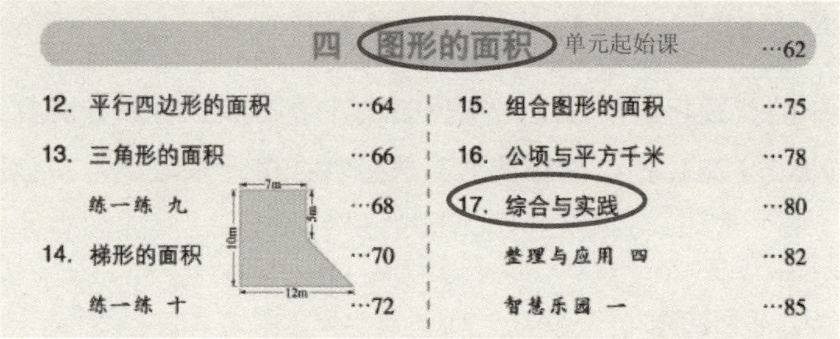
四 图形的面积 单元起始课 …62

12. 平行四边形的面积 …64
13. 三角形的面积 …66
练一练 九 …68
14. 梯形的面积 …70
练一练 十 …72
15. 组合图形的面积 …75
16. 公顷与平方千米 …78
17. 综合与实践 …80
整理与应用 四 …82
智慧乐园 一 …85

图 2－29

可以看到，这三种教材对平面图形面积教学顺序的预设是一致的，都是从平行四边形到三角形再到梯形。这表示新课程实施前后，平面图形面积教学的基本构想没有质的变化：①长方形的面积计算教学是整个平面图形面积教学的起点；②平行四边形面积计算的难点是通过分割和平移把平行四边形转化成长方形；③三角形面积计算的难点是通过“倍拼”发现三角形面积是与其等底等高的平行四边形面积的一半；④有了前面的学习基础，学生可以通过多种方法把梯形面积计算化归为任意已知面积计算公式的平面图形计算面积。

但这三种教材单元结构之间的差异也体现出一些教学理念的流变：

①图形特征的认识、图形底和高的认识、面积和面积单位的概念，这些都是平面图形面积计算的直接基础，把这些内容和平面图形的面积计算放在一个集中的教学时段里教学，教学的系统性很强，学生的学习任务清晰，基础知识和基本技能方面的目标容易达成。而把这些知识分散开来，于三年级上册教学面积和面积单位，在四年级下册教学图形特征及图形的底和高，到五年级上册再来教学平面图形面积计算，从编写上讲有一个螺旋上升的过程。而对学生来说，掌握这些，则需付出一定的沟通知识的努力，解决图形面积计算的问题不是水到渠就可成，而是要通过分析、联想、回忆、转化等来挖渠引水。经历这个过程，可以充实学生解决数学问题的经验，渗透解决数学问题的思想方法。

②2008 年的《数学》进一步体现了数学教学目标从“双基”到“四基”的价值转向。a. 增加一节思想方法方面的课，一来是为后续学习中学生能顺利完成图形转化、自主探索图形面积计算方法做提示和准备；二来

是一种强调信号，即在本单元的教学中我们不仅要教会学生如何计算图形面积，更要引导学生在探求计算方法的过程中去生动地和深刻地感悟蕴含在其间的“化归”思想。b. 增加一节综合与实践课，体现出教材在知识条件化方面的努力。以往教学中，经常可以遇到这样的情况：学生在头脑中储存的概念、法则并不少，但只能用于解决遇到过的问题或者非常类似的问题，迁移的线索稍不明显，或情境相对综合与复杂后，就不知所措了，即学生所学的知识是比较僵化的。为了打破这种僵化，教学需要创造知识条件化的机会和空间，有必要在呈现知识和储存知识时，将知识与该知识的应用条件结合起来，丰富学生在具体情境中应用知识的经历，逐步在头脑中积淀一些“如果……，那么……”的“产生式”，从而遭遇问题时，学生能敏感地识别相关条件，“触发”知识的检索、提取和应用，实现从知识到能力的转化（布兰思福特，2002）。需要指出的是：将数学与生活建立联系，将知识应用于实践的尝试并不是从2001年实验稿课标颁布后的教材才开始的，在2001年实验稿课标颁布前《现代小学数学》的系列课本中，我们也能够找到相关的实践应用性质的题目，如“实际测量”（包括各种形状的土地边长、底、高、面积等的测量）、“根据行距、株距求种植棵数”等，但这些尝试总的说来还比较零散的。可以认为，《现代小学数学》教材的编写者已经有了先觉意识并创编了一些具体的教学材料，但还没有能把这些视为与代数、几何等并驾齐驱的一个教学领域来开拓和建设。

课时结构有何相同之处？

这三种教材是刘静和、张天孝老师主编的，因此在课时结构方面有很多相似之处，当然由于是在不同时期编写的，也会呈现出一些不同。我们来看看不同中蕴含的相同之处。

1989年的《现代小学数学》中“三角形面积”一课主要流程如下：①用两个全等的等腰直角三角形拼成一个正方形，讨论原等腰直角三角形和所拼成长方形面积之间的关系，得出等腰直角三角形面积计算方法：底×高÷2。②用两个全等的直角三角形拼成一个长方形，讨论原直角三角形和所拼成长方形面积之间的关系，得出直角三角形面积计算方法：底×高÷2。③用两个全等的锐角三角形拼成一个平行四边形，再用两个全等的钝角三角形拼成一个平行四边形，讨论原三角形和所拼成平行四边形面积之间的关系，得出三角形面积计算方法：底 × 高 ÷ 2。④根据上述操作示例，归纳三角形面积计算公式：$S_{\triangle} = a \times h \div 2$。⑤练习有 3 道：第 1 道是看图求三角形面积（图中每个三角形都只标出一组对应的底和高）；第 2 道是给出一组等底等高的三角形和平行四边形，要求自行测量相关数据并求面积；第 3 道是给出 4 个同底等高的三角形（附方格背景），要求比较这些三角形的底、高及面积，说说发现了什么规律。（如图 2 – 30）

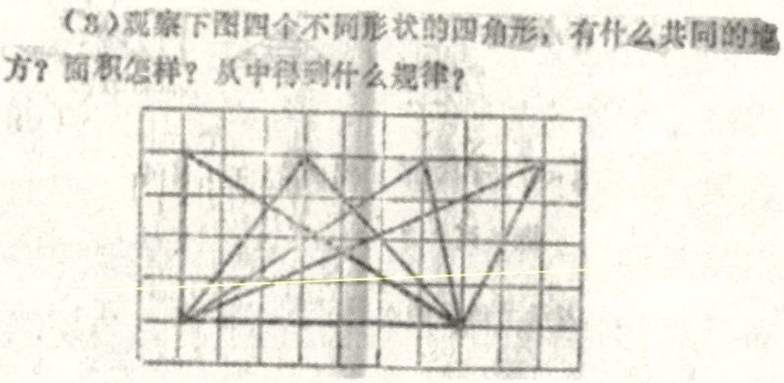

图 2 – 30

2003 年的《现代小学数学》中顺序如下：①给出 3 个平行四边形（含长方形）和 3 对全等的三角形，要求先测量各平行四边形的底和高，算出面积，填入表 1；再找出与平行四边形等底等高的三角形，拼成平行四边形；根据拼接情况，写出三角形的面积，填入表 2，讨论三角形的面积计算方法。②给出一个附带方格背景的三角形（底 6 高 4），要求将此三角形剪一刀后拼成与之面积相等的平行四边形。（如图 2 – 31）③根据以上活动，

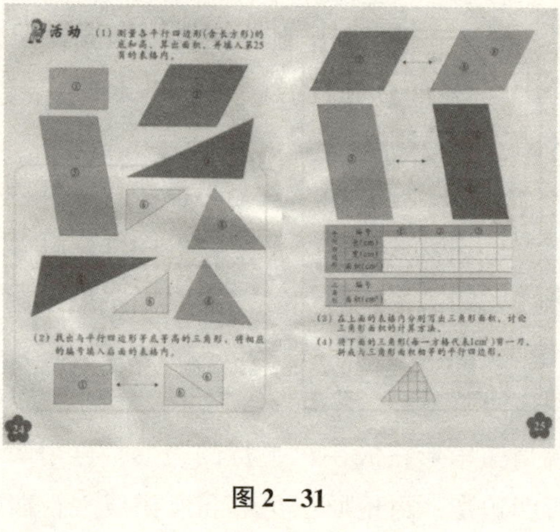

图 2 – 31

归纳出三角形的面积公式。④试一试：看图求三角形面积，所给三角形一个是锐角三角形，一个是直角三角形。⑤练一练：第 1 题是填空题，在同一幅方格图中，给出 4 个形状不同但等底等高的三角形，要求看图写出底、高和面积数据；第 2 题为开放题，要求在所给的方格图中画出面积是 12 平方厘米的三角形，并在表格中写出所画三角形的底和高。

2008 年的《数学》结构如下：①说一说，怎样用两个相同的三角形拼成一个平行四边形，讨论三角形和拼成的平行四边形底、高及面积之间有什么关系。（教材中给出了锐角、直角和钝角三类三角形的示例）②给出一个附带方格背景的三角形（底 6、高 4），要求将此三角形剪一刀后拼成与之面积相等的平行四边形，讨论三角形和剪拼所成的平行四边形底、高之间有什么关系。③归纳三角形的面积计算公式。④两道练习题：第 1 道题是看图填空，同 2003 年教材中第 1 题；第 2 题是看图计算三角形面积，类似 2003 年教材中“试一试”。

我们可以发现：①《现代小学数学》系列教材始终保持着在新课中大篇幅探讨三角形面积计算公式的推导过程，而练习题量较少的特色。这体现出编写者对新课的目标定位，更侧重于借助公式推导过程，发展学生的空间观念和推理能力，而非立即强化对公式的记忆和简单应用。②在《现代小学数学》系列教材的新课中，练习题虽然很少，但都巧妙地借助公式的直接应用，引导学生较直观地感知了等底等高的三角形与平行四边形、等底等高的三角形之间的关系，体现出一定的拓展性和灵活性。

引入方式有何异同？

据前文所述，我们还可以看到这三种教材都没有采用情境引入的方式来引起学习动机，而是直接进入了图形活动。

1989 年的《现代小学数学》和 2008 年的《数学》都是从两个全等三角形的倍拼活动开始的，但 1989 年教材从特殊的等腰三角形和直角三角形开始，直接呈现了拼合活动的结果，而 2008 年教材，则首先给出问题“想一想，说一说，怎样用两个相同的三角形拼成一个平行四边形？”，然后再给出拼合的方案。对此，我们可以理解为：它们都强调让学生经历“倍拼”的过程，但 1989 年教材中的“倍拼”更强调教师如何引领、提示甚至展示，对多数学生来说，是简洁、高效、有意义的接受式学习；而 2008 年教材则给予学生更大的思维空间，期望学生通过独立探索及伙伴间的合作交流主动提出“倍拼”各类三角形的方案。简单地说，1989 年教材中的拼合方案是“文本知识”，而 2008 年教材中的拼合方案则是“学生资源”。

2003 年的《现代小学数学》有所不同。它由对平行四边形的测量和计算开始，引导学生思考平行四边形和与之等底等高的三角形之间的关系，体现出教材试图利用直观的图像和数据，启发学生主动构想“倍拼”方案。

总的来说，从 1989 年版到 2008 年版，教材设计图形活动的开放度越来越高了。

推导方法有何异同？

三种教材都呈现了“倍拼”的推导方法，“倍拼”是三角形面积教学的重点所在。1989 年教材以特殊三角形的“倍拼”开端，2003 年教材以平行四边形和与之等底等高的三角形比较为依托，都为教师如何激发学生主动想到“倍拼”的思路提供了借鉴。

2003 年和 2008 年教材，还出现了将一个三角形沿中位线分割后，通过旋转拼补成与之等积的平行四边形的方法（见前文第 22 页图 2－7），体现了转化方法的多样性；同时，所提供的三角形均附带有方格背景，直观刻画出了图形的量性特征，有利于学生发现中位线，以及讨论图形转化前后底、高之间的关系，教材在数学知识和学生心理之间所做的联结非常大胆和细腻。此外，通过等积变换所得到的三角形面积公式直接表现为底 ×（高 ÷2）或底 ÷2 × 高，进一步丰富了基本公式（底 × 高 ÷2）的几何表征，进而丰富了学生对基本公式的理解，使知识变得更有厚度和弹性。

出现了哪些类型的练习题？

由于三种教材新授课中练习题量过少，比较意义不明显，所以我们将后继练习课中有关三角形的面积问题也加入统计。统计时，对 1 道大题中包含多道小题，但题目性质一样的，按照 1 题统计。（如图 2－32，两图同质，计作 1 题）

计算下面图形的面积。

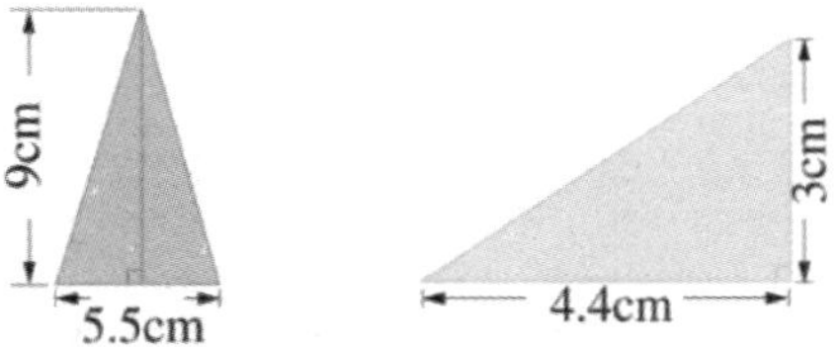

图 2－32

仍使用前文提到的认知水平分析框架分析三种教材中的习题，结果如表 2－4：

表 2－4　三种教材中“三角形面积”练习题认知水平比较　　单位：个

版本＼层次	水平 1	水平 2	水平 3	水平 4	合计
1989 年版	3（21.4%）	0	7（50.0%）	4（28.6%）	14
2003 年版	5（35.7%）	0	6（35.7%）	3（28.6%）	14
2008 年版	4（44.4%）	0	3（33.3%）	2（22.2%）	9

（注：表中括号内数字为该题量占该教材全部习题量的百分比。）

由此可见：

①三种教材的训练量并不小（都在 10 道大题左右），只是集中在后继的练习课上。它们的问题形式多样、层次丰富，很耐人寻味。此外，1989 年和 2003 年的《现代小学数学》均为根据教学大纲编写的教材，而 2008 年的《数学》是根据实验稿课标编写的教材，整体来看，根据实验稿课标编写的教材的题量较根据大纲编写的教材的题量有所下降。

②在不同时期的教材中，均包含了 50% 以上较高水平的习题，体现出这套教材强调思维训练的特色。

对水平 3 的题目进一步分析如下表：

表 2－5　水平 3 各类习题数量比较

问题＼版本	1989 年版	2003 年版	2008 年版
测量或选取相关数据，求面积	1	1	1
对等底等高图形面积的讨论（基于图）	2	1	0
已知面积和底（或高）求高（或底）	1	1	1
组合图形求面积的应用问题	2	2	0
利用等底或等高，根据一个图形的有关信息推求另一个图形的面积或周长	1	1	1

值得一提的是，在三种教材中出现了一些原创性质的水平 4 的习题，如图 2－33：

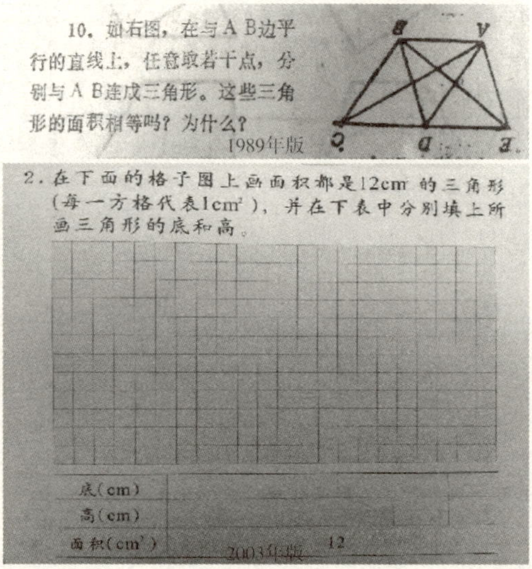

图 2－33

思考

你使用的是哪个版本的教材？它的特色是什么？选一节课，比一比其根据大纲编写的和根据实验稿课标编写的有什么相同和不同？试着体会不同时期编写团队教学理念的继承和变化。

2.4 日本教材比较研究

日本教材对“三角形面积”一课的编写有许多匠心独具之处，对我们的教学颇有启发。下文试做一些介绍。

教育会社教材中有哪些特色内容？

小学《算术》（5 上）系日本教育出版株式会社于 1985 年发行的版本。教材在面积计算单元之前设有合同图形的单元，专门讲解了全等三角形的问题，为学生主动构想倍拼法奠定了扎实的基础，很值得我们借鉴。

主要内容分两个课题，估计需要 3—4 个课时来教学。

第一个课题是“合同图形”。教材首先给出了 6 个三角形，要求学生从中找到与三角形ⓐ全等的三角形。在目测的基础上，指示学生用透明纸描并剪下这 6 个三角形，通过重叠来确认要找的图形，如图 2－34；并给出定义：当两个三角形ⓐ和ⓑ相叠后正好完全重合时，称为ⓐ和ⓑ全等，如图2－35。

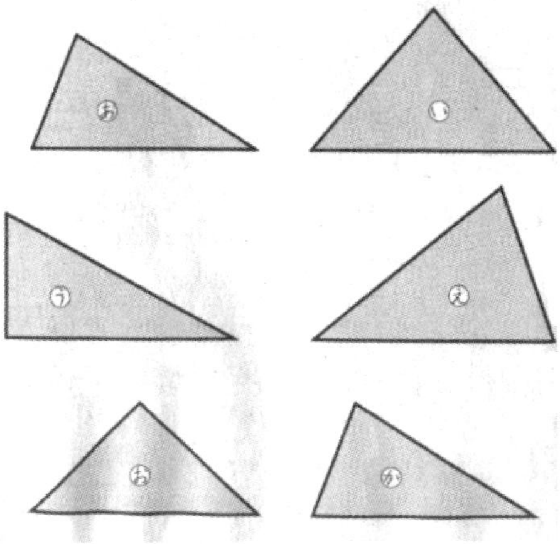

图 2－34

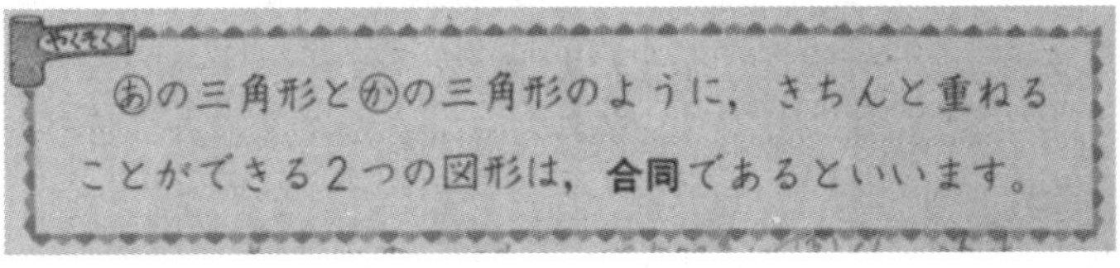

图 2－35

教材再进一步引导学生研究全等三角形顶点、边和角的对应关系，结合具体的图，给出对应顶点、对应边和对应角的概念，将“全等”概念从一个整体的图像概念分析成为要素概念，即所谓图形全等，实质是图形对应边的长度和对应角的大小相等。在此过程中还注意对概念做变式：一是改变图形位置，请学生说出图形各部分之间的对应关系。（如图 2－36）

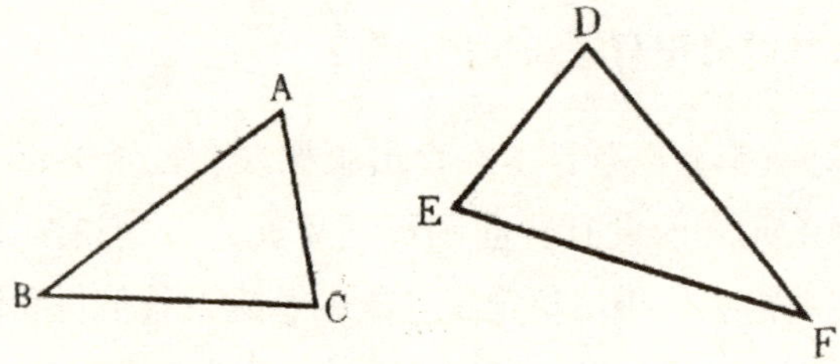

图 2－36

二是从三角形拓展到四边形，判断两个四边形是否全等，并指出它们的对应顶点、对应边和对应角。练习有两题，一道是在众多多边形中寻找全等的图形，一道是指出两个全等梯形的对应部分。

第二个课题是“合同图形的画法”，通过 5 个例题来介绍与指定三角形及平行四边形全等的图形的画法，重点是全等三角形的画法。教材先给出一个三角形，告知其两条相邻边的长度分别为 4cm 和 3cm，请学生思考，要画出与这个三角形全等的三角形还需要确定什么条件。在学生操作和反思的基础上，用 4 个例题分别介绍“边—角—边”画法（2 例）、“边—边—边”画法（1 例）以及“角—边—角”画法（1 例），在操作中充分感悟了全等三角形的特质。（如图 2－37）例 5 讲解全等平行四边形的画法，强调把平行四边形看成两个全等三角形后，将平行四边形的全等作图化归为三角形的全等作图。练习共 3 题，进一步拓展为任意四边形的全等作图（如图 2－38），基本方法仍然是沿四边形的对角线将之分割为两个三角形，然后按全等三角形作图处理。

“全等三角形”的有关知识，三角形和四边形之间的关系，在本单元中得到展开和落实，为学生主动构想“倍拼法”做了充分的准备。

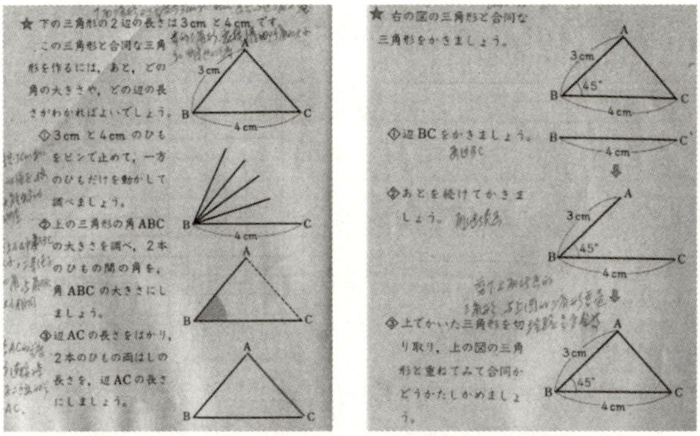

边一角一边画法

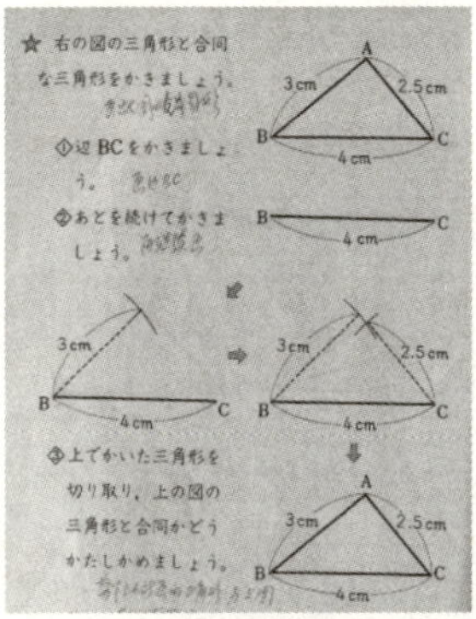

边一边一边画法

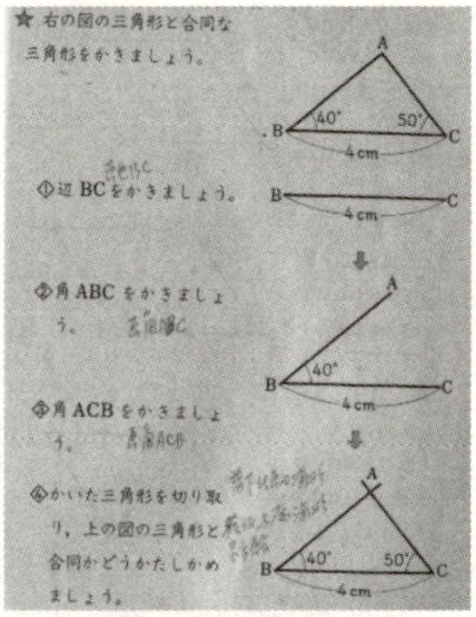

角一边一角画法

图 2－37

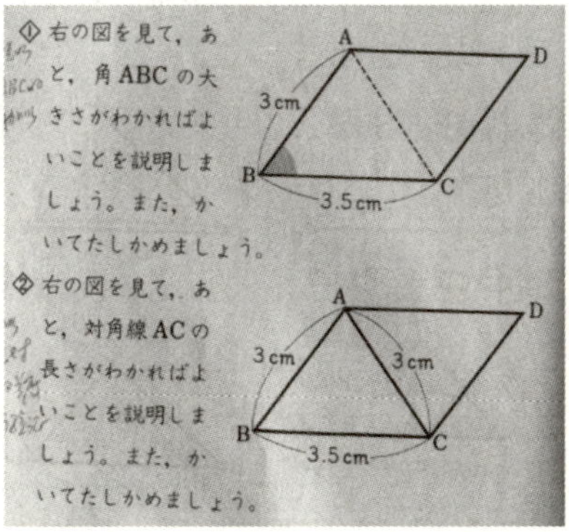

图 2－38

启林馆教材中有哪些特色内容？

《算术》（5下）系日本新兴出版社启林馆于2001年出版。“三角形面积”系该教材第一单元第1课时内容。

（1）教材的单元结构是怎样的？

教材的单元结构与众不同。整个单元分3课时，首先教学三角形的面积计算，再教学平行四边形的面积计算，两者都是转化为长方形来推导面积计算公式的。第3课时讨论了三角形的面积变化规律。练习中涉及任意四边形（四角形）的求积问题（如图2－39），多分割为两个三角形来解决，一些特殊的图形，如梯形，也可以分割成1个三角形和1个平行四边形。

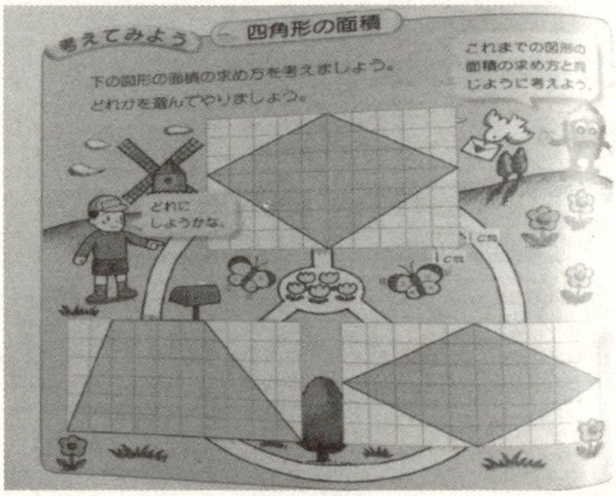

图2－39

（2）本课的课时结构是怎样的？

教材分两步来教学三角形的面积计算。

首先，在新课之前的单元主题图中简单处理了直角三角形的面积计算。

单元主题图是一幅街道的平面图，其中有三个地点已抽象成平面图形：足球场是长方形，公园是直角三角形，竞技场的一个角是直角的四边形。（如图2－40）

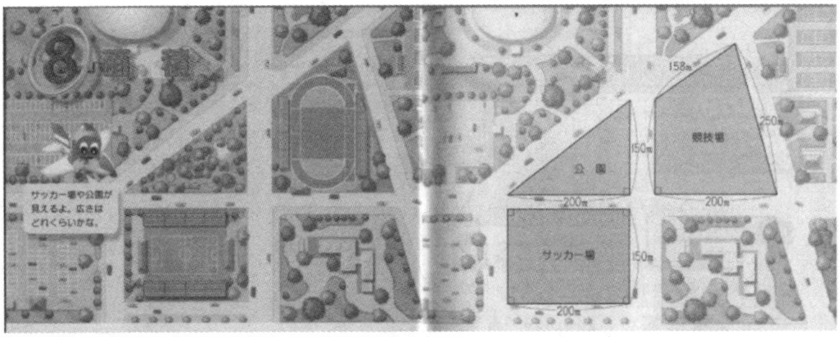

图 2－40

数学问题即这三个地点的占地面积分别是多少？对此，先求足球场即长方形的面积，这是已有的基础；再求公园即直角三角形的面积，容易想到直角三角形的面积是对应的长方形面积的一半；最后试求竞技场的面积。通过两个孩子的对话提出“把该四边形分割成一个直角三角形和一个锐角三角形，直角三角形的面积已经会求了，但锐角三角形的面积该怎么求呢?”，从而引出本单元的学习内容。

接下来，正式学习三角形的面积计算。

先处理锐角三角形的面积计算——教材的主要思路是把锐角三角形的面积分成两个直角三角形的面积和（如图 2－41）。再处理钝角三角形的面积计算——教材的主要思路是把钝角三角形的面积看成两个直角三角形的面积差（如图 2－42）。最后，统一三角形面积计算公式为：

$$三角形面积 = 底 \times 高 \times \frac{1}{2}$$

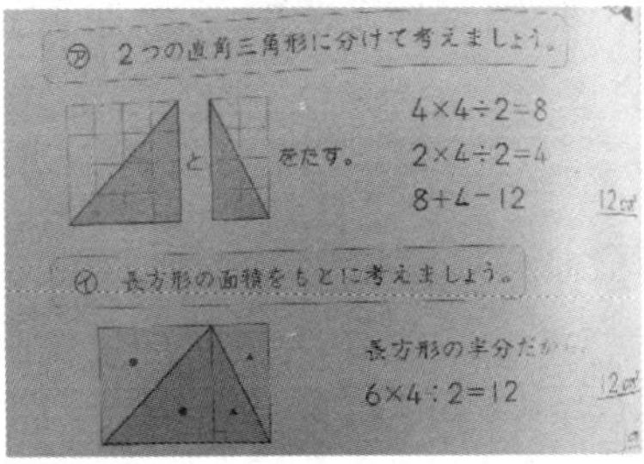

图 2－41

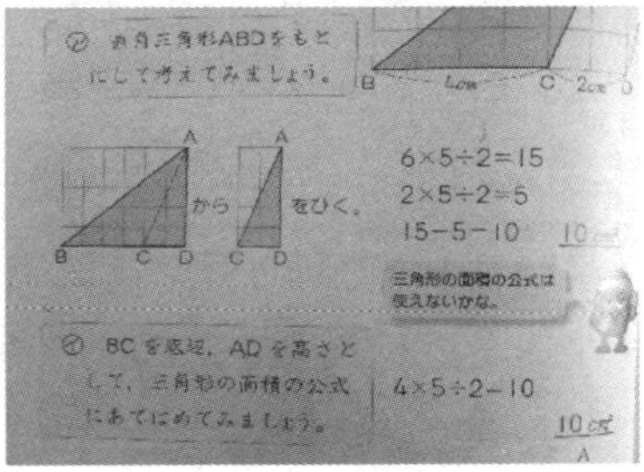

图 2－42

新课中的练习与我国教材相仿，主要是看图求面积及等底等高三角形面积相等之类，在此不再赘述。

（3）教材有哪些特别的练习设计？

教材中有一节专门的练习课，叫“面积的问题”，设计的每一个问题都有回味的空间。

比如，第1、2两题讨论的是面积和底、高之间的关系，译成中文如图2－43。

1. 用橡皮筋在钉板上绑出底边为6cm，高分别为1cm，2cm，3cm，…的三角形。研究它们的面积。

你发现了什么？

高（cm）	1	2	3	4	5	6	7	
面积（cm^2）								

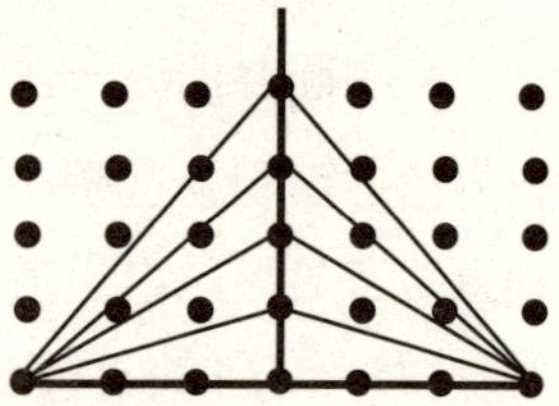

2. 用橡皮筋在钉板上绑出高为5cm，底边长分别为1cm，2cm，3cm，…的三角形。研究它们的面积。你又发现了什么？

底（cm）	1	2	3	4	5	6	7	
面积（cm^2）								

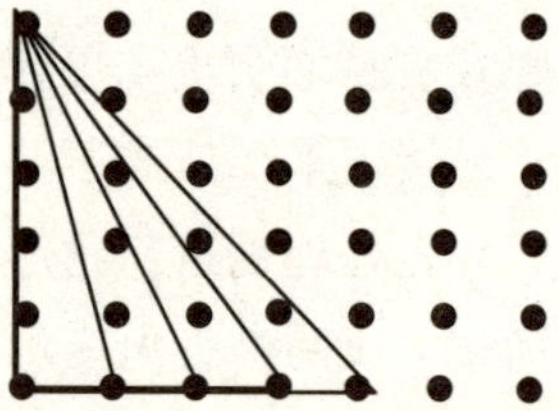

图2－43

数形结合，使学生直观地感知当底不变、高变化时，面积是怎样变化的？或者当高不变、底变化时，面积是怎样变化的？这渗透了函数的思想，即面积公式不仅刻画了作为常量的底、高、面积三者之间的关系，而且刻画了这一组量的相依变化性，使面积计算公式进一步地抽象和概括化。（这组练习已被借鉴到浙教版“新思维”《数学》有关三角形面积的练习中，但展开方式有所不同，请参见附录1中浙教版相关教材图片）

下面第3题的思考性更强，可作为水平4的参考：求阴影部分三角形的面积与长方形面积的关系，并思考它们带来的启示。（如图2－44）

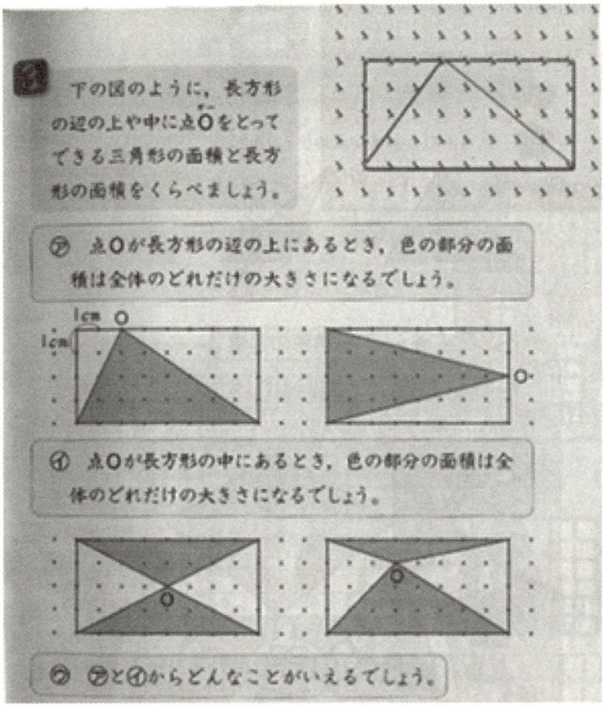

图 2－44

思考

日本教材的编写是否对你有所启发？比如，它把三角形和平行四边形都和长方形相联系以求取面积，与我国教材在长方形、平行四边形和三角形之间建立线性联系的编写思路来比，各有什么利弊？

2.5 教材比较对教学的启示

比较教材是为了更好地进行教学决策。我们认为，在“三角形面积”教学中：①可以如现行教材这样以长方形—平行四边形—三角形—梯形—圆形为序，也可以以长方形—三角形—平行四边形和梯形—圆为序，贯穿教学的内核仍然是面积的意义和转化的思想。②在推导三角形面积算法时，对每一个提供给学生研究的三角形都附上方格背景，这样做有利于：a. 启发学生在计数三角形所含面积单位个数的基础上自主探索三角形面积的算法；b. 使一般的学生从数量上更好地把握三角形，以便对三角形进行正确的图形变化。③如果把探究三角形面积计算的过程分为两段，（即：a. 把三角形转化成已经会求面积的图形；b. 讨论三角形和转化成的图形各部分之间的关系，推理出三角形的面积计算公式），那么在第一段过程中，学生需要经历大量的图形表象的操作，这对于发展学生的空间观念无疑是有价值的。④在练习的设计方面，现行教材与过去教材相比，多了许多应用性，同时也注意到对等底或等高图形之间面积关系的进一步讨论。但与国外教材相比，国内教材仍然缺少一些推理性和开放性，对此可做更多考虑。

3 学情研究

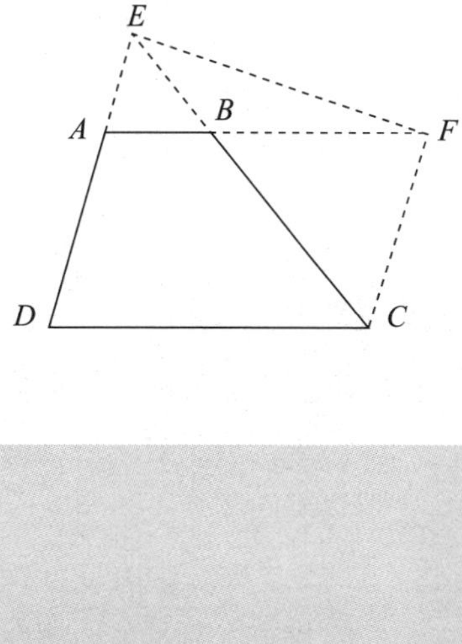

教学的对象是学生。不研究学生，算不上研究教学。每一节课，我们都要想四个问题：第一，学生在哪里？（教学的起点问题）第二，我们要把学生带到哪里？（教学的目标问题）第三，怎样带他到那里？（教学的策略问题）第四，如何确认他已到达那里？（教学的评价问题）

本章中我们将着眼学生，重点关注第一个和第四个问题。

3.1 关于知识掌握水平的几种理论

刘静和、赵裕春（1987）将数学知识的掌握水平分为形式主义的掌握、概括化的掌握和创造性的掌握三个层级。形式主义的掌握是指学生只是记住了一些数学概念、公式、定律、法则等，只能解答一些再现性或简单应用的问题，不能应对变化的情境，不能解决变式题；概括化的掌握水平是指学生理解了新知识的本质意义，把新知识有效地纳入原有认知结构，既能和原有认知结构中的有关知识精确分化，又能很好地建立联系、融会贯通，从而具有广泛的迁移性；创造性的掌握水平是指当学生面对复杂的新问题时，不仅能选择与当前问题直接相关的信息，而且能预见性地分析出解决下一步问题会发生作用的信息；或者能把表面看来无关的知识经过改造，建立新的、更加概括化的联系；或者能不断地、灵活地改变对问题的看法，重新组织自己的知识、经验，从而超越当前的学习条件，创造性地解决问题。

SOLO（Structure of the Observed Learning Outcome）理论认为：可以通过分析学生对某个问题的回答来推测其认知结构和认知水平。SOLO 把学生对某个问题的学习结果按从低到高划分为五个不同的层次，即前结构层次、单一结构层次、多元结构层次、关联结构层次和拓展结构层次。（Biggs，1995）处于前结构层次的学生基本不理解问题，所提供的答案概念错误、逻辑混乱；处于单一结构层次的学生只能对已有的知识做简单、刻板的应用；处于多元结构层次的学生尝试从多个角度去理解和解决问题，但不能把这些思路进行沟通和整合；处于关联结构层次的学生不仅找到了多个解决问题的思路，而且能够对这些思路进行比较、分类和转化；达到拓展结构层次的学生能对问题及解题思路进行进一步的抽象和概括，从而使其中的知识、方法一般化，使问题本身的意义得到拓展。

在几何教学方面，范希尔理论是普受关注的。该理论提出了五级几何思维水平，即视觉的（visuality）、分析的（analysis）、非形式化演绎水平（informal deduction）、形式化演绎水平（formal deduction）以及严密性水平（rigior）。尤西斯金 1982 年考察“中学几何课上学生认知的发展和成就”发现：范希尔几何思维水平和几何测验分数之间显著相关。值得一提的是，我国台湾学者将范希尔思维水平理论引入小学数学研究，可以借鉴的有：吴德邦 1998 年《对小学生三角形概念认知层次的范希尔水平分析》，吴德邦、谢翠玲 2000 年《对一年级学生学习几何概念的研究》，等等。（鲍建生，2009）[4-23]

3.2 学前基础测试与分析

学生数学知识与技能方面的储备，将直接影响其学习三角形面积计算的效率和效果。

> **思考**
>
> 你觉得哪些基础知识和技能可能影响学生对三角形面积计算公式的探索和掌握？你会设计哪些问题去探知学生的学前基础？

我们认为，与三角形面积计算有关联的认知基础大致可以从三方面来考虑：一是在学生已经学习过的数学知识中，哪些内容与三角形的面积计算密切相关？二是生活中有哪些事例可能蕴含着三角形面积计算的方法原型？三是有多少学生可能已经了解了三角形面积计算公式？了解到什么程度？获知学生在知识与技能方面的准备情况，比较简单的是采用笔试的方法。由于该测试是在学生正式上课以前实施的，因此，常被称为前测。

为了解学生自主探索和理解、应用三角形面积计算公式的心理过程，更好地确定教学的重点和难点，本研究连续两年（2010—2012 年）在杭州市上城区抽取五、六年级学生进行测试。

测试的问题、对象与过程

（1）测试的问题

测试分3题。第1题考查学生对“面积”概念的理解，请学生涂色表示不同图形的面积指哪一部分；第2题要求学生作三角形指定底边上的高；第3题请学生尝试求出三角形的面积。

具体的题目参见附录3。

（2）测试的对象

包括杭州市上城区五年级学生共168名，其中来自普通公办小学的有54名，来自公办实验学校的有55名，来自民办实验学校的有59名。

（3）测试和访谈的过程

思考

因为人力有限，我们常常需要委托别人代为测试与访谈学生，这时，接受我们委托的人的个性品质与行为方式，也成了教学实验中的变量。你觉得，当我们委托别人代为测试与访谈学生时，需要注意些什么呢?

为了尽可能真实地获取学生的学前水平信息，我们向被测班级的任课教师说明了研究的目的，并保证绝对没有校际之间的利害性比较，要求任课教师在学生学习平行四边形面积之后，安排合适的时机施测；并要求测试前不通知，测试中教师不读题、同学不讨论，从而基本反映了学生在自然状态下的事实水平。

对普通公办学校1个班的28名学生还追加了图形转化能力的观察：要求学生把三角形转化成长方形或者平行四边形，并说明转化前后图形之间的联系，由笔者做现场观察和问卷回收工作。时间为15分钟。

阅卷后，对部分答案比较典型或者比较特殊的被试进行了访谈，访谈以“一对一”的形式在教师办公室进行，由笔者实施和记录。

测试的结果与分析

思考

如果在你的班上做这份前测卷，你觉得各题的通过率大概是多少？有多少比例的学生可能在学前已经会计算三角形面积了？实验学校和普通学校的通过率会有显著差异吗？

①在单纯的问题情境中，学生知道“面积”是指图形表面的大小，极个别学生表现出对圆面积有所困惑。

表 3－1　涂色表示“面积”的图像通过情况统计　　单位:%

图形 项目	长方形	三角形	六边形	圆
通过率	100	100	100	97.6

②学生“高”概念的掌握情况不容乐观：2.4% 的学生不会作高；42.9% 的学生画高时出现各种错误；学生缺少底、高对应的观念。

表 3－2　各种类型三角形画高情况统计　　单位:%

类型 项目	按角分类			按底边位置分类	
	锐角三角形	直角三角形	钝角三角形	底边在水平位置上	底边不在水平位置上
通过率	88.1	83.3	79.2	79.8	73.8

③方格背景的三角形面积计算通过率略高于无方格背景的三角形。

表 3－3　求三角形的面积通过情况统计

带方格背景	问　题	直角三角形 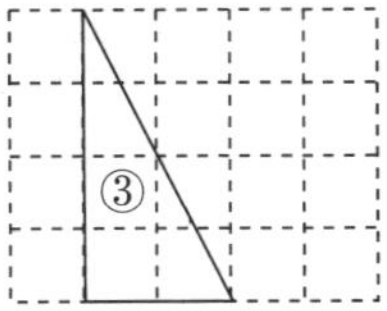	锐角三角形 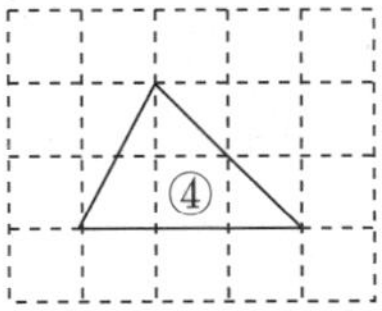	钝角三角形 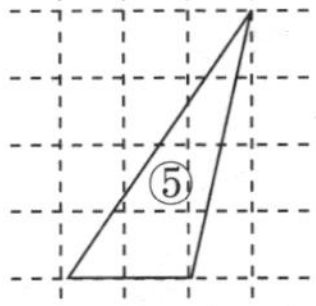
	通过率（%）	79.8	48.2	44.0

续表

<table>
<tr><td rowspan="2">带方格背景</td><td>使用的方法</td><td colspan="4">数方格：包括把不满 1 格的数成半格或者拼成整格来数——直接应用公式；
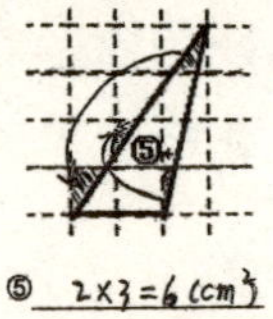

与长方形联系：
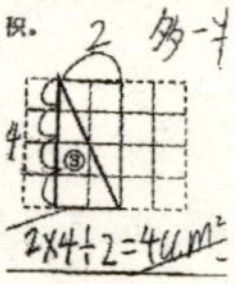

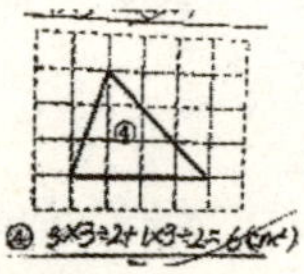
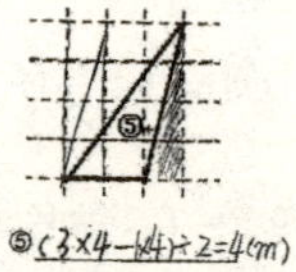

与平行四边形联系。</td></tr>
<tr><td>典型错误</td><td>2×4</td><td>方格数错。
底、高识别有误：3×3、2×4 等。
不会做。</td><td colspan="2">方格数错。
底、高识别有误：3×4÷2、2×3 等。
公式错误：2×4。不会做。</td></tr>
<tr><td rowspan="3">不带方格背景</td><td>问　题</td><td>直角三角形
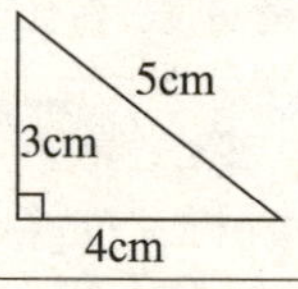
</td><td>锐角三角形
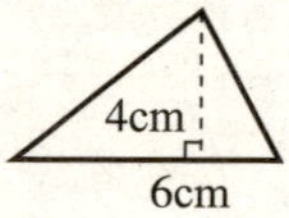
</td><td>钝角三角形
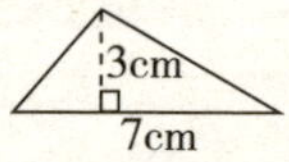
</td><td>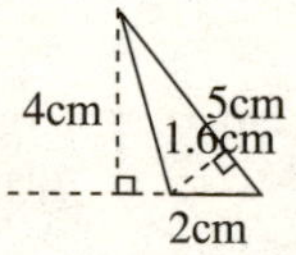
</td></tr>
<tr><td>通过率（%）</td><td>54.2</td><td>46.4</td><td>44.6</td><td>42.9</td></tr>
<tr><td>使用的方法</td><td colspan="4">转化成长方形：
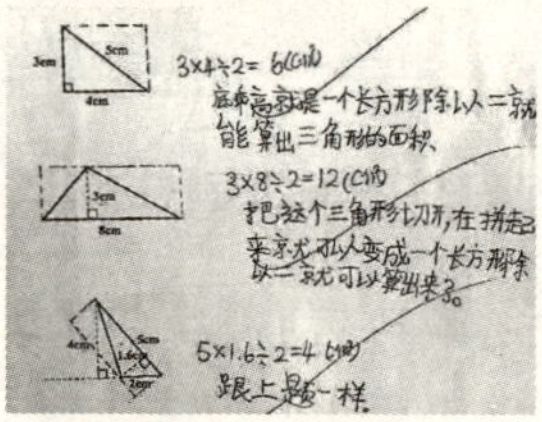
转化成平行四边形：
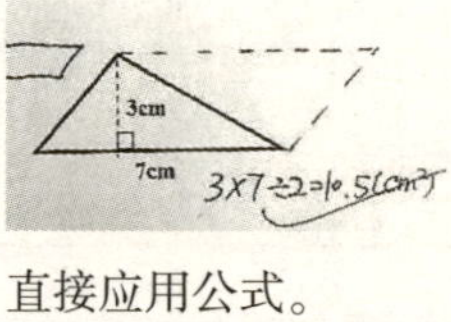

直接应用公式。</td></tr>
</table>

续表

不带方格背景	典型错误	公式错误，如 3 ×4；底、高不对应，如 3 ×5。	公式错误，如 4 ×6；不会做。	公式错误，如 3 ×7；不会做。	公式错误，如 10 ×5；不会做。

（4）51.2%的学生在正式学习前已经知道三角形的面积计算公式，但未必理解公式的含义。学生图形转化和公式推理的能力比较薄弱。

访谈22名计算正确的学生，有45.5%的人声明自己只是直接套用公式解决问题，但不能对公式的来龙去脉给予说明；40.9%的人知道可以用两个全等的三角形拼成平行四边形来解释三角形的面积计算公式，但他们只能够运用两个直角三角形拼成长方形，而不能运用两个锐角三角形或钝角三角形拼成平行四边形；有一名学生告诉测试者他是先利用长方形推得直角三角形的计算方法，进而使用直角三角形推得锐角三角形和钝角三角形的面积计算方法；能有效使用两个全等三角形拼成平行四边形并以此说明三角形面积计算公式的学生只有两名，占全体学生的9.1%，其中一名表示是从课外辅导中知道了这种方法，另一名则称自己能主动想到这种推导过程。

就接受课堂观察的班级而言，在15分钟的工作时间内，很多学生没有操作思路。他们有的把整个三角形沿方格线一格一格剪开后试图用“散件”重“塑”一个长方形或平行四边形，有的折来折去，试图把三角形的角“掩盖”起来，还有的同桌两人随意找两个三角形（比如，一个锐角三角形和一个钝角三角形）拼来摆去，不得要领。全部28名被试，完成情况如表3－4。

表3－4　被测班图形转化情况统计　　单位:%

类　型	锐角三角形	直角三角形	钝角三角形
通过率	0	75	10.7

在直角三角形变形中，有3人（占10.7%）采用的是碎拼的办法；1人（占3.6%）采用倍拼法，完成全部三角形变形；5人（占17.9%）毫无建树。（如图3－1）

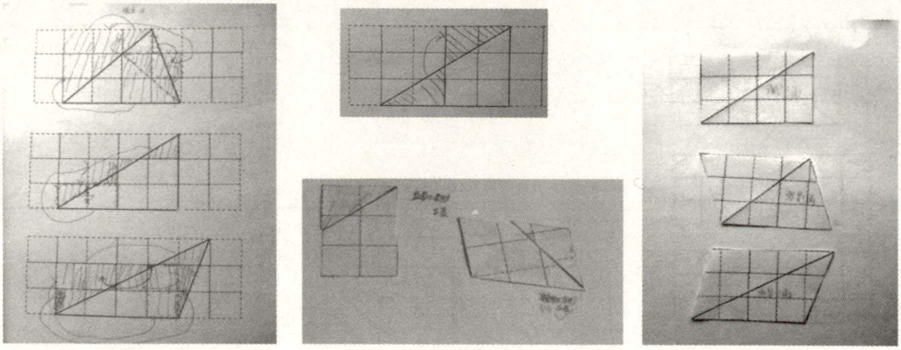

碎拼法　　中位线法　　倍拼法

图 3－1

3.3 作业错误收集与归因

作业中的错误能够暴露出学生在知识和方法方面的缺陷，帮助我们更好地确认教学的着力点。同时，错误也是教学资源。有意识地去记载和积累历届学生的错误，分析其中的共性，对教学有很大的指导意义。

> **思考**
>
> 学生在求取三角形面积时，经常会发生哪些错误？原因是什么？在你印象中，求三角形面积最难的一道题是怎样的？

本次研究首先收集了不同学校学困生的作业 27 本，并展开分析，发现错误主要集中在以下几类，见表 3－5。

表 3－5　学生作业错误情况分析

错误类型	错误示例	错误人数（人）	占百分比（%）
求面积时未“÷2”	(6) 一块三角形土地的底边长 25 米，高 8 米，面积是（200）平方米。100	14	51.9

续表

<table>
<tr><th>错误类型</th><th>错误示例</th><th>错误人数（人）</th><th>占百分比（%）</th></tr>
<tr><td>用作计算的底和高不对应</td><td>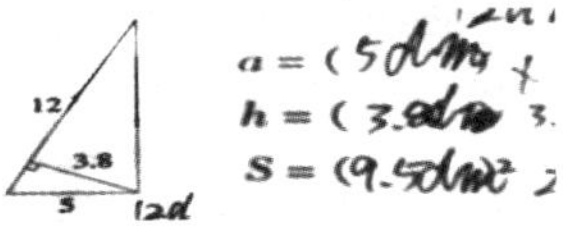</td><td>3</td><td>11.1</td></tr>
<tr><td>单位换算错误</td><td>(6) 底是 18 厘米，高是 1 分米，
面积是(9d)平方厘米。</td><td>9</td><td>33.3</td></tr>
<tr><td>知面积和底（高）不能正确求高（底）</td><td>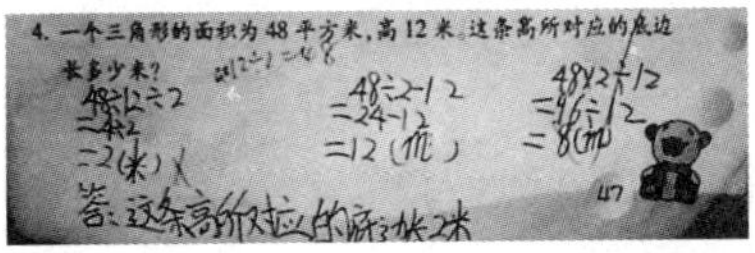
</td><td>6</td><td>22.2</td></tr>
<tr><td>不能有效讨论图形之间的关系</td><td>（1）三角形和三角形之间的关系
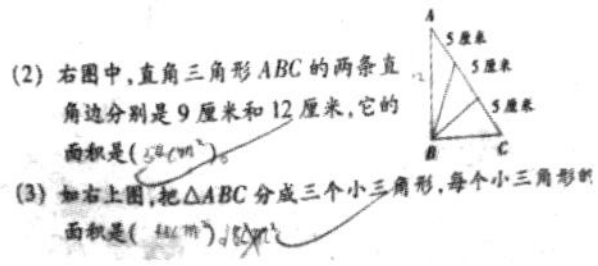

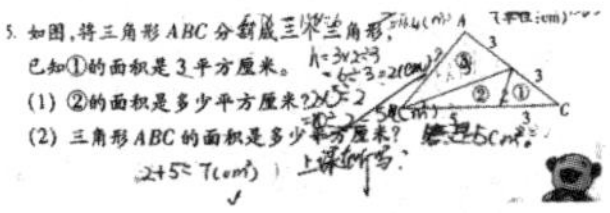

（2）三角形和平行四边形之间的关系
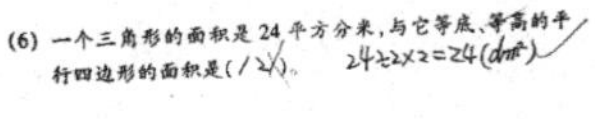
</td><td>16</td><td>59.3</td></tr>
</table>

在此基础上，我们编制了三角形面积的后测问卷，开展了后测与分析。

思考

后测的目的与前测有什么不同？在你看来，学生对三角形面积计算公式的理解和应用水平可以分成几个层级？（如有需要，请进一步阅读前文提及的关于知识掌握水平的几种理论）通过哪些问题可以探知学生的理解和应用水平？

测试的问题、对象与过程

(1) 测试的问题

后测使用A、B两套问卷(详见附录3)。A、B两卷习题的内容相同,部分习题在呈现形式上有所差异。题目选自现行各版教材及浙教版《课堂内外》(五年级上),其中数据有改动。

第1题,看图求三角形的面积。它主要考查学生能否直接应用公式求取三角形面积,包括能否选择有效的底、高信息。评价设定三级水平:L0(水平0)——不会做或忘记底、高相乘后要除以2。L1(水平1)——信息选择错误,包括:不能正确辨认三角形的底或高,特别是钝角三角形的底或高,没有意识到底和高需保持对应。L2(水平2)——能正确求取图形面积。

第2题,填表题——表分3栏,分别为知底、高求面积,知面积及底求高,知面积及高求底。它主要考查学生对公式的应用是否灵活,即不仅能正向应用公式,也要能逆向运用公式。评价设定三级水平:L0(水平0)——空白或全错;L1——能正向应用公式求取面积,不能逆向应用公式求底或高,包括直接用面积÷底(或高)、面积÷2÷底(或高);L2——既能正向应用公式求取面积,又能逆向应用公式求底或高。

第3题,填空题,讨论等底等高的三角形与平行四边形之间的面积关系。A卷采用文字叙述的形式,B卷采用图形表示,主要考查学生对图形关系的理解和应用。评价设定三级水平:L0——对“三角形面积是与其等底等高平行四边形面积的一半”只是形式化记忆,对计算中“×2”或“÷2”的真实意义不清楚,出现无论是三角形到平行四边形还是平行四边形到三角形都“×2”或“÷2”。L1——用平行四边形面积推算与之等底等高的三角形面积是正确的,用三角形面积推算与之等底等高的平行四边形面积是错误的。说明对两者之间的关系理解不充分,推理不具有可逆性。L2——正确完成两题。

第4题,问题解决,分3小题。

第一小题,应用问题,基本情境是:从一块长3米、宽1.5米的长方形红布裁取底、高都是3分米的三角形小旗,可以裁多少面?本题用于考查学生能否综合应用图形面积公式解决实际问题。评价设定三级水平:L0——

建模完全错误，不明白这个情境与数学知识之间的联系，出现空白、求最大公因数等答案。L1——分单位错误和建模有错误两种。单位错误主要是未统一单位或以为 1 平方米 = 10 平方分米；建模方面的错误则有：混淆周长和面积概念，混淆长方形和三角形面积计算公式等。L2——能正确解答问题。

第二小题，求一块直角三角形地的面积：给出三边长，但未说明谁是直角边、谁是斜边。它主要考查学生能否结合图形思考，有没有确认数据意义的意识和能力。评价设定三级水平：L0——建模完全错误，比如，空白或者三边连乘。L1——在计算面积时仅用两直角边相乘而忘记了除以 2，或者分不清哪两条是直角边；L2——能正确解题，尤其是部分学生有作图帮助思考的习惯。

第三小题，是一道较为复杂的面积推算问题，主要考查学生能否在复杂的图形中辨认及推理图形各部分之间的关系。评价设定三级水平：L0——没有思路或者没有道理的答案。L1——对底、高，对面积的影响有所了解但不正确。L2——能正确解题，方法分两种：一种是辗转求高再求面积，第二种是根据图形底、高之间的关系推算出要求的面积。

（2）测试的对象

在杭州市上城区选取两所不同学校 6 个六年级的班进行后测，样本总数为 204 人。6 个班分属 3 位教师教学，教师的教龄均超过 10 年，每位教师选自己教的一个班做 A 卷，另一个班做 B 卷。

（3）测试的过程

两所学校的测试在 2012 年 3 月上旬的同一周内进行，由任课教师协助完成，并要求测试前不通知，测试中不读题、不讨论。整个测试过程基本反映了学生在自然状态下独立解决问题的真实水平。

对测试第 4 题追加了学生访谈。具体根据完成情况，按优、中、差各选 3 名学生进行了访谈。访谈利用午间休息和放学后的时间，一对一地在教师办公室由笔者亲自独立进行，测试与访谈在同一天内完成。

测试的结果与分析

思考

如果在你的班上做这份后测卷，你觉得各题的通过率大概是多少？通过率最低的是哪题？原因是什么？

本研究的测试结果如图 3－2 所示。

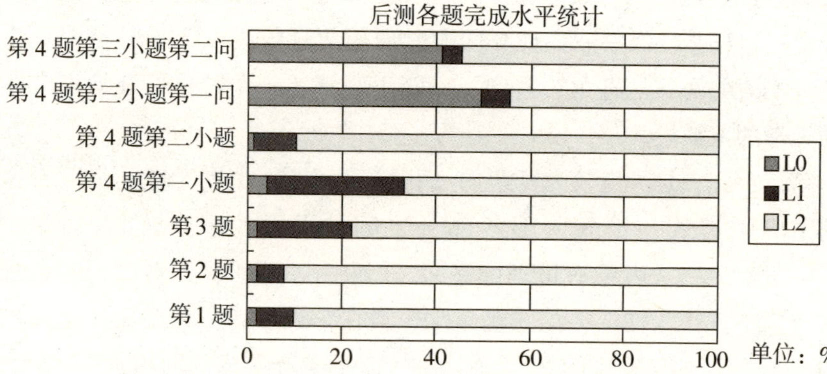

图 3－2

该结果提示我们，在应用“三角形面积”知识解决问题的过程中，学生可能存在下列困难。

（1）三角形底和高的概念模糊

在解决问题的过程中，学生对图形的观察容易受无关因素干扰，不能正确辨识图形的底和高，尤其是非标准图式的底和高。如第 1 题第③图（如图 3－3），当图形中出现多余信息时，学生的选择受到了影响，有的把 9 当作图形的底边长，有的把（7＋9）当作图形的底边长，有的以 20 为底、12 为高……

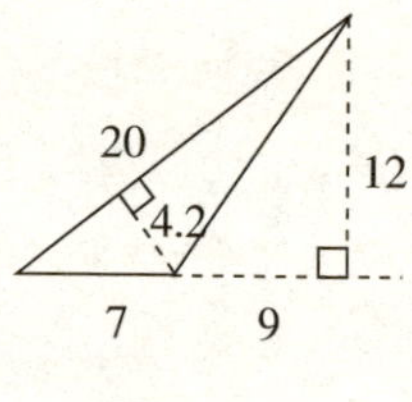

图 3－3

而学生尤其不能有效辨识组合图形底和高之间的关系。如第 4 题第三小题（如图 3－4），学生不能成功解题的原因之一是，没有认识到三角形①、②、③及三角形 *ABC* 的底、高之间的关系。可参见以下访谈记录。

师：同学，你好。我听说你是一个非常努力的学生，怪不得这份练习的大部分题目你都做对了。

学生放松了一些。

师：不过最后一题你好像没有做，是忘记做了吗？

生：（看了一眼题目）我来不及了。

师：哦，是当时来不及做吗？那我们现在来想一想好吗？

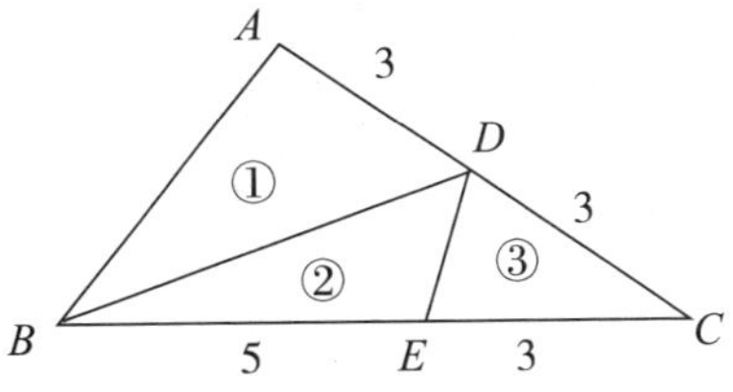

图 3-4

学生有点不情愿地接过测试卷。

师：没关系，老师和你一起做。我想听听你已经想到了什么？

生：（想了一会儿）这个题没法做的，没有高的。

师：不知道高是多少，就不能求面积了吗？

生：（诧异地看着老师）那当然，面积 = 底 × 高 ÷ 2，没有高怎么做啊？

师：那么你能找到图上这些三角形的高在哪里吗？

学生指出的高全部是垂直于 *AB* 的高。进而，当老师要他找一找三角形②*BE* 上的高，三角形③*EC* 上的高，以及三角形①*AD* 边上的高和三角形 *BCD* 在 *CD* 边上的高时，学生或者指不出，或者随便指一条。

（2）对三角形面积公式的几何意义不理解，或理解有缺陷，导致经常忘记除以 2，或者用并不对应的底和高相乘

此处要指出的是：作业的错误不仅反映出知识的缺陷，更体现了态度的误区。即问题可能不仅在于“有没有除以 2”，知不知道“为什么要除以 2”等，更重要的是，学生有没有想过要去思考这些问题，他是把公式、规则看作一个既定的、封闭的系统，急于复制和套用，还是认识到其中有一个建构和推理的过程。根据克劳福德等（Crawford et al，1994）的研究，学生对如何学习数学的反应可以分为以下几个层次：①死记硬背，以便记住知识和程序；②做大量的例题，以便记住知识和程序；③做大量的例题，以便理解理论和概念的关系；④做难题，以便理解整个理论及其与已有知识之间的关系；⑤理解一种理论，并看看这个理论能应用在哪些情境。

（3）推理能力较弱

①逆向推理有困难

A 卷第 2 题第②、③列，B 卷第 2 题第二小题、第 3 题等都反映出这个问题。比如，学生不能从“面积 = 底 × 高 ÷ 2”推导出“底（或高）= 面

积×2÷高（或底）”，不能认识到这是对同一组关系的不同角度的表征。

②推广结论有困难

如第4题第三小题，有的学生根据等底等高的三角形面积相等，已经分析出$S_{三角形①}=S_{三角形②}+S_{三角形③}$，却不能进一步分析出在等高的情况下，三角形②和三角形③面积的比就等于底边长度的比。可参见以下访谈记录。

师：同学，你好。今天的测试卷你做得非常好。

学生略显拘谨。

师：最后一题很难，但你还是做出来了，你能和老师说说，你是怎么想的吗？

生：这道题是很难，但是我记得我们以前老师讲过的，就是整个图形的几分之几。（停了一会儿，不好意思地笑了一下）可是我想不起来老师到底是怎么变出几分之几了。

师：你还是做出来了。

生：是的。等底等高的三角形面积相等，所以①的面积是3平方厘米，下面这个三角形（指三角形②+③）的面积也应该是3平方厘米。那么它的底是3+5=8（厘米），它的高就是3×2÷（5+3）=0.75厘米。（表情放松了）0.75×5÷2=1.875（平方厘米）。

师：图形②和③之间有怎样的关系？

生：（重新确认了原题）它们两个的高是一样的。

师：那么面积呢？

生：面积不一样吧。它们的底不一样。（算起来）图形③的面积是3×0.75÷2=1.125（平方厘米）。

可以认为，学生是将“等底等高的三角形面积相等”作为一个结论整体接受下来的，没有认识到底、高、面积之间的函数关系。学生对公式的认识是僵化的，这必然会影响他应用公式进行推理。

（4）生活经验不丰富，且没有良好的数形结合习惯，导致建模偏差

如第4题第一小题（A、B卷共用）：一块红布长3米，宽1.5米，把它裁成底和高都是3分米的三角形小旗，可以裁多少面？30%左右的学生不理解情境对应的数学本质是长方形面积与三角形面积之间的包含关系，列式错误，如[（3+1.5）×2]÷3、3÷0.3+1.5÷0.3等。

4

教学设计比较研究

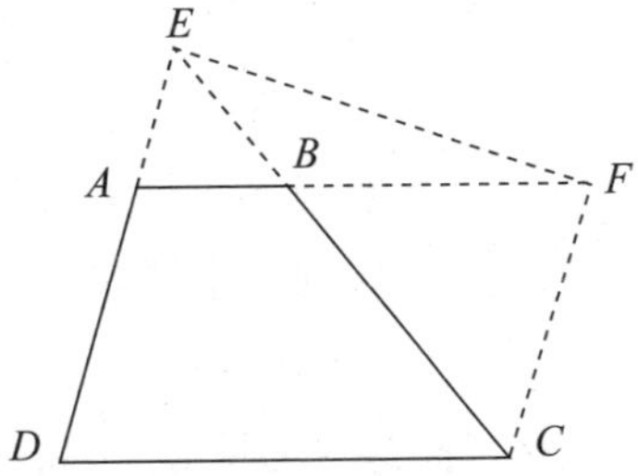

在多边形面积单元中，“三角形面积”一课可谓承上启下——承上是指按现行教材安排，它的前一课“平行四边形”刚刚渗透了将未知公式图形转化为已知公式图形的思想，这种思想将在本课继续贯彻发扬。启下则有两个要点：首先，三角形转化成平行四边形，普遍采用的是倍拼法（即需将全等三角形转化成平行四边形），这也是后继将梯形转化成平行四边形的主要方法；其次，任意多边形都可以分割为三角形来求其面积，从这个角度来说，学习了三角形的面积计算后，学生计算其他图形面积就进入到相对比较自由和自主的阶段。不少教师研究过“三角形面积”的教学，形成了各种设计，比较这些设计的异同，揣摩其中的教学意图，能够帮助我们更好地认识这一节课，进而通过这一节课，认识相关的一类课。

4.1 已有教学设计概述

查阅《小学数学教师》《小学教学》《小学数学教育》等近 20 年来的期刊，并搜索中国知网，收集到与三角形面积教学相关的文章共计 120 余篇，其中教学设计或教学实录约占 63.3%。这些设计有很多相似之处，如强调“倍拼”的推导思路，强调“等底等高的三角形面积相等”，体现出教师对于教学目标和学生情况共同的认识和把握。其中也不乏时代特点和个人思考的内容。如针对怎样让学生想到“倍拼”法，邱学华 1987 年以对分平行四边形得到三角形引入，康逸芸 1999 年从直角三角形的公式推导开始，梁晓明 2005 年在文章《提供适合学生探究的学习材料》中提出从长方形纸中剪一个三角形思考其面积的教法……此外，在练习设计方面，姜燕、叶季明、汪培新等都提供了很好的内容。

这里最终选取以下 30 篇作为比较的素材。(见表 4 - 1)

表 4－1　“三角形面积”教学设计主要参考篇目

序号	篇　名	作　者	出　处
1	操作了等于经历了吗？——三角形面积计算教学反思	厉南洋	教学月刊：小学版，2007（10）
2	“平面图形的面积”编写特点和教学建议	黄伟星	江苏教育：小学教学版，2009（7/8）
3	《三角形的面积计算》教学设计及思考	徐健湖	同上
4	《三角形面积》课堂实录与反思	黄爱华	黑龙江教育，2006（5）
5	《三角形的面积》第一课时教学设计	蒋晓兰 吴明理	小学教学参考，2004（26）
6	“三角形的面积计算”教学方法比较谈	蒋红英	小学教学，2004（7）
7	《三角形的面积计算》教学设计	叶彩霞	广西教育，2003（7/8）
8	《三角形的面积计算》教学设计与评析	胡重光 陈志斌	小学教学参考，2000（11）
9	三角形的面积计算教学实录与评析	陈　喻 陈宝燕	贵州教育，2001（4）
10	三角形面积计算教学设计与评析	关玉华	新课程：综合刊，2006（1）
11	“特殊三角形的面积”教学设计	韩欣宇	小学教学设计，2002（10）
12	从“怎么想到的”谈面积公式推导教学的落脚点	施益新	小学教学研究，2009
13	都是课件惹的祸——三角形面积计算公式推导教学反思	陈良平	新课程研究：教师教育，2006（6）
14	改变教学方式，让学生主动参与	张学东	小学教学设计，2004. 17
15	教学需要留痕——从三角形面积公式教学谈提高知识形成过程的质量	魏光明	江苏教育，2007（24）
16	聚焦关键环节，提高教学质效	胡　跃	时代教育，2010（11）
17	平行四边形、三角形、梯形面积计算的综合练习教学设计	施　伟	中小学教学研究，2005（8）
18	深刻理解胜于教后提醒	陈爱仙	云南教育：小学教师，2010（11）

续表

序号	篇名	作者	出处
19	提供适合儿童探究的学习材料——“三角形面积”计算教学反思与实践	梁晓明	黑龙江教育，2005（1/2）
20	三角形的面积计算	刘兴密	根据图片资源整理
21	三角形的面积	姜　燕	根据图片资源整理
22	教学“三角形面积的计算”发现的	胡明亮	中小学数学，2000（11）
23	三角形面积的教学实践与反思	宋　刚 胡慧良	中小学数学，2007（12）
24	“三角形面积”的教学	康逸芸	松子评课，2003
25	一节丰盈而充实的数学课——三角形面积教学片段与评析	张学东	小学教学设计，2009（32）
26	“三角形的面积计算”教学设计	叶季明	叶季明数学教学的理论与实践，1998
27	三角形的面积教材分析与教学设计		北师版教材配套教师教学用书
28	“三角形面积的计算”教学设计及评析	邱学华	邱学华数学教学教案与教法，1998
29	“三角形面积”的教学实录	汪和庆	根据视频资料整理
30	“三角形的面积”教学实录	杜美玲	根据视频资料整理

公式推导过程所承载的面积意义的理解、图形关系的沟通、空间想象能力的培养、化归思想的渗透，历来为广大教师所重视，但受认识水平和侧重点不同，具体的设计也有不同。

思考

请你在知网上搜索并阅读1985—1999年的“三角形面积”教学设计（至少5篇），对照我国《义务教育数学课程标准（2011年版）》，你觉得这些设计中值得继承的是什么？需要反思和改进的又是什么？

遗憾的是，没有找到对不同时期的教学设计做纵向比较或对有特点的教学设计做横向比较的文章。

4.2 已有教学设计比较

有几种不同的导入方式?

思考

回忆你听过的“三角形面积”一课，主要有哪些不同的导入?

我们把已有设计的导入方式分成三类。

(1) 复习导入

统计 17 篇完整的教学设计，有 9 篇采用复习引入的办法。无一例外的，都会复习平行四边形的面积计算。可见，教师普遍把平行四边形面积计算当作三角形面积计算的基础。有些细心的教师（9 篇中有 3 篇——刘兴密、姜燕、叶季明的文章）还会复习三角形的底和高，一是为讨论三角形与平行四边形的等底等高落实基础，二是明确底、高之间的对应关系。对照本书第 3 章学生情况的相关分析，应该说这样的复习是有必要的。另有一些设计在复习过程中，不仅关注平行四边形面积的算法，还刻意强调平行四边形面积公式是如何得到的，以突出化归的思路。总的说来，有了复习的环节，学生探索三角形面积计算大致有了方向。这样做，思维的切口当然会小一些，但课堂活动也相对会高效一些。

(2) 情境导入

17 篇完整的教学设计中，有 5 篇采用的是情境引入的办法。

如康逸芸设计了一个童话情境：长耳朵、短尾巴和红眼睛三只小兔各做了一个三角形，为了比面积大小，彼此争论不休，想请小朋友一起来帮忙。

徐健湖设计了一个平分长方形花坛的情境（如图 4－1）。即先聚焦图③，讨论如何说明其中两个直角三角形面积相等，再引出直角三角形面积计算，并进而推广，提出：一般三角形面积应如何计算?

同学们，学校新建校门口有一块长方形绿地。为了美化环境，学校准备把这块绿地平均分成两块（课件出示），一块种红枫，一块种桂花。你认为可以怎样平均分呢？学生独立思考，交流自己的想法（课件展示 3 种分法）。

图 4－1

情境导入在 2000—2005 年极为盛行。当时的课程标准（即《全日制义务教育数学课程标准（实验稿）》提出“在本学段的教学中，要创设与学生生活环境、知识背景密切相关的，又是学生感兴趣的学习情境”，要“让学生在现实情境中体验和理解数学”。情境在激发学习兴趣，体现数学应用价值等方面无疑是有效的。但一方面，受小学数学知识局限，生活情境很难完全消除人为编造的痕迹；另一方面，生活情境加入到课堂，势必在一定程度上分散学生的注意，因而它与数学知识的契合程度，特别是它在帮助学生理解数学原理、启发学生形成解题方案方面究竟有多大作用，值得教师深思。

上述两例中，徐健湖的情境设计以情境蕴思路，直角三角形的例子暗示了“倍拼法”。康逸芸则以帮助小兔子比图形面积的情境贯穿全课，自然生动。

（3）目标导入

与在丰富多彩的情境大海里慢慢聚焦数学核心问题的做法不同，较早的教学设计中还有一类目标导入法。具体的做法是：直接揭示课题，并提出学习目标。如汪和庆采用的就是这种导入方法。这应该和当时的目标教学理论有关。从元认知的角度讲，明确目标可以帮助师生双方参照目标、监控自己的教学行为、合理分配教学时间、提高教学效益。这样的导入方式简洁、利落，但鉴于小学生的心理特点，也很容易流于形式——学生尚未了解学习内容，怎能自主制定学习目标？对于教师代劳的目标，只怕也是一知半解。这种情况下，目标的激励作用和导向作用就大打折扣了。

教学中是否组织学生数格子求面积?

我们发现，早期的设计，在开展公式推导之前都会安排学生用数方格的办法获知三角形的面积。具体分析，意图又有不同。一种是把数方格作为求面积的一个方法，让学生通过实际操作，感到数方格很麻烦，想要应用于实际生活又不太可能，从而催生推导公式的需要。另一种则不仅要学生数出面积，还要数出底和高，这样不仅能实现前一层用意，还能引导学生形成初步的猜想：三角形面积可能等于底乘高除以 2。那么底乘高究竟表示什么？为什么还要除以 2 呢？从而学生的探索目的更加明确。

2000 年以后，数方格的环节渐渐淡出了教师的教学设计。胡明亮认为教材应删去用数方格的方法求三角形面积的内容。理由是：

其一，这种方法用于钝角三角形有时会出问题；

其二，这种方法在平行四边形面积计算中已经强化过；

其三，这节内容的重、难点是引导学生探索如何把三角形的面积计算转化为平行四边形面积计算，与数方格的方法没什么关系。

思考

你认为在“三角形面积”一课中有必要安排数格子求面积的环节吗?为什么?

我们赞成数方格的做法。数方格的过程至少具备下述教学价值：

①紧扣问题，进一步体会面积的本义；

②感受此法较为麻烦，需要另外寻找计算的方法；

③数出底、高、面积，形成初步的公式猜想；

④为了更快更好地数面积，学生往往会采用移补甚至虚构的方法。如对图 4－2 中的直角三角形，有的学生采用零星拼补的办法（如图 4－3）得出面积为 4.5 平方厘米；有的采用整体移补的方法求出等积平行四边形或长方形的面积为 4.5 平方厘米（如图 4－4），有的可能还会虚构一个与之全等的直角三角形倍拼成长（正）方形（如图 4－5），进而算出该直角三角形

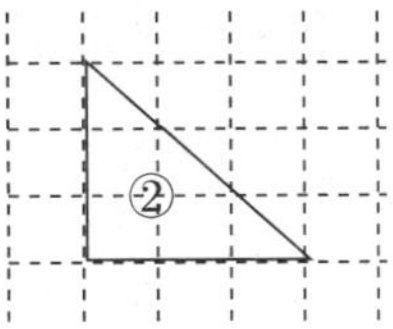

（1格=1cm²）

图 4－2

的面积为 $3\times3\div2=4.5$（平方厘米）。

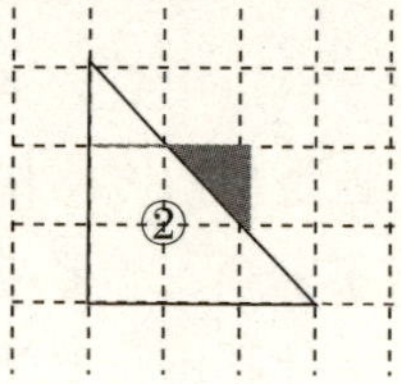

图4-3

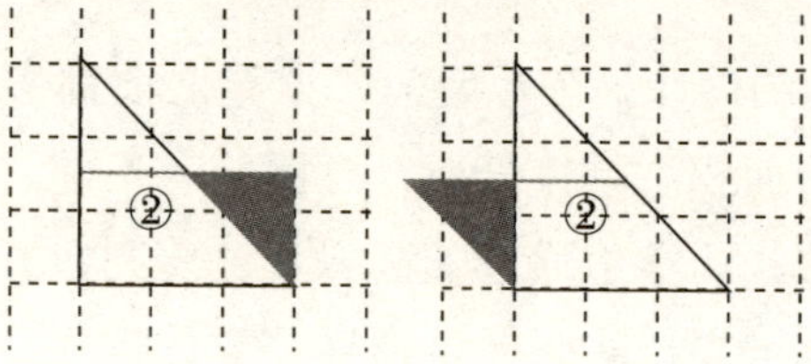

图4-4

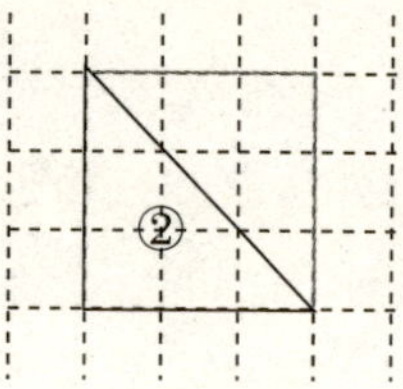

图4-5

尽管这些方法都是针对一个具体的三角形产生的特殊、零散、甚至有一些缺陷的方法，但这些感性经验对学生后继的理性推导活动无疑有着极好的铺垫和启迪作用。

很多时候，算法正是对数法的压缩和优化（孔延平，2006）[37]。

为学生准备了什么样的学具？

从资料中推测，课堂使用的学具大致分成三类：第一类是全等的锐角、直角和钝角三角形各一对；第二类是平行四边形一个，锐角、直角和钝角三角形各一个，或锐角、直角和钝角三角形任一种若干个；第三类是前两类的综合，不仅有三种类型（锐角、直角、钝角）的三角形各一对，也掺有其他三角形若干。学具的准备反映了教师预设的教学流向。

思考

怎样的学具最容易启发学生想到“倍拼”？怎样的学具为学生提供了较大的思维空间，有利于锻炼学生解决问题的能力？

值得一提的是，多数教师请学生准备的学具是不带刻度标记的，既没有标出底、高数据，也不带有方格背景，甚至没有标出底和高，可以想象，学生在剪拼之后，讨论原三角形和转化成的图形之间有什么关系时，面临一定的挑战。少数教师在学生回答的基础上，会重新使用课件或投影来回顾和强化推导过程，这时，他们往往会以举一个例子的方式标出底、高的数据，方便学生观察，如杜美玲。也有教师让学生操作带有方格背景的三角形，并要求学生在操作完成后试着在方格练习纸上把图形转化的过程画出来。学生初次将三角形剪拼成平行四边形时往往带有较大的尝试成分，而把剪拼成功的作品画下来，使他有机会来整理和反思刚才的操作活动，有了方格背景做参照，每一次分割在哪里、拼补在哪里，改变的是什么、不变的又是什么，一目了然。

采用怎样的教学形式来组织学生推导公式？

推导三角形面积并非易事。怎样来指导学生推导公式，指导到什么程度，不同的教师处理方式不同。

第一种，每一次剪拼活动（有的教师称为实验）都由教师带领完成。这并不意味着学生只是模仿操作，而是指每一次学生用什么材料，做什么活动，活动完成后要说什么话，教师都有明确的指示。如康逸芸的设计——

首先，康老师引导学生研究直角三角形的面积与长方形面积的关系。

师：第一个实验是：请每个同学拿出两个红色的三角形，看看这两个三角形有什么关系？

生：能完全重合。

师：说明它们的形状、面积怎样？

生：形状相同、面积相等。

师：请大家拼成一个长方形、拼好后，小组讨论并填写实验报告（一）。

学生小组实验，同时播放音乐。

> 实验报告（一）
>
> （1）（　　）个完全相同的直角三角形可以拼成一个（　　）形。
>
> （2）一个直角三角形的面积是相应长方形面积的（　　）。

完成的小组把实验报告（一）贴在磁性小黑板上，并相互检查，比一比哪个小组完成得最出色。

师：（音乐停）大家都做得很好。通过实验（一），你们自己从三角形与长方形的关系中，得到了什么知识？

生：我们知道了一个直角三角形的面积是相应长方形面积的一半。

然后，教师引导学生研究锐角三角形的面积与长方形的面积的关系。

师：用两个完全相同的锐角三角形来拼图形，拼好后，填写实验报告（二）。（放音乐。教师巡视，发现学生遇到了困难）

师：哦，我发现大家碰到困难了，怎么办？（学生思考）

师：能不能用剪刀将其中一个锐角三角形剪成两个较小的直角三角形后再拼呢？

学生操作：

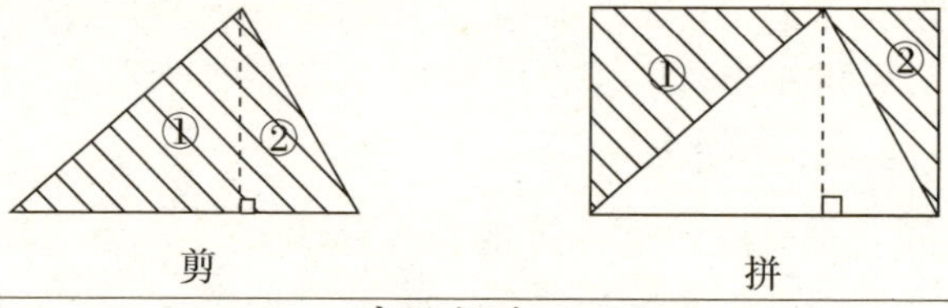

实验报告（二）
(1)（　　）个完全相同的锐角三角形可以剪拼成1个（　　）形。
(2) 一个锐角三角形的面积是相应长方形面积的（　　）。

学生完成实验（二），得到新知识：一个锐角三角形的面积等于相应长方形面积的一半。

最后，教师引导学生研究钝角三角形的面积与长方形面积的关系。

师：用两个完全相同的钝角三角形剪拼成长方形，并且直接填写实验报告（三）。

实验报告（三）
(1)（　　）个完全相同的钝角三角形可以剪拼成1个（　　）形。
(2) 一个钝角三角形的面积是相应长方形面积的（　　）。

比较三个实验的结论，师生共同总结出：

①一个直角三角形的面积是相应长方形面积的一半；

②一个锐角三角形的面积是相应长方形面积的一半；

③一个钝角三角形的面积是相应长方形面积的一半。

联结起来：一个三角形的面积是相应长方形面积的一半。

三次分别研究三角形、锐角三角形和钝角三角形的面积算法，目标清晰，条理清楚，教与学的活动都很落实。但应该承认，在整个过程中，学生自主学习、创造的空间很小，更多的时候，他是一个执行者，而非探索者。

第二种课堂则彻底放开，教师为学生提供各种各样的三角形，包括全等的和彼此不相关的，让学生自己想办法去推导三角形的面积计算方法。

（如图 4－6）

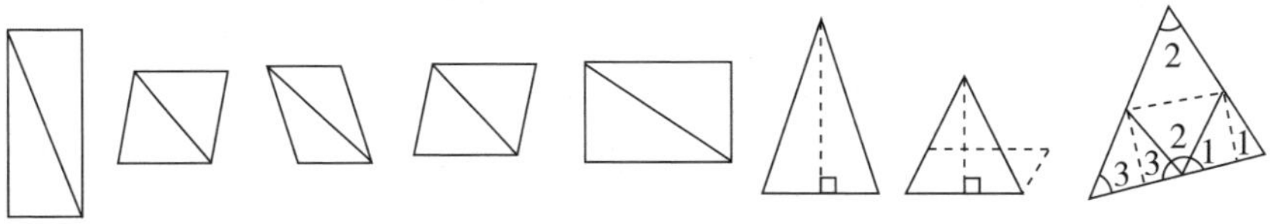

图 4－6

有的课例称，在这样的开放活动中，学生能想出各种方案，如张学东在《改变教学方式，让学生主动参与》中写道：学生纷纷举手，思路精彩纷呈。（参见附录 5）

也有的教师指出，在其亲历的课堂中，这种教学方法陷入了低效的泥沼。如厉南洋在《操作了等于经历了吗？——三角形面积计算教学反思》中写道："（这样的教学）从课堂气氛来看，三五成群，煞是热闹。表面的活跃在一定程度上掩盖了学生真正知识经历的缺憾。由于教师过高地估计了学生的动手操作能力，过于开放，学生在没观察（铺垫）下进行猜想，在没有教师的指导下，随意拿起几块三角形，拼来拼去，什么结论也没有得出来，导致动手操作活动无效。所以，操作活动不宜过深，否则就在浪费时间。"

思考

你赞成哪种教学组织方案？既想要给学生较大的创造空间，又要顾及课堂效率，你有什么好办法吗？

上面两派意见，很难判断谁对谁错，没有相同的学生，就没有相同的课堂。教师的问题是：我的学生怎么样？他们有能力进行公式推导吗？教学曾经在什么地方为他们的推导做过准备？这个问题非常重要。"精彩的生成来源于精心的准备"（孔企平，2006），尤其是我们的工作背景是义务教育、基础教学、大众课堂，教学设计就更不应该仅仅寄希望于放大几个可遇不可求的尖子生方案。

根据我们统计，2001 年后各版本教材前期安排的图形活动都很少。（如表 4－2）

表 4－2 不同版本教材图形活动课时比较

版本 项目	人教版	北师版	浙教版	苏教版
活动课时	5	8	5	5
主要内容	印图形、剪纸、七巧板、图形拼组	点子构图、图形剪拼、七巧板、图案设计	印图形、图形分与合、七巧板、图案设计	拼图形、七巧板、图形剪拼、图案设计、数面积

分析从三角形向平行四边形的具体转化：首先，高是人为增设的一条图形信息，与图形的边和角相比，它是隐蔽的，从而，沿高剪切并不容易想到；更不用说图形的中位线了，五年级上学生的几何概念词典里甚至可能还没有这个名词。

至于“倍拼”，要求学生面对一个三角形的问题，想到虚构另一个与之全等的三角形，既方便现时合拼成规则图形，又方便最终要能消去这个增加的图形，这是何等的精巧！

至此，我们可以小结说：虽然在平行四边形的教学中，学生已经领会到要将未知公式图形转化成已知公式图形的思想，但具体怎样将三角形转化成平行四边形或长方形，其实是对其空间观念的新挑战。教师有必要在前期的学习或本课学习之初做一些指引和铺垫工作。

如前面导入部分比较中所提及的，很多教师偏好在课一开始，取一个平行四边形沿对角线分割，让学生直观地看到平行四边形和三角形之间的联系，为学生的独立研究指引路径。也有的教师从学生最容易把握的直角三角形入手，先带着学生一起研究直角三角形面积计算，有了相关的图形转化经验之后，再让学生独立去挑战锐角三角形和钝角三角形。这些做法较好地处理了教师主导和学生主体之间的关系，平衡了学优生的创造需要和学困生的仿照需要。

先呈现哪种推导方法？

当前的教学设计基本上都是先安排学生研究“倍拼法”，再简单地带一下一个三角形的等积剪拼，有的还把等积剪拼布置为课外活动。这里固然有教材编写的因素（现行教材基本如此编排），可能也是因为：

①通过“倍拼”转化成平行四边形的操作比较简单，转化成的平行四

边形与原三角形各部分之间的关系比较明确（如图4－7），所拼成的平行四边形与原三角形等底等高，而面积正好是原三角形的两倍，因此可得三角形面积＝底×高÷2。

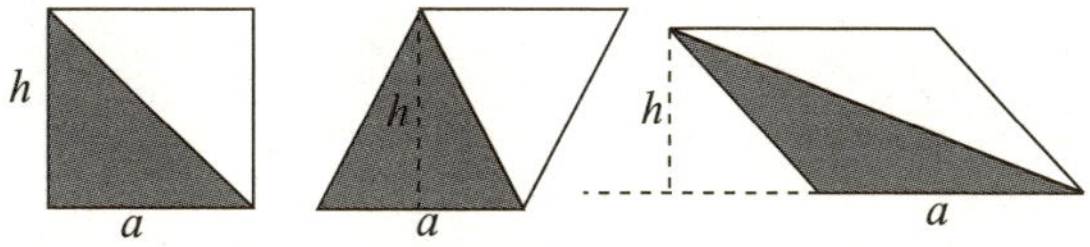

图4－7

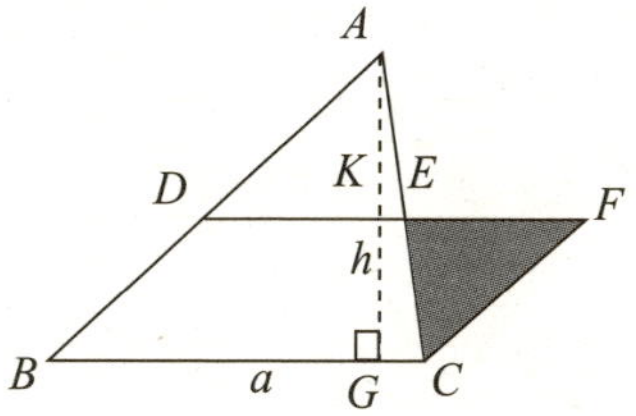

图4－8

一个三角形的等积变化则涉及较多的图形知识，如中位线的相关知识，平行线分线段成比例的知识等。且等积变形时底和高中至少有一个发生了变化，则在推导公式的过程中需要应用运算定律对运算顺序做出一定的调整，可能也会造成一些干扰。

如图4－8，由 $DE // BC$，故 $KG : AG = EC : AC = 1 : 2$，故 $S_{\triangle ABC} = S_{\square DBCF} = a \cdot \left(\frac{1}{2}h\right) = \frac{1}{2}ah$。

②“倍拼”法可直接作用于下一节梯形面积的探索。

但是，仍有教师的设计是从一个三角形的剪拼开始的，如汪和庆（参见附录5）。汪老师之所以有信心从一个三角形的割补开始，可能是因为：a. 前一课将平行四边形转化成长方形就是一对一的等积割补，学生通常也会首先考虑将一个三角形等积割补为一个平行四边形（长方形）。b. 教师提供了带方格背景的三角形，强化了高线、边线中点的刻画，有利于这些点、线成为强刺激，启发学生的几何直觉；c. 学生的推导是建立在实物操作基础上的，意味着“学生有机会在预设的表象操作与实际的形象验证之间反复调整，直至成功”（Fischbein et al，1998）。在这里，学生对图形性质、图形变换的感知都是一种直观水平，即使有所推理，也是非形式化的。d. 操作的对象是一个锐角三角形，作高后自然被分成两个直角三角形，而直角三角形的等积变化是学生比较容易达成的。

一个比较特殊的做法，来自邱学华。他的处理可以看作前文介绍的复习导入法的放大（参见附录5）。邱老师的做法提醒我们：本课研究的三角形可以是一个孤立的三角形，也可以是一个有联系的三角形——如从平行四边形（含长方形）中割出的三角形，对于后者，研究会轻松得多。最理想的状况是，学生经过前期学习，对三角形的概念具有多元的理解——选自黄爱华的教学设计，如图 4－9。

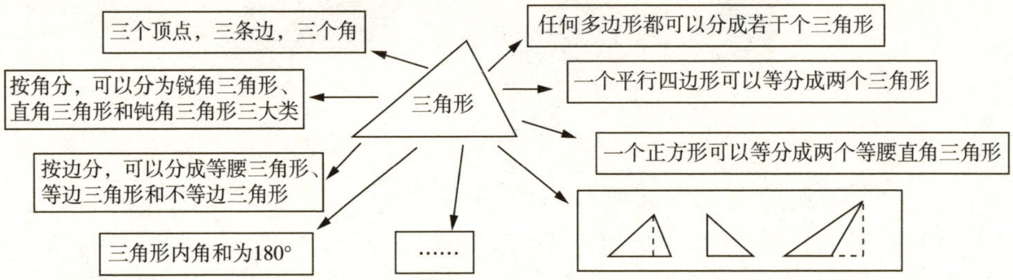

图 4－9

这也意味着教学不仅要在三角形内部挖掘，还要沟通它与其他图形的联系。

如何处理转化图形与推导公式的关系？

考虑到学生既要构想图形变化，又要关注底、高及面积关系，还要推理出公式，难点过于集中，多数教师采取分散处理的办法：先独立尝试图形变化，再集体（包括师、生）观察每一种成功的变化中底、高及面积关系，最后由教师带领推理出面积公式。这样做的好处是，每次只做一件事，任务明确，而且有独立动手、集体讨论、教师示范等，教学形式丰富，学生不容易感到困难和疲劳。但这种分解问题的做法，不利于学生整体构思、自觉调整，很可能出现图形变化时不考虑为推导公式服务，推导公式时又没有到图形变化中寻找几何意义。

有的教师是整体下放探究任务，分步反馈探究收获的，如汪和庆。有的教师则始终围绕着“你手中有一个三角形，这个三角形的面积怎么求？”这样一个具体问题组织教学，如汪培新（参见张学东《一节丰盈而充实的数学课》的评析）。这些做法都值得我们借鉴。

根据图形变化推导出的面积公式，主要有三种：三角形面积＝底×高÷2、三角形面积＝（底÷2）×高、三角形面积＝底×（高÷2）。有的课堂只采用“倍拼”法，因此只得到一个公式：三角形面积＝底×高÷2。

有的课堂虽采用多种方法推导，但也只得出一个公式：三角形面积 = 底 × 高 ÷ 2。而有的教师则有足够的耐心列出各种情况，最后通过恒等变形把公式统整为：三角形面积 = 底 × 高 ÷ 2。

思考

不同写法的公式分别是怎么得到的？有必要为不同公式的整合预留教学时间吗？公式整合的教学价值是什么？

我们认为，“三归一”的处理体现了数形结合的思考方法，体现了数学推理的严谨，使学生对公式的理解较为丰富，但也会花费一定的教学时间。

练习设计有何相同和不同？

2000 年以前发表的教学设计中，练习量一般在 5—6 道题，2000 年以后则基本减少到 2—3 道题，精讲多练与自主建构型课堂之侧重不同由此可见一斑。但教师在练习点的选择上则大同小异。主要包括以下几个方面。

第一部分：基本练习。

收集到的基本练习主要有两类，一类是看图求面积，一类是简单应用。（选自黄爱华的教学设计，如图 4 – 10）

1. （1）看图计算三角形的面积。（单位：cm）

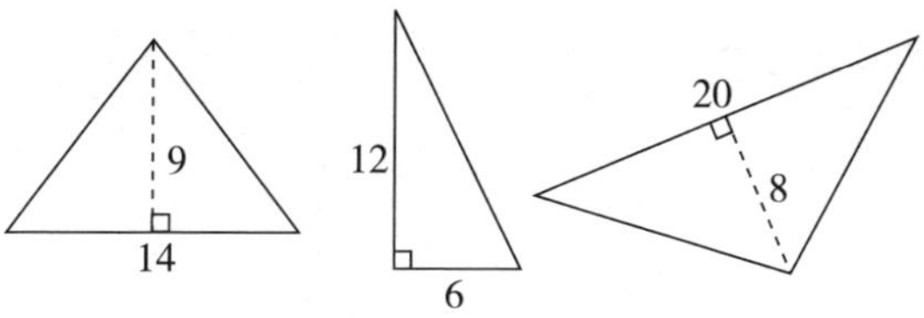

（2）一个三角形花坛，量得它的底是 18.6 米，高是 10 米。这个花坛的面积是多少平方米？

图 4 – 10

当然，题目的呈现形式可能会有一些变化。比如，有表格型（选自刘兴密的教学设计）。

表 4－3 表格型练习——判断对错（口答）

底	8 分米	1.4 厘米	10 米
高	6 分米	0.9 厘米	6 分米
三角形面积	24 平方分米	0.63 平方厘米	30 平方分米

或者文字题（选自关玉华的教学设计）：

回答：试一试，计算下面每个三角形的面积。

(1) 底是 4.2 米，高是 2 米。

(2) 底是 6 分米，高是 3 分米。

(3) 底是 8 米，高是底的一半。

应用练习的素材与教材大致相仿，多为红领巾、交通牌等。

有的设计会强调底、高对应的问题（如图 4－11），需要学生选择有效信息计算面积。可惜的是多数教师对类似问题的讲评还停留在“是啊，计算面积时，我们要注意底和高对应”，却没有让学生进一步回想，对应的底、高相乘所得的是什么。

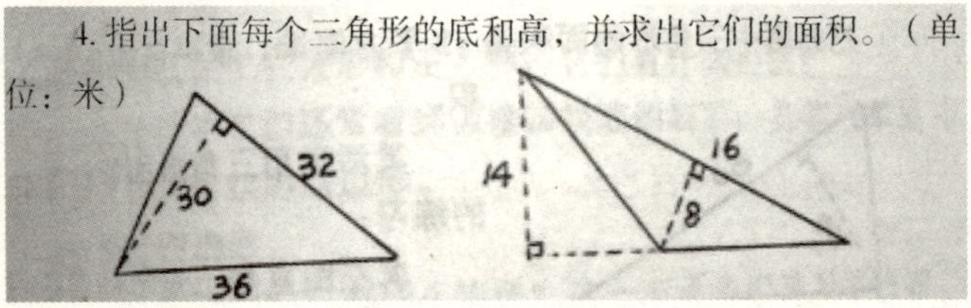

图 4－11

第二部分：特色的练习。

这主要是指向图形关系的练习，较多针对等底等高的问题。例如，比较图 4－12 中三角形的面积。

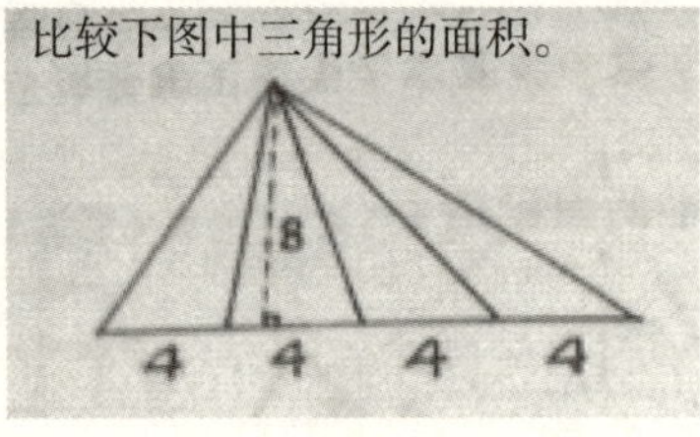

图 4－12

提供数据的好处是放低门槛，弱一点的学生可以从计算切入，经历一个归纳推理的过程，再在集体交流中进行代数讨论：$a=b$，$c=d \rightarrow ab=cd$，$\frac{1}{2}ab=\frac{1}{2}cd$，即等底等高的三角形面积相等。学生还可以进一步提问“不同底边长的三角形面积之间有什么样的关系？”，并做代数讨论：$a=nb$，$c=d\rightarrow\frac{1}{2}ac=\frac{1}{2}anbd\rightarrow\frac{1}{2}ac=n\left(\frac{1}{2}bd\right)$。（选自叶季明的教学设计）

如图4－13（选自关玉华的教学设计），学生作图的心理过程可能是这样的，起先仅仅是形式上的仿造，即：同底，第三个顶点落在上行平行线上。思维渐渐拓展：如取等底而非同底，又如取两倍长度的底，取一半长度的高等，不一而足。图形构造的空间越大，学生越可能用函数的观点进一步认识公式的含义，体会底、高、面积之间的关系。（如图4－14）

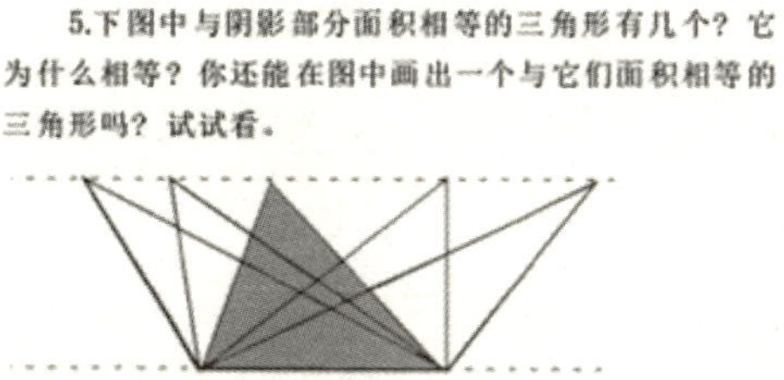

图4－13

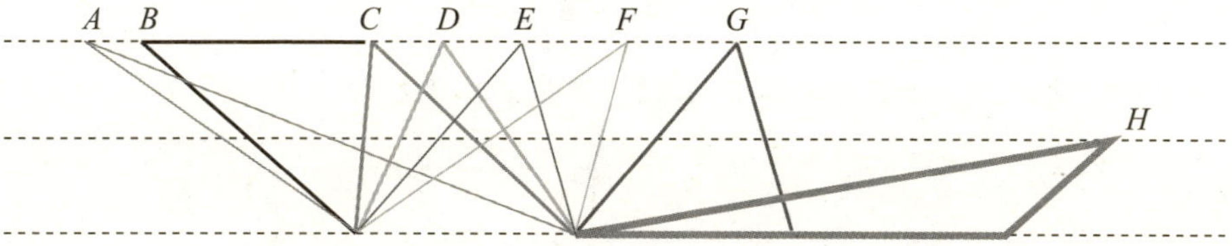

图4－14

个别新课中涉及较复杂的图形关系练习。如姜燕设计了变式图形组，集中讨论三角形与其等底等高平行四边形之间的面积关系：

1. 回答下列问题，并说出为什么？

（1）已知平行四边形的面积是8平方厘米（如图4－15），画斜线的三角形的面积是多少？

图4－15

(2) 已知阴影部分三角形的面积是 3 平方米(如图 4－16)，平行四边形的面积是多少？

(3) 已知右图平行四边形的面积是 6 平方厘米，阴影部分三角形的面积是多少？

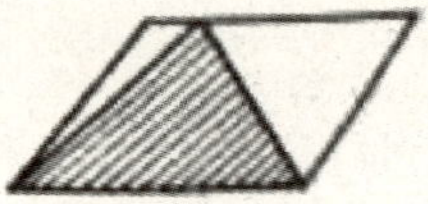

图 4－16

(4) 如图 4－17 三个大小相等的长方形，阴影部分的面积是不是相等？

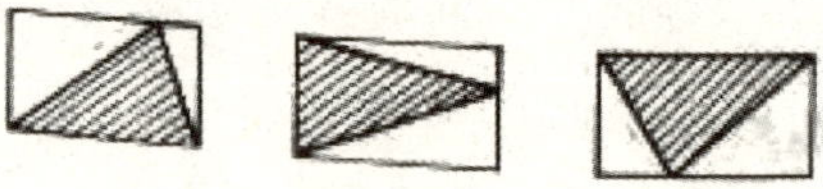

图 4－17

(5) 如图 4－18，已知平行四边形的面积是 10 平方厘米，三角形的面积是多少平方厘米？

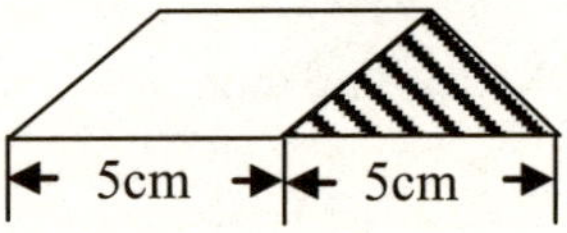

图 4－18

又如图 4－19 中对复合图形各部分关系的思考。

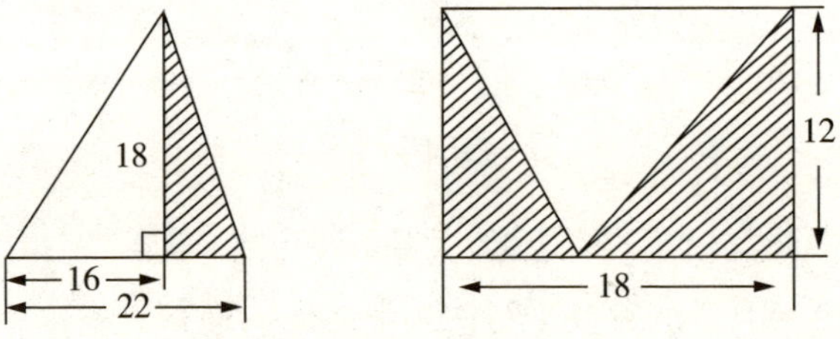

图 4－19

这些设计大多出自“精讲多练”时期。当时的教学会压缩探索面积公式的时间和空间，转而进行各种练习，包括有一定难度的变式练习，教学重点是丰富学生应用公式的经验，提高解题能力。

思考

有人说："做题也是理解的一部分。"你觉得呢？一节课的时间有限，你会怎样分配推导公式和变式练习的时间？

通过多解题、巧解题来巩固知识、拓展能力无疑也是有效的。"理解的，你去做，没理解，你也去做，在做的过程中，你会不断加深理解。"(张奠宙，2005)[38-40]这是"双基"时代的一个法宝，但从另外一个层面来看，这样的教学，责任和权利都过多地集中在老师身上，学生的学习状态基本可以概括为"亦步亦趋"。长期被动地解答老师提出的问题，学生对问题解决的兴趣、信心、理解程度等都可能因此大打折扣，学习的自觉性和创造性受到压制。最终，学生能解决的可能仅仅只是老师曾经"教"过他的题，对于未曾谋面的问题，往往缺少自主研究的意识和能力，不能找到原点，推理突破。

4.3 教学新设计

在前期研究的基础上，我们形成新的三角形面积教学设计，具体如下。

新授课设计

【教学目标】

①经历动手操作，把三角形转化成已经会求面积的图形的过程，进而推导出三角形的面积计算方法。

a. 积累化未知为已知的活动经验，进一步体会转化的思想，学习"倍拼"的转化方法；

b. 发展图形观察能力和空间想象能力；

c. 培养演绎推理能力。

②会直接计算三角形的面积，初步感知等底、等高的三角形面积相等。

【教学准备】

教学课件、带方格背景的锐角三角形、直角三角形和钝角三角形各1个

(学生每人一套)，空白方格纸若干。

【主要教学流程】

(1) 直接揭题

师：昨天我们研究了平行四边形的面积计算，今天我们研究三角形的面积计算。三角形的情况比平行四边形要复杂一些，有各种三角形。比如，按边分，它可以分成——

生：(集体) 等边三角形、等腰三角形、不等边三角形。

根据学生的回答，依次呈现图 4-20 中的各图。

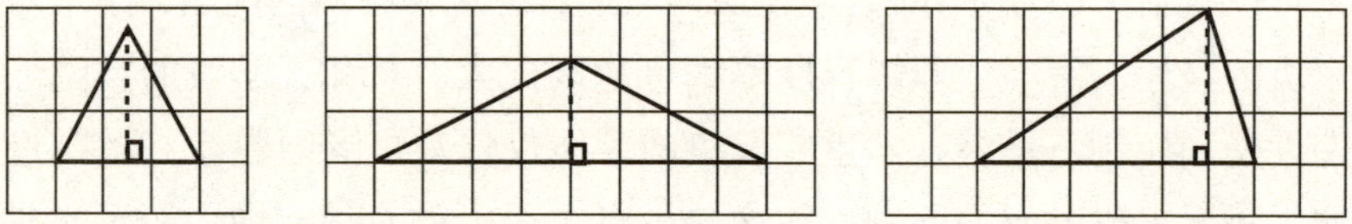

图 4-20

师：按角分，它可以分成——

生：(集体) 锐角三角形，直角三角形，钝角三角形。

根据学生的回答，依次呈现图 4-21 中的各图。

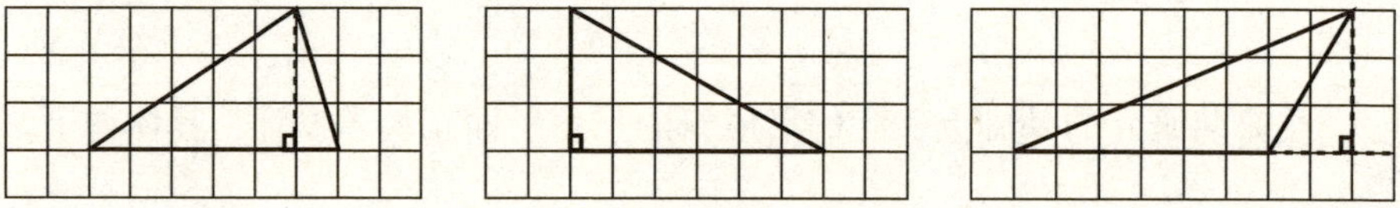

图 4-21

师：那你们看，我们按边研究还是按角研究呢？

生 1：我建议按角来研究。因为平行四边形的面积和底、高有关，但你们看，当等边三角形的边是个整数时，它的高很难确定。

生 2：我也建议按角来研究。直角三角形最特别。加了高线以后，其他三角形都可以转化成两个直角三角形。

生 3：(指图) 钝角三角形的面积也可以看成是两个直角三角形面积的差。

【设计意图：①渗透分类研究的思考方法。五年级学生解决问题的经历还不丰富，他们更擅长解决具体的、明确的、个别的问题，而不太会构想整个问题研究的框架。对于“分类研究”这样比较重要而学生又不能在较短时间内自觉提出的研究方法，教师在谈话中主动地、自然地提出，也是一种选择，当然，仍期待随着解题经验的增加，“分类”会成为学生有意识的一个思考方向。②学生的回答很朴素，但包含了他们对图形特征的观察和把握，比如，学生感知到等边三角形边长和高的函数关系，能把锐角和钝角三角形初步分割为直角三角形等，为后面的研究提供了基础。】

（2）开展研究

①直角三角形

a. 师：那我们先研究直角三角形。你能求出这个三角形的面积吗？（如图 4－22）

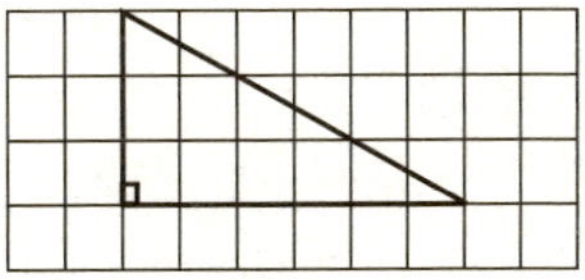

图 4－22

b. 学生取出直角三角形学具，自主开展研究，教师巡回指导。

c. 交流典型方法。

生 1：我先用数的办法。把不到一格的分别拼起来。（如图 4－23）

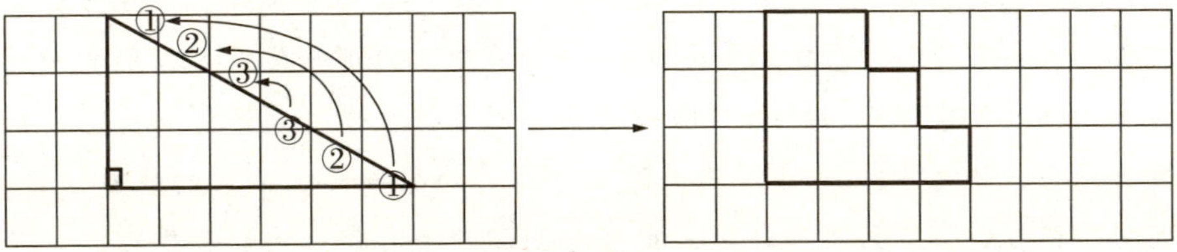

图 4－23

一共是 9 格。但这样就不能用算的办法了。所以我又想到整个地拼。（如图 4－24）

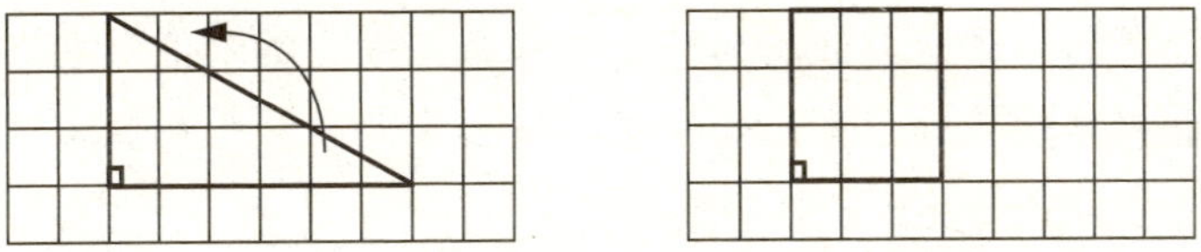

图 4－24

正好能拼成一个长方形。这个长方形的一条边长就是原来直角三角形的一条直角边长，另一条边长是另一条直角边的一半，所以我认为直角三角形

的面积 = 一条直角边长 × （另一条直角边长 ÷2）。

师：任意一个直角三角形都能这样切拼成一个长方形吗？请你在方格纸上画一个直角三角形，剪下来。找到中点，剪开，拼一下，结果如何？

生：（操作后纷纷发言）可以。

生2：我在这个直角三角形的对面画一个和它一样的三角形：得到的长方形面积是直角三角形的2倍。所以直角三角形的面积 = 两条直角边的积 ÷2。

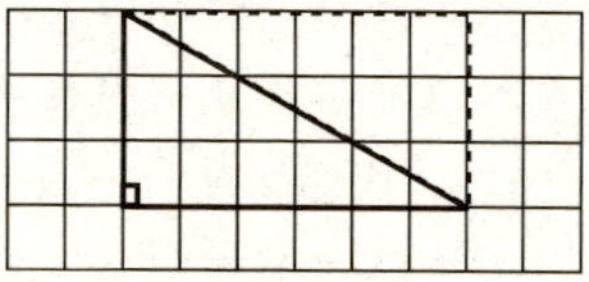

图 4 – 25

师：第一位同学的公式里为什么要除以2？第二位同学呢？

生：第一位同学除以2是因为她变好的长方形一边长只有原来的一半了，第二位同学除以2是因为他变出的长方形面积是原来的2倍。

师：从计算的角度来说，他们的结果是——

生：（齐）一样的。

a. 小结、板书：直角三角形的面积 = 直角边长 × 直角边长 ÷2

【设计意图：①先研究直角三角形的原因是：a. 从前测看，学生容易自主探知直角三角形的面积计算方法；b. 将直角三角形转化成长方形的两种主要思路——中位线割补和“倍拼”法可以直接被借鉴到锐角三角形和钝角三角形的研究中；c. 直角三角形又可以作为已知面积公式的基本图形，后续可以把锐角三角形和钝角三角形分割成两个直角三角形。②比较“三角形面积”和“平行四边形面积”，将未知公式图形转化为已知公式图形的思想是一脉相承的，但具体转化的方法却差异很大。“倍拼”法要求学生主动去构想一个本身并不存在的全等图形，这种“求诸外”的思考方法对一般学生而言是具有挑战性的；而五年级学生本身并不具有中位线的知识，论证图形全等的知识，中位线割补也不容易完成。所以借助直角三角形的特殊性，借助直观操作，先把这些思路提出来共享，为更多的学生实质性参与三角形面积计算公式的推导服务。】

②锐角三角形和钝角三角形

a. 师：我们接着研究锐角三角形和钝角三角形。前后4个同学商量一下，一组同桌研究锐角三角形，一组同桌研究钝角三角形。主要问题是：

Ⅰ. 你们把手中的锐角（钝角）三角形转化成什么图形？

Ⅱ. 转化后的图形各部分与原三角形之间是什么关系?

Ⅲ. 锐角(钝角)三角形的面积该怎么计算?

b. 学生分组活动,教师巡回指导

c. 交流典型方法

Ⅰ. 锐角三角形

组 1:(边指图边说)我们把锐角看成两个直角三角形。左边直角三角形的面积 $=a\times h\div 2$,右边直角三角形的面积 $=b\times h\div 2$,$a\times h\div 2+b\times h\div 2=(a+b)\times h\div 2=$ 整条底边长 × 高 ÷ 2。(如图 4-26)

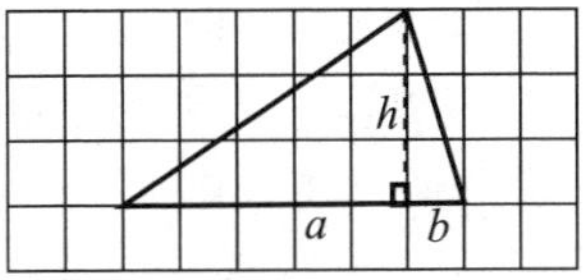

图 4-26

师:真聪明。直角三角形现在也成了我们所说的已知图形!

组 2:(边指图边说)我们在锐角三角形外面框了一个长方形:①号面积 = ②号面积,③号面积 = ④号面积,所以三角形的面积 = 长方形面积 ÷ 2,长方形的长是三角形的底,长方形的宽是三角形的高,三角形的面积 = 底 × 高 ÷ 2。(如图 4-27)

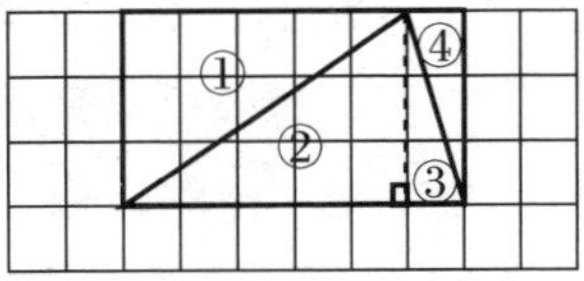

图 4-27

师:能听明白吗?怎么知道三角形的面积是这个长方形面积的一半?

组 3:我们在锐角三角形对面画了一个一模一样的锐角三角形,得到一个平行四边形。平行四边形的面积 = 底 × 高,三角形的面积 = 底 × 高 ÷ 2。(如图 4-28)

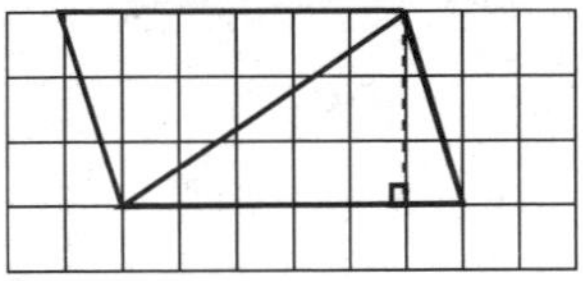

图 4-28

师:平行四边形的底在哪里?高呢?和三角形的底、高是什么关系?

生 1 示范在图上指出:平行四边形的底就是三角形的底,平行四边形的高就是三角形的高。

师:那三角形的面积为什么要除以 2 呢?

生:两个一样的三角形组成一个平行四边形,一个三角形的面积只有平行四边形面积的一半。

组 4:我们想用那个过中点割补的办法,但想不清楚,只好把锐角三角形剪了下来。找到中点,画平行线,然后剪开,拼过去,拼成了一个平行四边形。(如图 4 – 29) (指图说) 这个平行四边形的底是三角形的底的一半长，高就是三角形的高，三角形的面积 = 平行四边形的面积 = 底 ÷ 2 × 高。

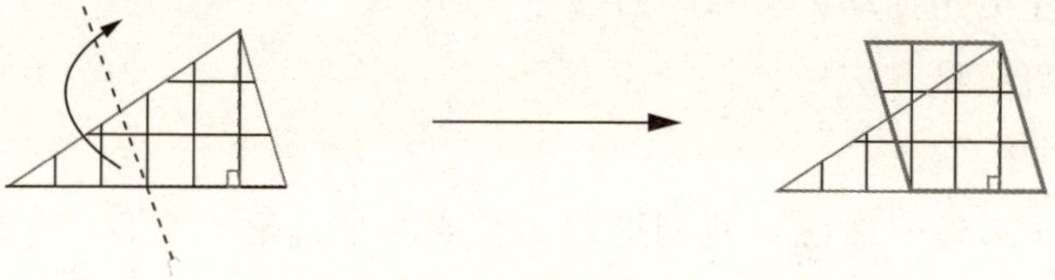

图 4 – 29

师：都是转化成平行四边形，为什么组 3 求了平行四边形面积后要除以 2，而组 4 却说三角形的面积就等于平行四边形的面积呢？

生 2：(边指图边说) 组 3 是用两个完全一样的三角形拼成一个大的平行四边形，(师插话：这个平行四边形的底和高——) 同三角形完全一样，面积是三角形的 2 倍；组 4 是用一个三角形割补成一个平行四边形，这个平行四边形的底等于三角形底的一半，它的高就是三角形的高，两个图形的面积是一样的。

师：那他们得到的计算方法就和前面几组不一样喽——底 ÷ 2 × 高？

生 3：看起来稍微有点不一样，计算结果是一样的，先除以 2 还是后除以 2，结果是一样的。

师：你会比较喜欢哪一种转化的方法？

生 4：我比较喜欢组 3 的方法，很简单。

生 5：我喜欢组 1 的方法，回到直角三角形。

师：好，不管怎么转化，我们都得到锐角三角形的面积 = ——

生：底 × 高 ÷ 2。(板书：锐角三角形面积 = 底 × 高 ÷ 2)

Ⅱ. 钝角三角形

师：哪几组研究了钝角三角形的面积？

组 1：我们把钝角三角形看成两个直角三角形面积的差。大直角三角形面积 $= a \times h \div 2$，小直角三角形面积 $= b \times h \div 2$，$a \times h \div 2 - b \times h \div 2 = (a - b) \times h \div 2$ = 底 × 高 ÷ 2。(如图 4 – 30)

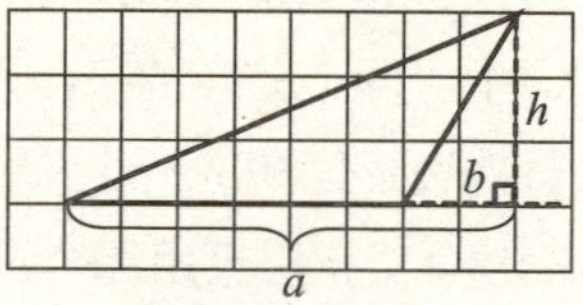

图 4 – 30

师：这个想法好巧妙。跟刚才哪一组研究锐角三角形的方法相似……

生 1：研究锐角三角形的第一种。刚才是分成两个直角三角形的和，现在是分成两个直角三角形的差。

生2：也是利用直角三角形的面积公式。

组2：我们是在它对面画了一个一样的钝角三角形，得到一个平行四边形。平行四边形的底和高同三角形完全一样，但面积是三角形的2倍。所以三角形的面积＝底×高÷2。（图4－31）

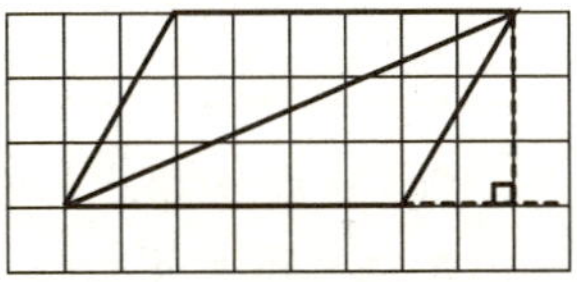

图4－31

生2：这个方法好像是万能的，两个一样的三角形总是能拼成一个平行四边形。

师：是吗？（整体呈现直角三角形、锐角三角形及钝角三角形的“倍拼”法图像，如图4－32）

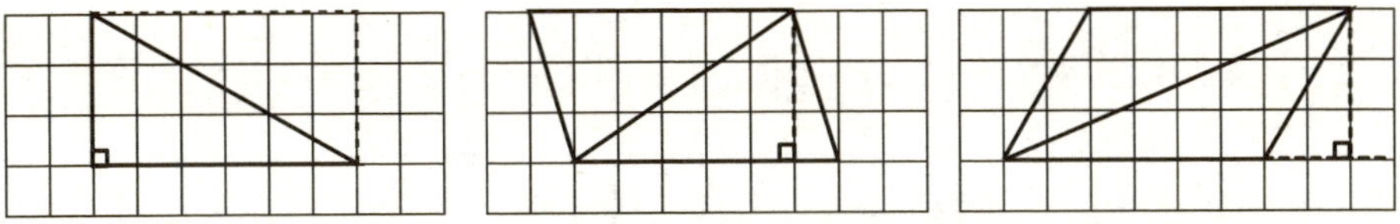

图4－32

师：在这些图像中，得到的底乘高是指谁的面积？为什么要除以2？

生：底乘高就是那个拼出来的（等底等高的）平行四边形的面积，其中有两个一样的三角形，求一个要除以2。

【设计意图：①方格背景的好处在于，它一方面刻画出三角形的量性特征，使学生在研究中有具体的数量可把握，降低研究的抽象性；另一方面，并未规定1格的边长是1厘米，不同层次的学生可以对方格有不同的理解；一般的学生可以默认1格为1平方厘米，而好一点的学生可以接受1格表示1个单位。②学生在自主活动中，对图形观察和处理的角度不同，形成了多种公式推导方案，每一个方案都可以看作是对面积公式的一种表征，表征越丰富，理解越丰富。教师可以适当地介入强化某种思路，或沟通某几种思路，以突出重点。③图形活动的经验是逐步被启发、逐步被优化的，锐角三角形和钝角三角形分层做，提供更多机会感知、感悟、强化化归的各种方法。】

（3）小结计算公式

①师：（指板书）好，经过研究我们得到三个公式：

直角三角形面积＝直角边×直角边÷2

锐角三角形面积 = 底 × 高 ÷ 2

钝角三角形面积 = 底 × 高 ÷ 2

你们怎么看这三个公式？

生：我认为只要一个公式。直角三角形的两条直角边也就分别是它的底和高，所以只要一个公式：三角形的面积 = 底 × 高 ÷ 2。

②师：在你看来，底乘高表示什么？为什么要除以 2 呢？

生 2：底乘高就是用两个三角形拼成的那个平行四边形的面积（指图），它的面积是三角形的两倍，所以要除以 2 才是三角形的面积。

生 3：我觉得除以 2，也可能表示把三角形转化成了底或高只有原来一半的那么一个平行四边形（指图）。其实是底 ×（高 ÷ 2），或者底 ÷ 2 × 高。

③练习

a. 看图计算 4 个三角形的面积。（如图 4－33，1 格表示 1 平方厘米）

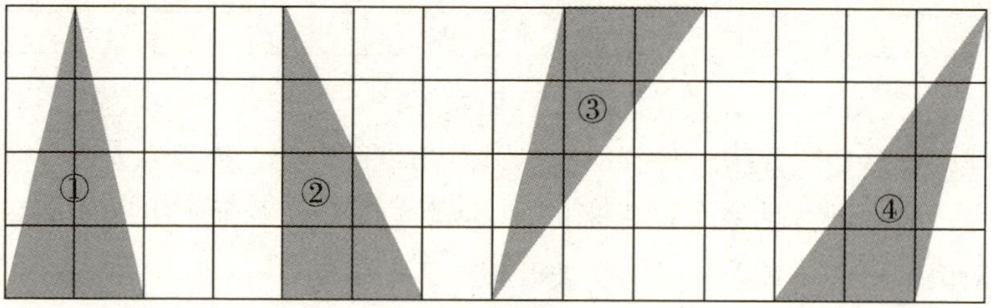

图 4－33

Ⅰ. 学生自主练习

Ⅱ. 展示指定学生作业，校对

师（指图①）：2 × 4 可以看成是什么图形的面积？

生 1 示范画。

师：所以除以 2 是——

生：（纷纷）回到 1 个三角形。

师：（指图③）这里 2 × 4 又表示什么？请你把那个图形画在书上。

同桌检查。

Ⅲ. 比较图 4－33 这 4 个三角形，你有什么发现？

生 1：它们虽然形状不同，但面积相同。

生 2：①、③、④变出来的平行四边形是一样的。

生 3：等底等高的三角形面积相等。

生4：肯定相等，三角形的面积 = 底 × 高 ÷ 2，底、高都相等了，面积肯定也相等。

Ⅳ. 出示思考题：比较每组两个三角形的面积，说说为什么

i.

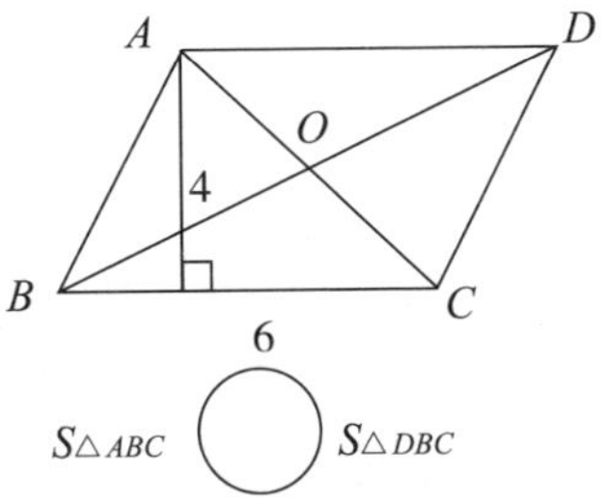

图 4－34

ii.

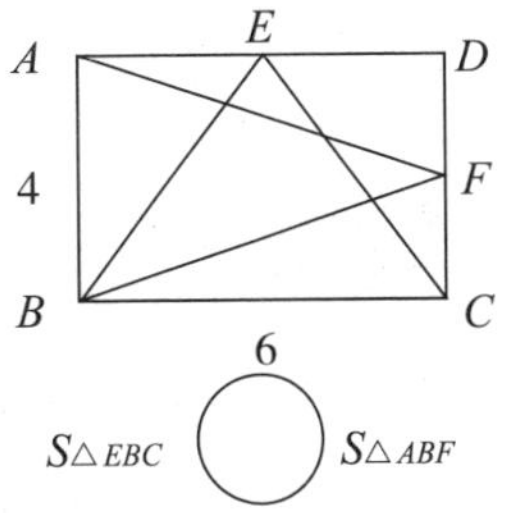

图 4－35

【设计意图：①第 1 题，面积计算公式的直接应用，主要考虑了：a. 不同类型的三角形；b. 不同方向的底和高；c. 把三角形置于方格背景中，要求学生自己发现对应底、高的值。讲评时：a. 注意数、形的结合、对照，强化公式的几何意义；b. 归纳出“等底等高的三角形面积相等”。②第 2 题，作为课外的思考题，将三角形和对应的长方形、平行四边形综合起来，使学生对公式的理解上升到对图形关系的思考。解题的思路是多元的，既可以分别计算三角形的面积，然后做数值比较；也可以直接观察三角形，发现它们底、高之间的对应关系，进而确认它们的面积相等；还可以以平行四边形或长方形为比较的中介，意识到三角形的面积均为对应平行四边形（或长方形）的一半。】

练习课设计

【教学内容】

主要参考浙教版《数学》（2010 年版）第 68—69 页“三角形面积”。

【教学目标】

①能应用公式解决简单的三角形面积计算问题，感受数学与生活的联系。

②探讨三角形的面积和底及高之间的关系，加深对面积计算公式的理解，渗透函数思想。

③能在组合图形中有效识别图形底、高及面积之间的关系，提高思维

的灵活性。

【教学准备】

教学课件、练习纸1份/人。

【主要教学流程】

（1）直接应用公式，看图求面积

师：昨天我们研究了三角形的面积计算。来，请大家完成练习纸第1题（如图4-36）。

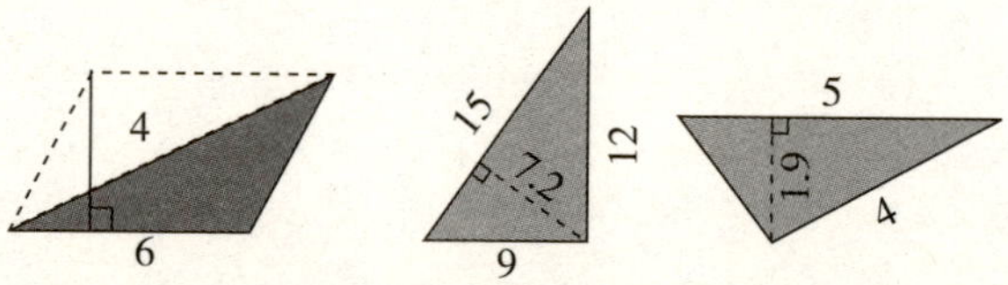

图4-36

①学生自主作业，教师巡回。

②讲评与校对。

第1图：6×4表示什么？“÷2”呢？不会做的同学困难在哪里？——本题中钝角三角形的高是多少？课件呈现高线在平行线之间平移，强调：平行线之间处处距离相等。（如图4-37）

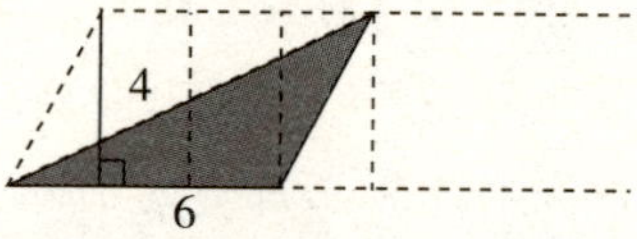

图4-37

第2图：比较三种答案——15×7.2÷2、9×12÷2、9×7.2÷2，你赞成哪种？为什么？结合学生回答跟进：15×7.2求的是什么图形的面积？9×12呢？课件形成图像。（如图4-38）

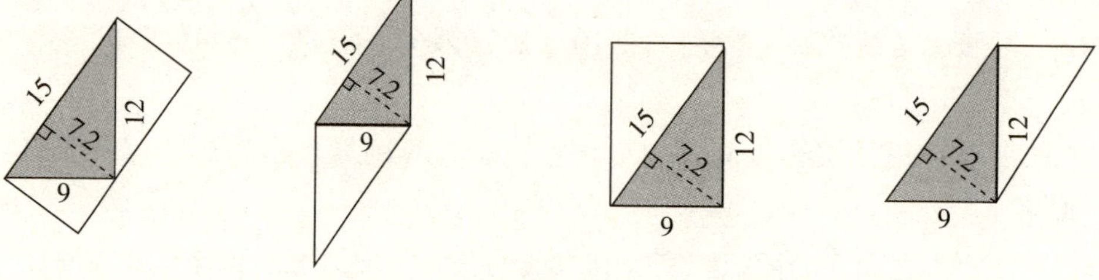

图4-38

第3图：你还能求出什么？得到：高＝三角形的面积×2÷底。那么底可以怎么求？形成计算公式组。

【设计意图：最基本的看图求面积练习——①巩固三角形面积计算公式；②强化算式的几何意义；③完成公式的转化。】

（2）讨论底、高、面积之间的函数关系

①自主完成练习纸第2题。

a. 三角形底不变，高每次增加1厘米。填表。（如图4－39）

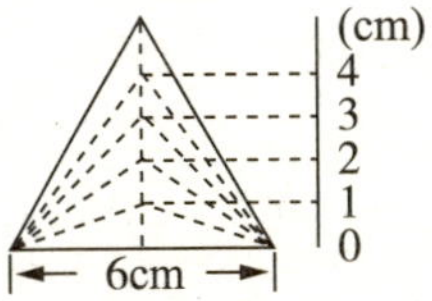

高/cm	1	2	3	4	…	n
面积/cm^2	3					

图4－39

b. 三角形的高不变，底每次增加1厘米。填表。（如图4－40）

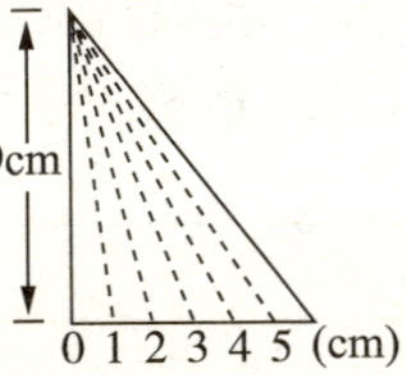

底/cm	1	2	3	4	…	n
面积/cm^2	4.5					

图4－40

②同桌校对，并讨论：从表格中，你们发现了什么？

③指名展示作业，并说说发现。

生1：我发现底不变的时候，高是原来的几倍，面积也是原来的几倍。

生2：高不变的时候，底是原来的几倍，面积也是原来的几倍。

生3：我们是不是也可以说，如果两个三角形的底一样，高是什么样的倍数关系，面积也是什么样的倍数关系？

师：可以吗？

生：可以。

生4：面积由底乘高得到，底、高之间是什么样的关系，面积也是什么样的关系。

师：我们来举个例子好吗？

④变式练习。

画出和图4－41中三角形 ABC 面积相等的三角形。

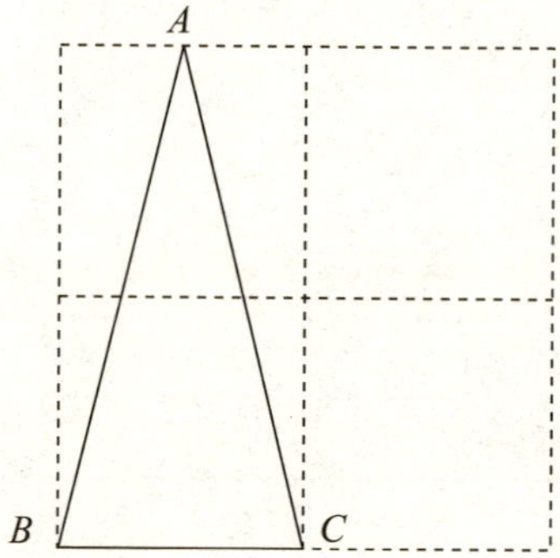

图4－41

a. 师：在规定的时间内看看你可以画出几个不同的，好吗？

b. 展示典型作品，判断正误并填表。

底/cm	1					
高/cm^2	2					

⑤小结：通过这组练习，你有什么收获？

【设计意图：以表格的形式揭示底、高、面积之间的函数关系，深化学生对面积计算公式的理解：公式揭示了面积与什么有关？有什么样的关系？】

（3）独立完成作业

①学生尝试完成练习纸第3题，教师巡回。

a. 大正方形边长是8厘米，小正方形边长是4厘米。求下面三角形的面积，能求几个就求几个。（如图4－42）

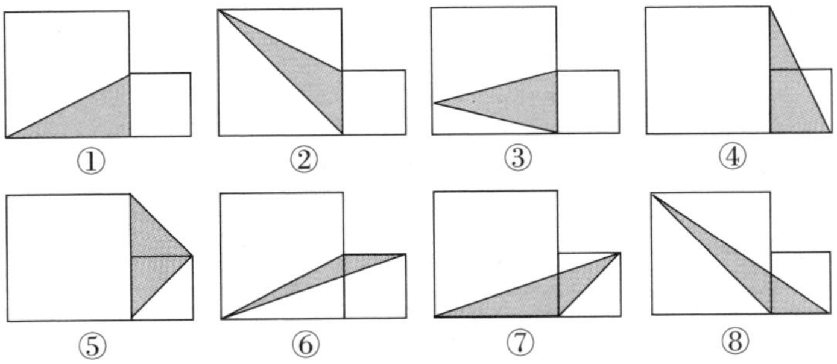

图 4－42

b. 请测量并求取红领巾的面积。

c. 如图 4－43 中直角三角形 *ABC* 的两条直角边长分别是 9 厘米和 12 厘米，求分得的三个小三角形的面积。

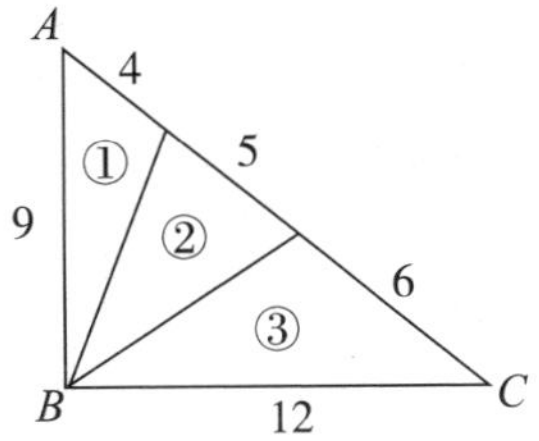

图 4－43

②讲评作业。

a. 第 1 题，指出各个三角形的底和高。展示 2—3 名学生转化图形的作业。(如图 4－44)

问他们的作业对大家有什么启发。

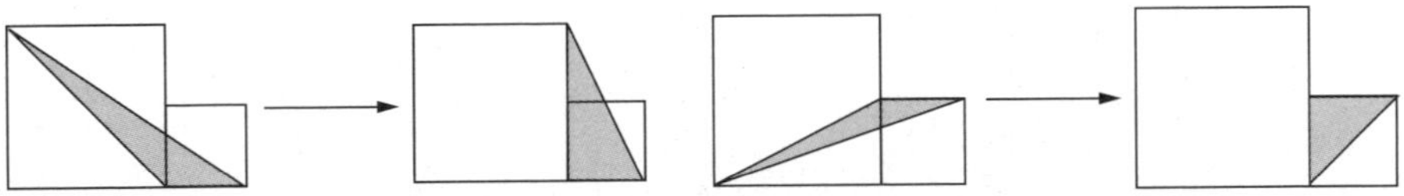

图 4－44

b. 你是怎样求红领巾的面积的？生活中还有哪些地方要用到求三角形面积的知识？

生 1：比如，求队旗的面积。可以把队旗分割成三角形来求面积。(如图 4－45)

图 4－45

生 2：比如，求七巧板里三角形的面积。

生 3：那里面的三角形可以不挨个测量底和高。先求整个拼好的正方形面积。大三角形的面积是正方形的$\frac{1}{4}$，中三角形的面积是正方形的$\frac{1}{8}$，小三角形的面积是正方形的$\frac{1}{12}$。

c. 师：有人挑战了第3题吗？

生1：老师我会求③号三角形的面积。把①和②看成一个三角形，③和它比较，高是一样的，底是它的$\frac{2}{3}$，所以面积也是2份和3份的关系。$9 \times 12 \div 2 = 54$（平方厘米），$54 \div 5 \times 2 = 21.6$（平方厘米）。

生2：那么我会了。图中①的底是大三角形底的$\frac{4}{15}$，它的面积也是大三角形的$\frac{4}{15}$，$54 \times \frac{4}{15} = 14.4$（平方厘米）。图中②的底是大三角形底的$\frac{1}{3}$，面积也是$\frac{1}{3}$，$54 \times \frac{1}{3} = 18$（平方厘米）。

【设计意图：独立作业的时间是学生整理、沉淀学习收获的时间，也是教师观察学生、了解知识掌握情况的时间。第1题，锻炼学生的图形观察能力；第2题，建立应用数学的意识；第3题，可以看作本课练习二“讨论底、高、面积之间函数关系”的一个拓展应用，引导学生关注图形之间的关系，提高解题能力。】

（4）全课小结（略）

4.4 对教学新设计的效果评估

为了检验新设计的教学效果，2011年10月下旬，我们抽取杭州市上城区普通公办实验学校五年级上的学生，实施新设计，并做了后测与统计分析。

测试的内容、对象与过程

①测试的内容：原后测卷A。

②测试的对象：杭州市上城区普通公办学校五年级两个班的学生，合计67名。

③测试过程：测试在新授 + 练习课之后进行。测试由任课教师协助完成，测试前不通知，测试时不读题，不讨论，测试后不反馈。整个测试过程基本反映了学生在自然情况下独立解决问题的真实水平。本次测试未跟进访谈。

测试的结果与分析

思考

你对我们的新设计有何评价？你估计按新设计教学后，学生的后测表现如何？会有一些进步吗？

对采用新设计教学后后测各题完成水平进行了统计。（如图 4 – 43）结果表明，新设计的教学促进了学生对面积计算公式的理解，尤其是在数形结合与图形关系研究方面，通过率有显著提升。如第 4 题第二小题，多数学生的测试卷上有自行绘制的直角三角形及其边长标注；第 4 题第三小题，更多的学生倾向于从底的倍数关系推论面积的倍数关系，尤其是第二问，78.5% 的学生知道三角形①的面积 = 三角形② + ③的面积。

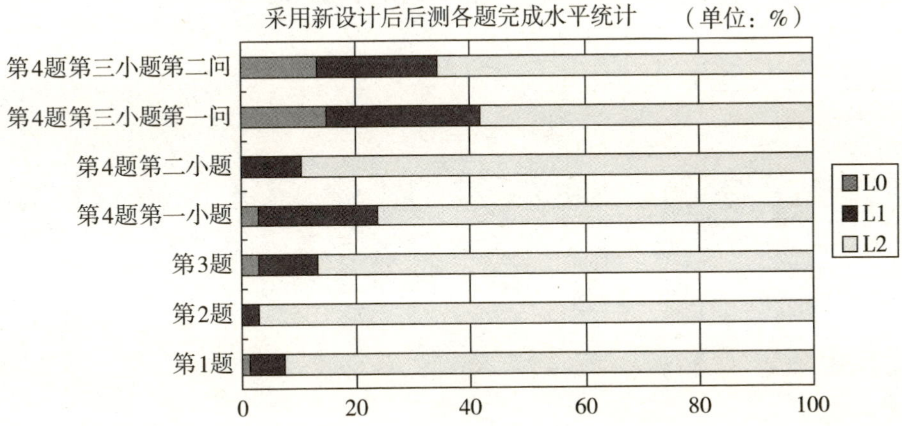

图 4 – 46

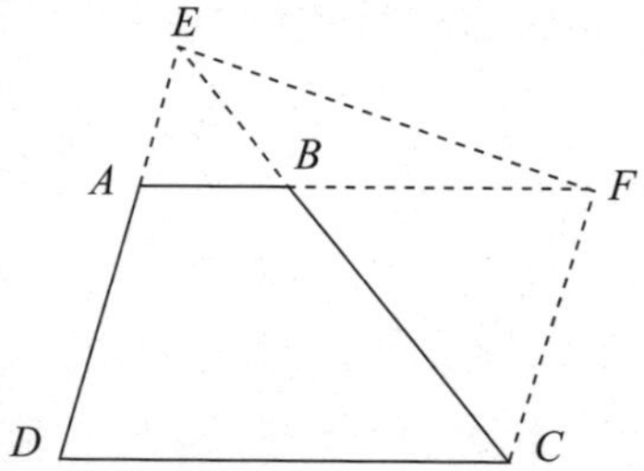

5

校本教研活动方案

5.1 校本教研背景综述

校本教研的思潮可以一直回溯到20世纪六七十年代，它是伴随着“教师即研究者”的运动兴起的。(夏军，2008) 1973年7月，在英国召开国际教育研究革新讨论会，由菲吕马克等人提出了“校本(school-based)”一词，立即成为当次会议的中心议题，并很快在欧美发达国家的教育教学工作中得到传播。

关于校本教研的定义，至今没有统一，但可以归纳出专家观点中的共同成分，即主要是指各校基于个体实际，依托学校本身的资源优势和特色进行教育教学研究。其研究的目标是为了学校的发展，研究的参与者主要是本校的教师，研究的内容是教师日常教育教学过程中遇到的实际问题。(余文森，2005) 可以想见，在这样一个过程中，教师的主动性和创造性将得到极大的发挥。

我国的校本教研起初受日本课例研究和美国校本教研的模式影响较大。日本的课例研究比较关注教学内容，是一个包括“提问问题、制订计划、采取行动、进行反思和修改计划”的实践性循环过程（杨玉东，2006）[43-44]。美国的校本教研以教师为中心的特点比较明显，层次比较丰富，有针对职前教师的协作教学活动、针对职初教师的同伴指导活动、针对在职教师的同伴互助活动等。在美国，一项完整的校本教研活动被认为应包括“需求评估—目标制定—规划设计—实施与监控—活动评价”五个环节。(吕敏霞，2008)

基于国外校本教研的启示，我国学者深入学校指导实践，很快探索出一些有特色的校本教研模式。上海的顾泠沅教授等（2007）提出以课例为载体的“三个阶段、两次反思”的行动教育模式。朱宁波等（2007）从目标、特点、组织结构和实施四个方面对教师同伴互助校本教研活动的实践进行了反思和提炼。香港的课堂学习研究以“变易理论”为支撑，力图改善课堂教与学，最大程度照顾不同水平学生的需要，发现教师处理教学内容的方式与学生学习成效之间的关系。(杨玉东，2006)[44-45]

随着新课程的深入发展，关注农村和老少边穷地区成为校本教研推进的重点之一，并且也取得了一些成果。此外，由于网络具有克服时空限制和调节教师工学矛盾的优势，人们已开始探讨如何利用网络技术来进一步提高校本教研活动的实效。

但校本教研的实践存在着一些瓶颈。如王洁、顾泠沅等（2005）在上海八区中小学通过问卷和访谈等发现，在校本教研中教师缺乏真正的合作学习精神，问题意识薄弱，对专业引领的需求强烈，而交流对话少。原中央教育科学研究所课程教学研究部调研全国中小学教研情况时指出，学校校本教研制度建设已经起步，但对其核心精神的体现远不理想，条件支持也不足。教师的主体精神、研究能力和互动实效比较欠缺。（中央教育科学研究所“校本教研制度实施中的调查分析与对策研究”课题组，2007）于炎（2010）对辽宁省高中学校进行研究分析，认为教研组长教学研究水平亟待提高，教研活动形式单一，教师个体缺乏自觉反思的意识。

创新教研活动方式，提倡教师先阅读再思考——在阅读和思考中积淀理论，提升研究素养，然后从研究的角度磨课、议课，把好的理念与设想落实到具体的教学实践中。这可能是一种新颖有效的校本教研方式，值得一试。

下面以“三角形面积”为例，提出三个教研活动方案，供你参考。

5.2 校本教研活动方案举例

方案一：上位数学知识研究

【活动目标】

了解三角形面积计算的主要公式。理解“三角形面积”教材编写意图。形成三角形面积计算教学的基本构想。进一步认识数学规则教学的一般规律。

【活动时间】

60 分钟。

【活动前准备】

请每位老师在活动前独立思考解决下面的一些问题，准备在教研活动时交流。

（1）阅读材料，掌握三种主要的三角形面积计算公式，然后思考问题

关于三角形的面积计算有三个重要公式，详见前文第 7—12 页的“求三角形面积有哪些公式?”，此处略。

请思考下面的问题。

①请用不同的面积公式计算下面三角形的面积，体会不同的面积公式之间有什么联系。(图形单位：cm)

图 5－1

②要求三角形的面积必须知道它的底和高吗？为什么？(延伸阅读：沈徐建和朱乐平的《求长方形的面积必须知道它的长和宽吗？——谈充分条件、必要条件和充要条件》，详见 2006 年第 10 期《小学青年教师（数学版)》)

③张奠宙先生曾建议在小学里就引进“$S_{三角形}=\frac{1}{2}ab\sin A$”这一算法，你认为可行吗？如果可行，请给出一份教学方案；如果不行，请列出理由。

（2）先阅读，再回答问题

化归是一种应用广泛的数学思想方法。所谓化归，简单地说，就是化新为旧、化繁为简、化难为易。(如图 5－2)

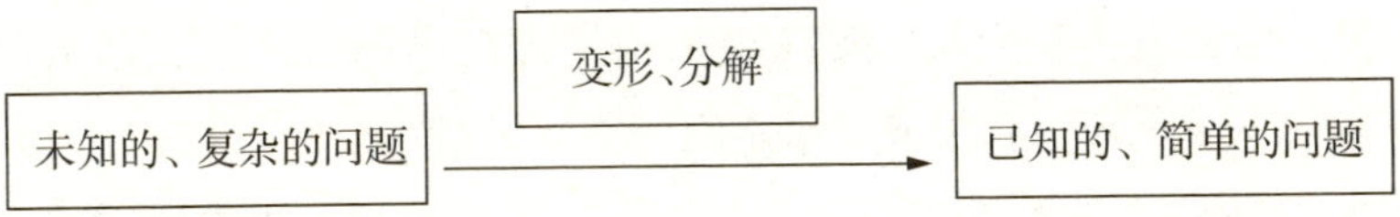

图 5－2

徐利治教授和郑毓信教授说过：“如果把‘化归’理解为由未知到已知、由难到易、由复杂到简单的转化，那么我们就可以说，数学家思维的重要特点之一，就是他们特别善于使用化归的方法来解决问题。从方法论

的角度说，这也就是所谓的‘化归原则’。”

波利亚（2007）[12]在其著作《怎样解题》中给过这样一些思路：

“你以前见过它吗？你是否见过相同的问题而形式稍有不同？”

“你是否知道与此相关的问题？你是否知道一个可能用得上的定理？”

“这里有一个与你现在的问题有关，且早已解决的问题。你能不能利用它？能利用它的结果吗？能利用它的方法吗？为了能利用它，你是否应该引入某些辅助元素？”

……

化归思想的核心，是用联系的、整体的观点来看待问题、分析问题和解决问题。这在数学学习和研究中非常重要。

①有人说三角形面积公式推导的过程就是化归的过程，你认为呢？教学中，要向学生强调化归的思想吗？如果不要，为什么？如果要，如何强调？

②在小学教材中，三角形以外的几种平面图形的面积公式是怎样得到的？是否也体现了化归的思想？历次教学化归时侧重点是否应有不同？请写出每一次图形教学的思想方法目标，并给出对应的教学措施。

③查阅几个不同版本的小学数学教材“三角形面积”一课的编写，评议各教材对化归思想的处理。(教材可见附录1)

④从教材逻辑来看，学生在课上有可能主动想到把三角形转化为已学过面积计算的图形，从而求得三角形面积计算公式吗？请列出前期教材中的准备性内容。

【活动过程】

交流与讨论上面“活动前准备”中的两个大题。

①分小组交流：每个人都要在小组中发表自己的观点，记录人将发言人的主要观点写下来。小组成员对本组的观点进行综述。

②大组交流：每个小组推荐一个代表向大组汇报，根据人数多少，对每组的发言人限定时间。发言人之间在内容上尽可能不要重复，记录人要记录每一个小组的主要观点。

③回顾与提高：

a. 明确：三种主要的三角形面积计算公式，

即：

$$S_{\triangle ABC} = \frac{1}{2}ah$$

$$S_{\triangle ABC} = \frac{1}{2}ab\sin C$$

$$S_{\triangle ABC} = s(s-a)(s-b)(s-c) \qquad \left(s = \frac{\sqrt{a+b+c}}{2}\right)$$

三种公式有着密切的联系，其基本点是三角形三边和三角之间存在着函数关系。

b. 整理：Ⅰ. 为什么新课程要求充分展开面积公式推导的过程？换言之，推导过程的主要教学价值是什么？（重点：如何在推导过程中落实新增的两基——基本活动经验和基本思想方法？）Ⅱ. 制订平面图形面积单元的单元教学计划，明确每一节课的教学重点和难点。Ⅲ. 配合教材，建立相应的上位知识档案。

方案二：学情研究

【活动目标】

了解三角形面积公式教学前学生的知识准备情况，体会学情调查与教学设计之间的关系，贯彻“以学定教”的意识。

【活动时间】

60 分钟。

【活动前准备】

请每位老师先预测本班可能的情况，再对比实际调查的结果，最后解决问题。

①你认为五年级上的学生在没有正式学习“三角形面积计算”之前，是否已经知道三角形的面积计算公式？知道的学生数大约占学生总数的百分之几？这个数据在城市与农村的学校是否会有差异？请写下你预测的数据。

下面是一次实际调查的问题与结果。

问题：你知道三角形的面积计算公式吗？如果知道，请写出来。

表 5－1 调查结果表

结果类别 学校区域	完全正确（比例）	似是而非（比例）	不知道（比例）
农村学校（52 人）	7（13.5%）	10（19.2%）	35（67.3%）
城市学校（30 人）	16（53.3%）	3（10%）	11（36.7%）

②你认为五年级上的学生还没有正式学习三角形面积计算公式以前，会有办法自主计算三角形的面积吗？预计能正确计算三角形面积的学生数占学生总数的百分之几？

下面是一次实际调查的问题与结果。

在完成平行四边形的面积教学后，我们抽取上城区内一所普通学校的 54 名五年级学生进行测试，他们的表现见表 5－2。

表 5－2 调查结果表

		直角三角形	锐角三角形	钝角三角形
带方格背景	问题	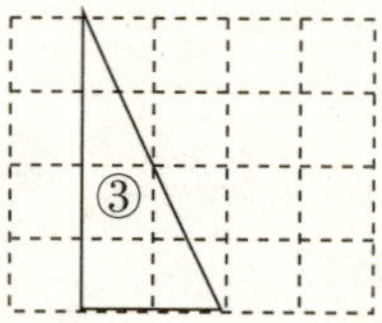	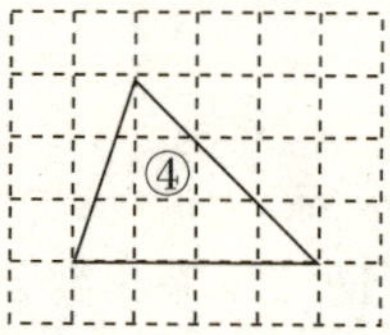	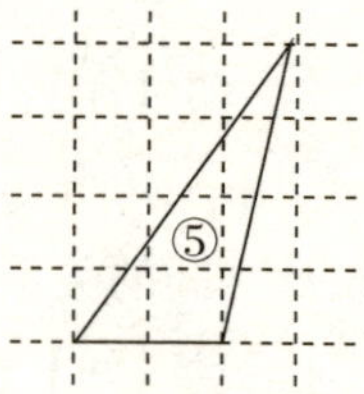
	通过率（%）	81.5	63.0	40.7
	典型错误及比例	2×4：14.8%	数错：7.4% 3×3：7.4% 2×4：14.8% 3×4：3.7%	数错：5.6% 3×4÷2：3.7% 2×3：5.6% 2×4：27.8% 3×4：1.9%

续表

<table>
<tr><td rowspan="4">不带方格背景</td><td rowspan="2">问题</td><td rowspan="2">直角三角形
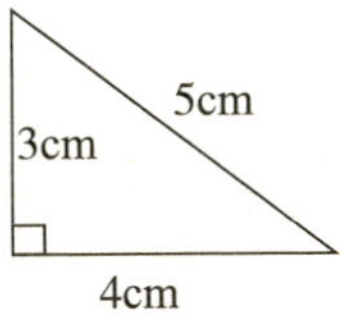
</td><td rowspan="2">锐角三角形
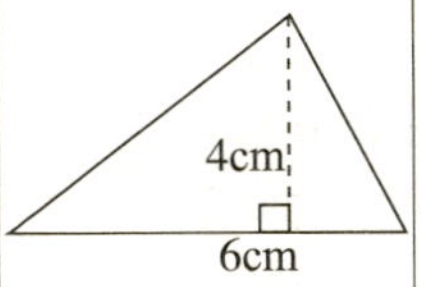
</td><td colspan="2">钝角三角形</td></tr>
<tr><td>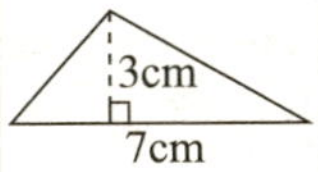
</td><td>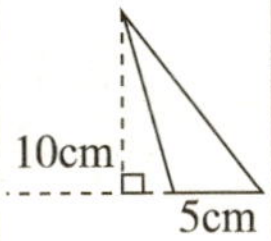
</td></tr>
<tr><td>通过率（%）</td><td>50</td><td>48. 1</td><td>42. 6</td><td>48. 1</td></tr>
<tr><td>典型错误及比例</td><td>3 ×4：27. 8%
3 ×5：1. 9%</td><td>4 ×6：42. 6%</td><td>3 ×7：48. 1%</td><td>10 ×5：44. 4%</td></tr>
</table>

进一步访问其中 22 名全对的学生（占总样本的 40. 7%），他们全部表示已经知道了三角形的面积计算公式，其中 45. 5% 的学生声明自己就是直接套用公式在解决问题，但并不能对公式的来龙去脉给予说明；40. 9% 的学生知道可以用两个全等的三角形拼成平行四边形来解释三角形的面积计算公式，但他们只能够运用两个直角三角形拼成长方形，而不能运用两个锐角三角形或钝角三角形拼成平行四边形；有 1 名学生告诉测试者他是先利用长方形推得直角三角形的计算方法，进而使用直角三角形推得锐角三角形和钝角三角形的面积计算方法；能有效使用两个全等三角形拼成平行四边形并以此说明三角形面积计算公式的学生只有 2 名，占全对学生的 9. 1%，其中 1 名表示是从课外辅导中知道了这种方法，另 1 名则称自己能主动想到这种推导过程。

试解决下面的问题：

a. 你预测的数据与实际调查得到的数据相差大吗？想一想，这是什么原因？怎样的教师判断得到的数据会与实际调查得到的数据相差较小？

b. 如果你去上三角形面积计算这节课，上面这些调查结果对你教学三角形的面积有没有影响？如果有，有什么影响？

c. 老师在教三角形面积计算时，多数学生对三角形面积计算公式的理解和把握可能已达到什么程度？他们的主要困难与困惑是什么？教学中可以准备哪些学具或设计哪些活动来启发和帮助学生克服困难、困惑？

d. 学生的学习起点是什么意思？学习起点对于学生的学习会有怎样的

影响？作为老师，可以通过哪些方法了解学生的学习起点？如何看待和对待不同学生有不同的教学起点？

【活动过程】

交流与讨论上面活动前的准备题。

①分小组交流：每个人都要在小组中发表自己的观点，记录人将发言人的主要观点写下来。小组成员对本组的观点进行综述。

②大组交流：每个小组推荐一个代表向大组汇报，根据人数多少，对每组的发言人限定时间。发言人之间在内容上尽可能不要重复。记录人要记录每一个小组的主要观点。

③回顾与提高：

a. 明确：本校学生学前准备状况。可利用的学习资源和需突破的学习难点。

b. 整理：Ⅰ. 学生可能的推导三角形面积公式的方法。标记出其中需要教师跟进引导的地方。Ⅱ. 学生对三角形面积公式的理解和应用可能存在哪些问题？Ⅲ. 有哪些实用的方法可以帮助教师较为便捷而准确地了解和把握学情？积累学情问卷。

方案三：教学设计研究

【活动目标】

阅读与分析现有的优秀教例，进一步明确教学的重点和难点，创编个性化的教学方案。

【活动时间】

60 分钟。

【活动前准备】

①在“三角形面积”一课的教学中，如何启发学生主动想到要用两个三角形来拼平行四边形，转而推理一个三角形的面积算法是一直困扰老师的教学难题。梁晓明给出了一种对策，请仔细阅读后给予评价。

环节 1

师：请同学们在正方形纸片上剪一刀，剪下一个三角形。当然，如果你能用尺子和笔把想剪的三角形画出来，不用剪刀剪也可以。

学生剪、画。

师：请把你剪、画的图形展示给大家看一看。

学生出示图 5 –3 至图 5 –5：

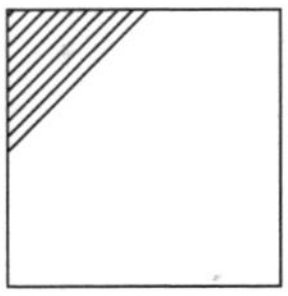

图 5 – 3

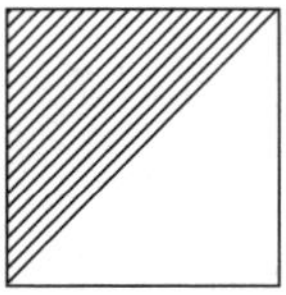

图 5 – 4

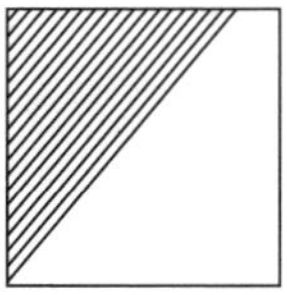

图 5 – 5

环节 2

师：按哪种剪法，剪下的三角形面积你能计算？

生：第二种（指图 5 –4)。三角形面积是它对应的正方形面积的一半。

师：你是怎么知道的？

生：我把剪开的两个三角形重叠在一起，发现它们完全一样。

师：也就是形状一样，大小相同，对吗？这样的两个三角形面积自然相等。请同学算一算，剪下三角形的面积是多少？

学生测量正方形边长并求三角形面积。

环节 3

师：那么其他两种情况，比如，对图 5 –3 你能求出三角形的面积吗？

学生思考无果。

师：在剩下的纸片上再剪一刀，你能剪下一个和刚才一样大小的三角形吗？

学生出示图 5 –6 至图 5 –8：

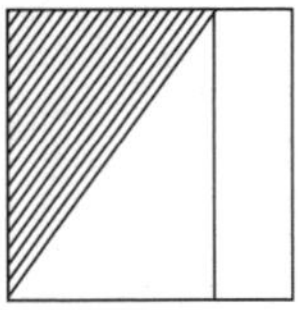

图 5 – 6

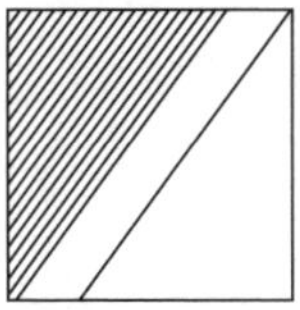

图 5 – 7

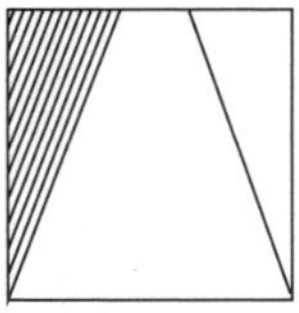

图 5 – 8

师：那么哪一种剪法中三角形的面积，你能计算呢？

学生思考后，测量并计算图 5 –6 中三角形的面积。

（师生共同探讨，明确图 5 –7、图 5 –8 中的三角形可以通过平移、旋转转化为图 5 –6 的情况）

环节 4

师：回到课的开始，按图 5 –3 的剪法，三角形的面积可求吗？

学生受图 5－5 的启发，很快解决了图 5－3 的问题。

环节 5

师：同学们，从上面的研究中，你有什么发现？

生：直角三角形面积是相对应的正方形或长方形面积的一半。

生：直角三角形的面积＝长×宽÷2＝底×高÷2。

师：我们在推导直角三角形面积计算方法时，主要运用了什么策略？

生：……把两个完全一样的直角三角形拼成一个长方形。

环节 6

师：直角三角形面积我们已经会求了，那么锐角和钝角三角形的面积又可以怎么研究呢？

生：用两个完全一样的三角形拼成一个平行四边形。

师：你们能吗？请选择两个完全一样的锐角三角形或钝角三角形拼一拼，推导出三角形面积的求法。

先由学生自主选择三角形，拼一拼，说一说；再让选择同类三角形的学生组成学习小组交流；最后全班讨论。

学生展示图 5－9：

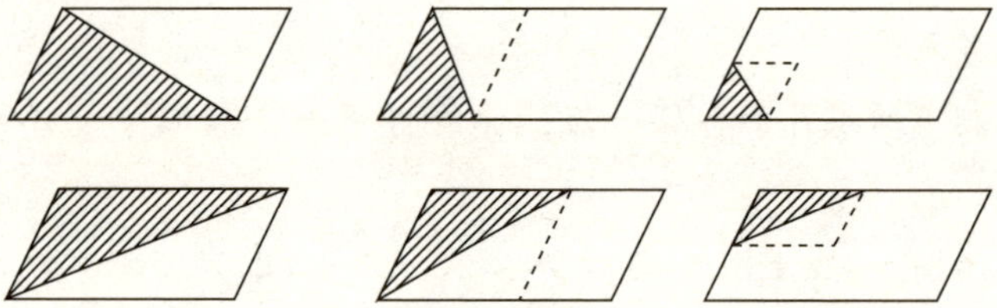

图 5－9

……

问题：

a. 梁老师是如何引导学生想到要用两个全等的三角形来操作、推导一个三角形的面积的？

b. 把三角形面积公式的推导分成两段来教学，即先推导直角三角形面积算法，再推导锐角或钝角三角形面积的算法，这样做有什么好处？有什么局限吗？

c. 用剪刀来剪纸片的操作是有必要的吗？组织学生动手操作时，需要注意哪些问题？

d. 你有更好的方案来促动学生主动想到“倍拼”的思路吗？写一写。

②下面是叶季明老师为三角形面积教学设计的一些练习，先阅读，再评价。

1. 口答：求底是6厘米，高是3厘米的三角形面积；

$a=2$ 厘米，$h=9.9$ 厘米，求三角形面积。

2. 算出下面每个三角形的面积。(单位：厘米)

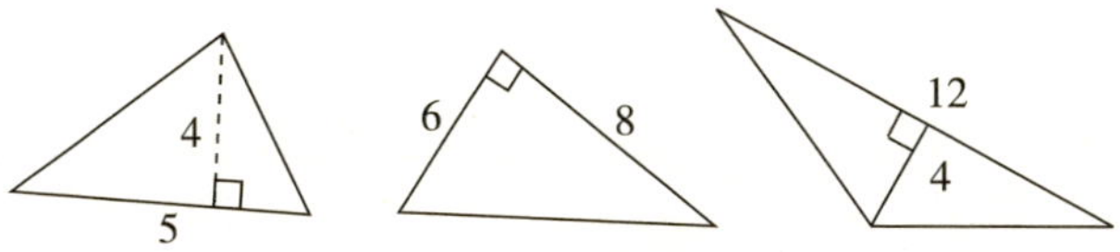

图 5 - 10

3. 判断下面哪个三角形的面积是 $4\times3\div2=6$（平方厘米）。

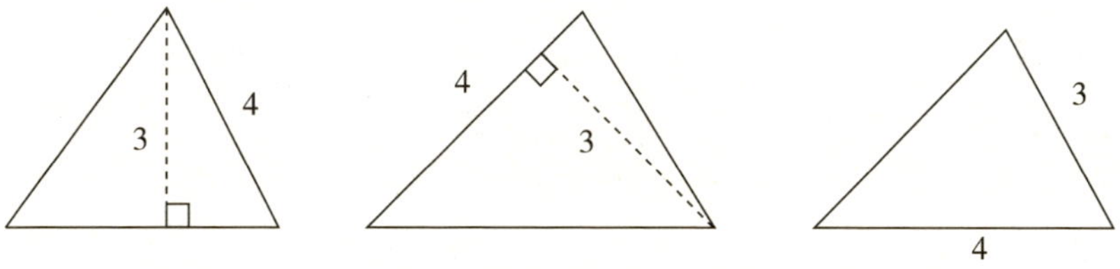

图 5 - 11

4. 指出下面每个三角形的底和高，并求出它们的面积。(单位：米)

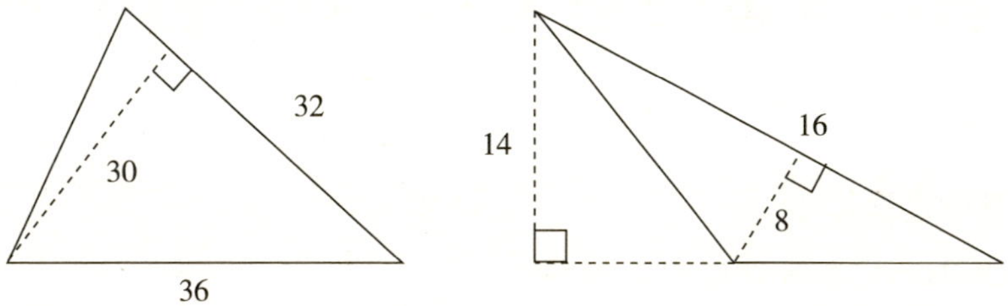

图 5 - 12

5. 自主测量三角形的底和高的长度，计算三角形的面积。

6. 比较图中三角形的面积。(单位：厘米)

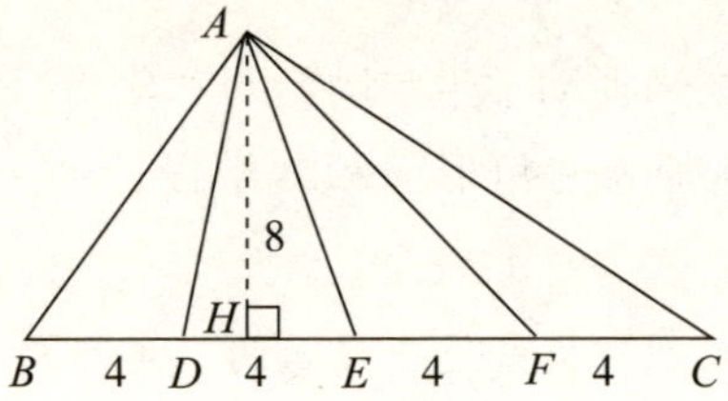

图 5－13

7. 已知图中三角形 ABC 的面积是 12 平方厘米，求平行四边形 $DECB$ 的面积。

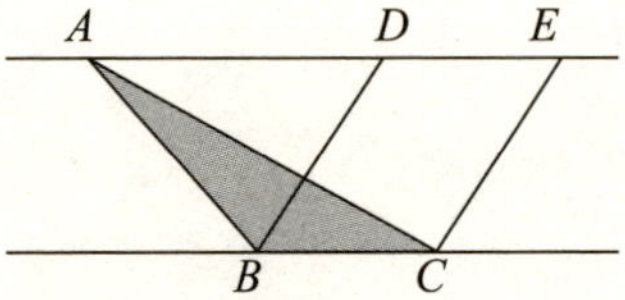

图 5－14

8. 求图中直角三角形 ABC 的周长。（单位：毫米）

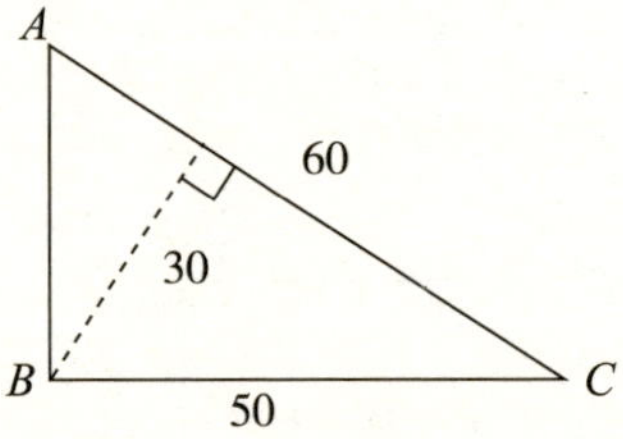

图 5－15

问题：

①将这些习题按层次水平分分类。你觉得哪些适合做新授课练习，哪些适合放在练习课中？

②进一步收集相关层次的其他问题，充实到你的教学计划中。

【活动过程】

交流与讨论上面活动前的准备题。

①分小组交流：每个人都要在小组中发表自己的观点，记录人将发言人的主要观点写下来。小组成员对本组的观点进行综述。

②大组交流：每个小组推荐一个代表向大组汇报，根据人数多少，对每组的发言人限定时间。发言人之间在内容上尽可能不要重复。记录人要记录每一个小组的主要观点。

③回顾与提高

a. 明确："三角形面积"的教学重点和难点各是什么，并写出教学目标。

b. 整理：Ⅰ. 有哪些优秀的教学片段可以借鉴？Ⅱ. 形成 2—3 个有不同侧重的教学设计，开展同课异构研究活动。

下篇　梯形面积的教学研究

1　上位数学知识研究
2　课程标准（教学大纲）研究
3　教材编写比较研究
4　教学设计比较研究
5　学情研究

1

上位数学知识研究

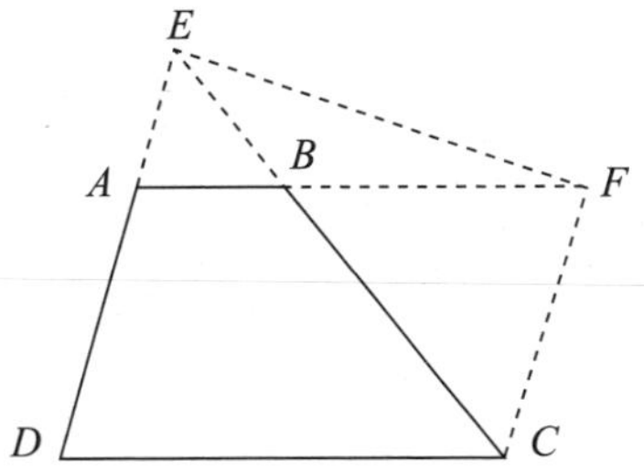

在小学数学教材中，梯形面积计算是一个重要内容。小学生要探索并掌握梯形的面积公式，能解决简单的实际问题。考虑到学生的认知水平，小学数学教材只呈现了几种基本的梯形面积公式推导方法，给出了梯形面积基本公式。而作为小学数学教师，只知道教材中的知识是远远不够的，教师需要知道初中、高中（或中等师范学校）甚至大学的有关梯形面积的一些数学知识，这些知识我们称为上位数学知识。小学数学教师了解与梯形面积相关的上位数学知识，可以开阔眼界，更好地理解小学数学中关于梯形面积的知识。在教学梯形面积这节课时可以做到居高临下，真正实现“以生为本”的有效教学。在下文的阐述中，我们不但要了解梯形面积的上位数学知识有哪些，如何理解这些上位数学知识，而且还要与你交流这些上位数学知识对小学数学教学的启示。

1.1 上位数学知识解读

梯形面积公式推导的理论依据是什么？

思考

你知道梯形面积公式是怎样推导的吗？试一试。

（1）什么是出入相补原理？

出入相补原理是我国古代数学家刘徽的重要成就之一。著名数学家吴文俊先生，在研究我国古代数学家刘徽著作的基础上，把刘徽常用的方法概括为“出入相补原理”。它的主要内容有：第一，一个平面（立体）几何图形，可以切割成若干块任何形状的小图形，总面积（总体积）维持不变，它们分别等于所有小图形面积（体积）之和；第二，一个平面（立体）几何图形，可以任意旋转、倒置、移动和复制，面积（体积）不变；第三，多个平面（立体）几何图形，可以任意拼合，总面积（总体积）不变；第四，平面（立体）几何图形与其复制图形拼合，总面积（总体积）加倍。这里，关键的是面积（或体积）的“运动不变性”，即图形经过运动之后，其面积（体积）不会改变。“出入相补原理”是我国古代几何学中面积、体积理论的结晶。

> **小贴士**
>
> 《九章算术》是一部杰出的数学典籍。其第一卷“方田章”专门讨论面积的计算，其中包括梯形（邪田、箕田），给出了面积公式。你可以读一读，增进对我国数学文化的了解。

（2）如何“以盈补虚”求梯形面积？

在《九章算术》中，刘徽提出了“以盈补虚”的推导方法，其实质是“等积变换”。在图中，把“盈”的部分$\triangle DLE$和$\triangle FMC$变换成“虚”的部分$\triangle AHL$和$\triangle BGM$，把梯形$ABCD$变换成长方形$EFGH$，从而得到梯形面积公式$\frac{1}{2}(AB+DC)\cdot GF$的正确性。（如图1－1）

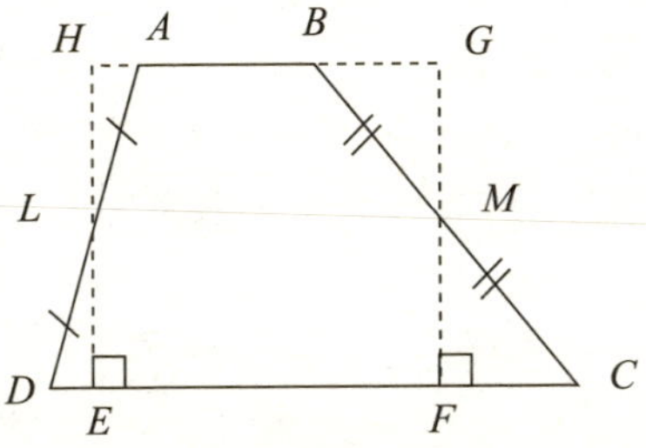

图1－1

梯形面积公式推导的思想方法是什么？

（1）什么是化归法？

> **思考**
>
> 什么叫化归法？请你写一写。如果你不能直接写出化归法的含义，你可以试着先举出用化归法解决数学问题的例子，然后再写什么叫化归法。

如果要问，数学家与其他科学家在解决问题时，在思维方法上有什么特别的地方？可能的回答是：数学家的思维方式更善于运用化归法。有人曾对“化归法”做过生动的比拟：“假设在你面前有煤气灶、水龙头、水壶和火柴，现在的任务是要烧水，你应当怎样去做?”正确的回答是：“在水壶中放进水，点燃煤气，再把水壶放到煤气灶上。”接着又提出第二个问题：“假设其他的条件都不变，只是水壶中已有了足够的水，这时你应该怎样去做?”对此，人们往往回答说：“点燃煤气，再把壶放到煤气灶上。”（朱乐平，2011）但这并不是最好的回答，因为“只有物理学家才这样做，而数学家则会倒去壶中的水，并且声称我已经把后一问题化归成先前的问题了”。这个比喻虽然有点夸张，但却道出了化归的根本特征。在解决问题的过程中，数学家往往不是直接解决原问题，而是对问题进行变形、转化，直至把它化归为某个（些）已经解决的问题或容易解决的问题。把所要解决的问题，经过某种变化，使之归结为另一个问题，再通过问题的求解，把解的结果作用于原有问题，从而使原有问题得到解决。这种解决问题的方法，我们称之为化归法，可以简单地用图 1－2 中的框图表示（注：标“＊”表示新情况，后同）。

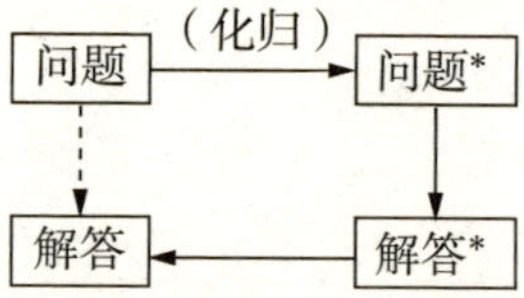

图 1－2

在用化归法解决问题时，一个必要的条件是：与原来的问题相比，化归后所得出的问题必须是已经解决了的，或者是较为容易、较为简单的。也就是说，化归的方向应当是：由未知到已知，由难到易，由繁到简。

（2）如何运用化归法推导梯形面积？

思考

阅读完以上这段文字，请你结合梯形面积想一想，怎样用化归法推导梯形面积公式?

在梯形面积公式探求过程中，化归思想是灵魂和主线。利用化归法解决问题的过程可以简单地归结为图 1－3：

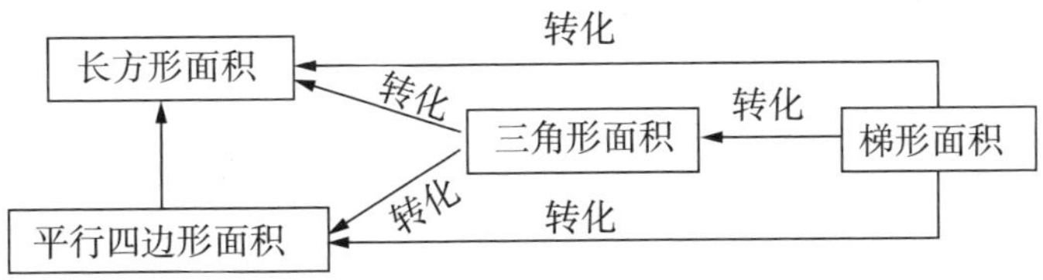

图 1－3

也就是说，我们可以把梯形转化为三角形、长方形和平行四边形，再求出面积。具体地说，主要有：加倍法、分割法和割补法。

①加倍法

人们不是直接去求梯形面积，而是先求出它的两倍，即两个完全相同的梯形拼成一个平行四边形，求出平行四边形的面积，根据平行四边形面积除以 2，得到梯形的面积。这个过程中，人们通过“加倍”，把梯形面积问题转化为已经学过的平行四边形的面积。学生在学习三角形的面积时，就是运用“加倍法”，把三角形面积转化为已经学过的平行四边形的面积。

②分割法

在面积或体积的计算中经常用到的分割法，可以看成通过对未知成分进行分割实现化归的典型例子。这种计算的过程可以归结为：

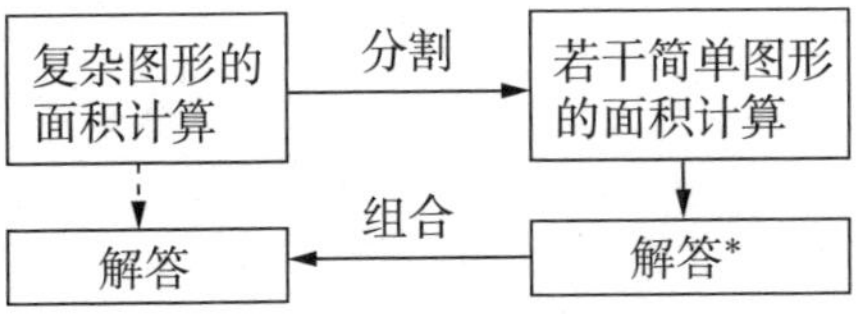

图 1－4

梯形面积公式推导过程中，把梯形分割成已经学过的平面图形，如平行四边形、三角形和长方形等，计算出分割后每个的图形面积，再求出面积和，从而得到梯形的面积。

③割补法

割补法就是把图形割开，把割下来的那部分移动到其他位置，从而拼成一个新的图形。梯形面积公式推导过程中，把梯形割开，补到其他位置，拼成长方形、平行四边形或三角形。

梯形面积公式的推导方法有哪些？

梯形面积计算方法的推导过程，充分反映了解决问题策略的多样化。我们根据转化后的图形，把推导方法分为五类。(曹培英，2010)

(1) 第一类：把梯形转化为长方形

用一个梯形割补成长方形，面积不变，这第一种情形是：长方形的长等于梯形上下底之和的一半，长方形的宽等于梯形的高。(如图1－5)

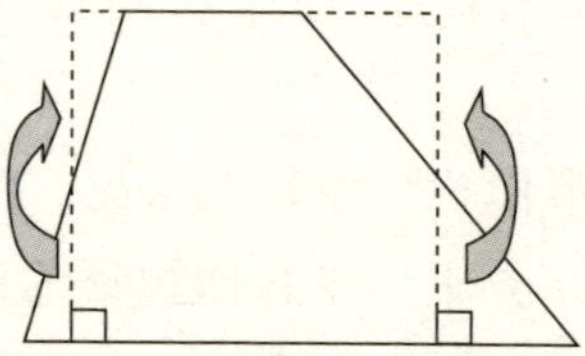

图1－5

第二种情形是：长方形的长等于梯形上下底之和，长方形的宽等于梯形高的一半。(如图1－6)

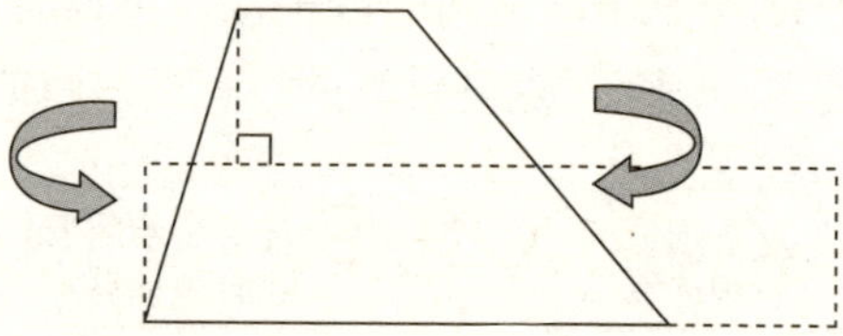

图1－6

第三种情形是：梯形的面积等于长方形的面积减去两个三角形的面积。(如图1－7)

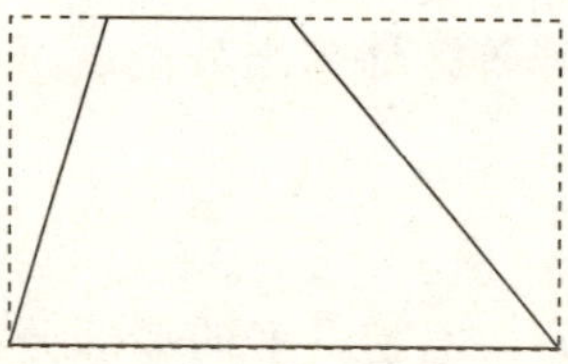

图1－7

(2) 第二类：把梯形转化为平行四边形

第一种情形是：用两个全等梯形拼成一个平行四边形，平行四边形的

底等于梯形上下底之和，平行四边形的高等于梯形的高，梯形的面积是平行四边形面积的一半。（如图 1－8）

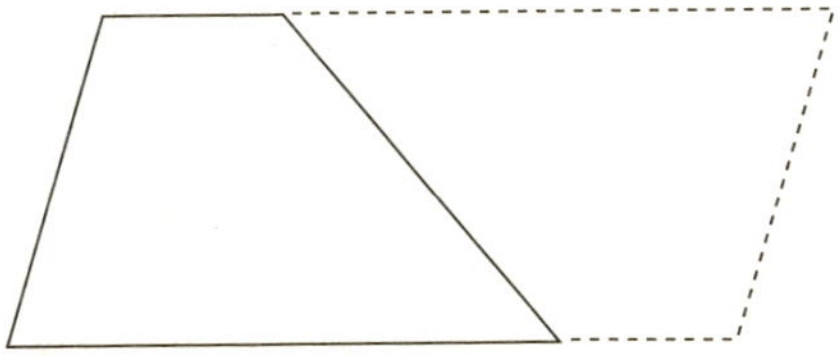

图 1－8

第二种情形是：用一个梯形割补成平行四边形，面积不变，平行四边形的底等于梯形上下底之和，平行四边形高等于梯形高的一半。（如图 1－9）

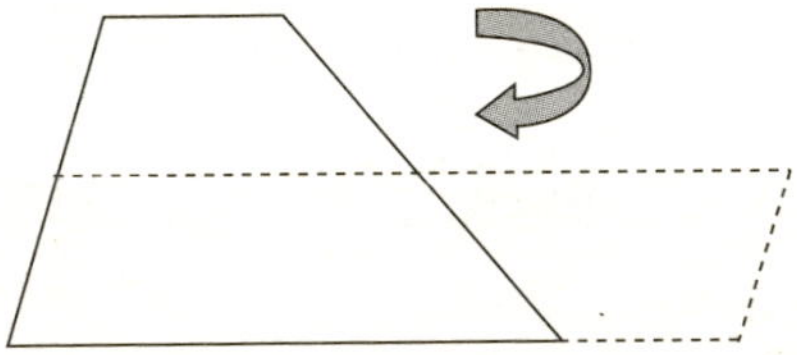

图 1－9

第三种情形是：用一个梯形割补成平行四边形，面积不变，平行四边形的底等于上下底之和的一半，平行四边形的高等于梯形的高。（如图 1－10）

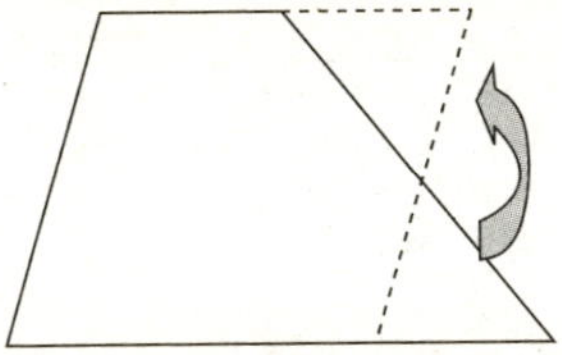

图 1－10

（3）第三类：把梯形转化为三角形

第一种情形是：用一个梯形割补成三角形时，面积不变，三角形的底就是梯形上下底的和，三角形的高就是梯形的高。（如图 1－11）

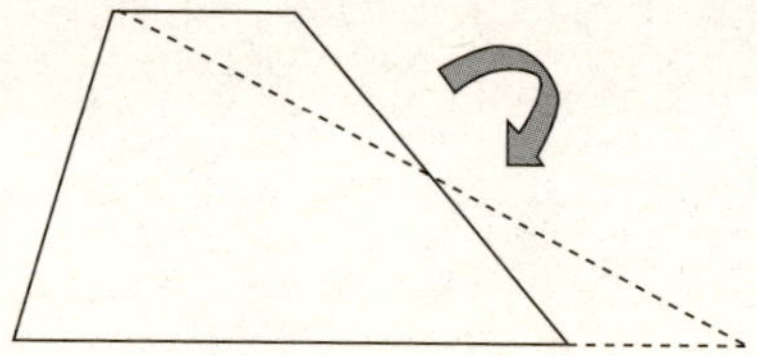

图 1－11

第二种情形是：把一个梯形分成两个三角形，梯形的面积等于两个三角形面积的和。（如图 1－12）

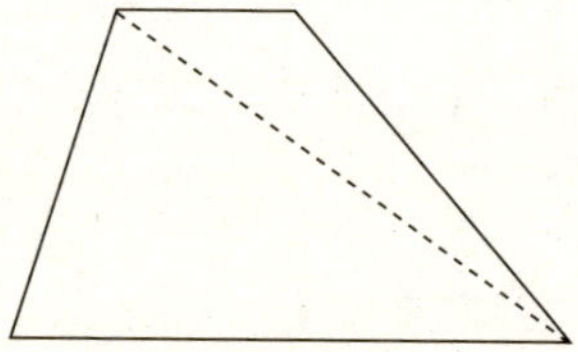

图 1－12

第三种情形是：将梯形两腰延长交于一点，得到梯形的面积等于大、小三角形面积的差。（如图 1－13）

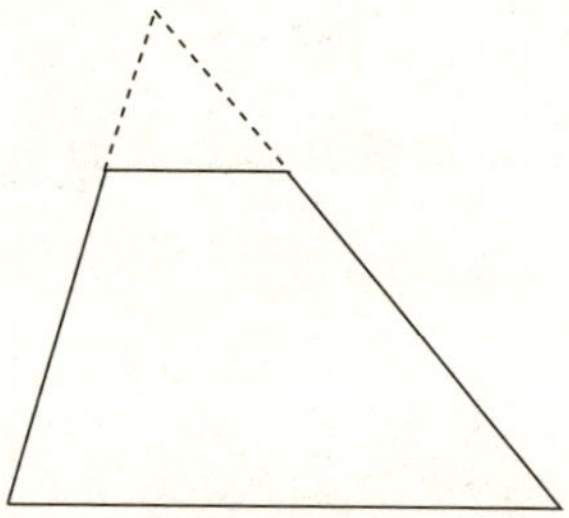

图 1－13

思考

对第三种情形，你能写出证明过程吗？这种方法可能只有极少数学生能理解，你能用小学阶段的知识向学生证明吗？

这里给出第三种情形的证明过程（曹培英，2010）。（如图 1－14）

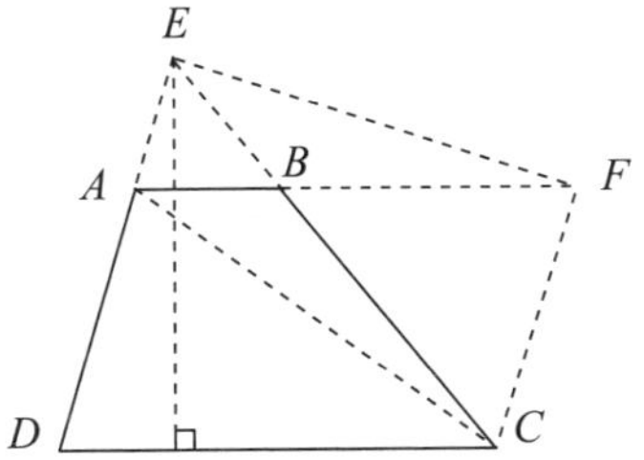

图 1－14

设梯形 $ABCD$ 的下底、上底和高分别为 a、b、h，DA 与 CB 的延长线相交于点 E，三角形 ABE 的底、高分别为 b、x，

则：
$$S_{\text{梯形}ABCD} = S_{\triangle EDC} - S_{\triangle EAB} = \frac{1}{2}a(h+x) - \frac{1}{2}bx$$
$$= \frac{1}{2}ah + \frac{1}{2}ax - \frac{1}{2}bx = \frac{1}{2}ah + \frac{1}{2}(a-b)x$$

作 $CF//DA$ 交 AB 的延长线于 F，则 $AFCD$ 为平行四边形，BF 为梯形 $ABCD$ 上、下底的差。连接 EF，则三角形 EBF 的面积为 $\frac{1}{2}(a-b)x$，连接 AC，则三角形 ECF 与三角形 ACF 同底、等高（$CF//DE$），面积相等。它们都减去三角形 BCF 的面积，差相等。于是，三角形 EBF 与三角形 ABC 的面积相等，

即：
$$\frac{1}{2}(a-b)x = \frac{1}{2}bh$$

所以
$$S_{\text{梯形}ABCD} = S_{\triangle EDC} - S_{\triangle EAB}$$
$$= \frac{1}{2}ah + \frac{1}{2}(a-b)x$$
$$= \frac{1}{2}ah + \frac{1}{2}bh = \frac{1}{2}(a+b)h$$

这种证明方法，利用了“平行线之间的距离处处相等”与“等底等高的三角形面积相等”两个知识点，从而回避了利用比例线段知识确定小三角形的高。但是这种方法比较复杂、迂回，只有极少数的学生能理解。

（4）第四类：把梯形转化为三角形和长方形

把一个梯形划分为两个三角形和一个长方形，则梯形的面积等于两个三角形和一个长方形的面积之和。（如图 1－15）

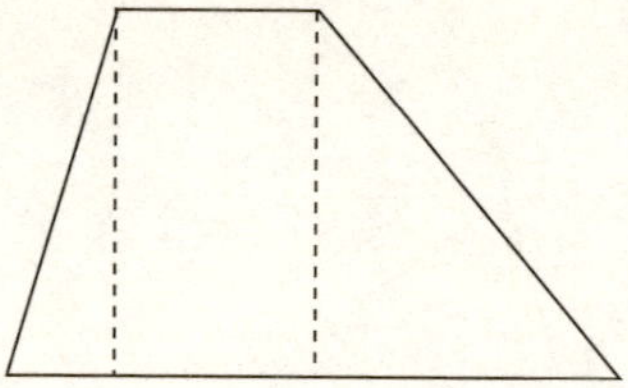

图 1－15

（5）第五类：把梯形转化为三角形和平行四边形

把一个梯形划分为一个三角形和一个平行四边形，则梯形的面积等于一个平行四边形和一个三角形面积的和或差。（如图 1－16、图 1－17）

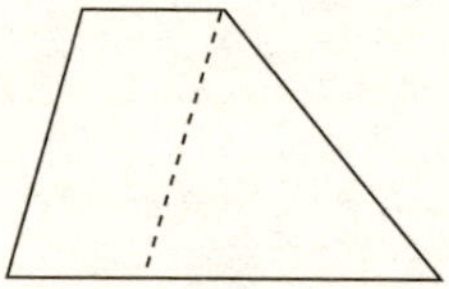

图 1－16

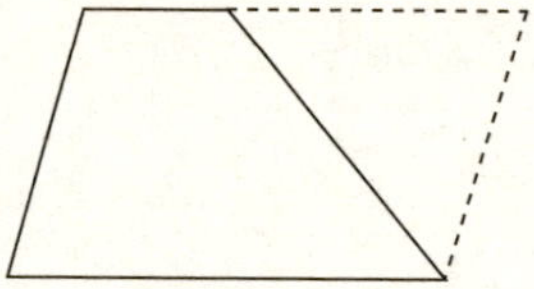

图 1－17

以上列举的方法并不要求学生全部掌握，但对教师来讲，多了解推导方法的种类，可以对教学做更充分的预设。

梯形面积公式的变式有哪些？

思考

前文中所提及的思路都可以推导出梯形的面积计算公式，这些面积计算公式的写法一样吗？本质一样吗？

前面介绍的 13 种推导方法，充分反映了梯形面积计算方法的表征可以多样化。根据以上的推导方法，梯形的面积计算公式有各种变式，这些变式都可以从推导方法中找到非常直观的几何意义，结合图示，能清晰地解释计算思路。

（1）统一公式：梯形面积 =（上底 + 下底）× 高 ÷ 2

（2）变式 1：梯形面积 =（上底 + 下底）÷ 2 × 高

（3）变式 2：梯形面积 =（上底 + 下底）×（高 ÷ 2）

（4）变式 3：梯形面积 = 上底 × 高 ÷ 2 + 下底 × 高 ÷ 2

（5）变式 4：梯形面积 = 上底 × 高 +（下底 − 上底）× 高 ÷ 2

（6）变式5：梯形面积 = 下底 × 高 －（下底 － 上底）× 高 ÷ 2

思考

这些计算方法分别由哪些推导方法得到？

这些不同的公式都可以通过恒等变形，得到统一公式。例如，根据图1－12，推导梯形的面积计算公式的算式是：

梯形面积 = 两个三角形面积的和
= 上底 × 高 ÷ 2 + 下底 × 高 ÷ 2
=（上底 + 下底）× 高 ÷ 2

又如，根据图1－17，推导梯形面积计算公式的算式是：

梯形面积 = 平行四边形面积 － 三角形的面积
= 下底 × 高 －（下底 － 上底）× 高 ÷ 2
= 下底 × 高 － 下底 × 高 ÷ 2 + 上底 × 高 ÷ 2
= 下底 × 高 ÷ 2 + 上底 × 高 ÷ 2
=（上底 + 下底）× 高 ÷ 2

在具体的应用时，不用刻板地套用一般的计算公式，可以根据实际的题目灵活选用计算的方法。各种变式可以在某些具体的场合体现优势。

比如："一个菜园，原来是平行四边形，底是20米，高30米。扩建后成了梯形，上底和高不变，下底延长了15米。扩建后的菜园面积是多少平方米？"

思考

这道题怎样计算更方便一些？

显然，这里不用先算扩建后的下底，再用一般公式计算，而是可以直接求平行四边形和三角形的面积和，这样会更方便一些。

又如，将图1－18中的平行四边形分成三角形、梯形两部分，两部分面积相差40平方厘米。梯形的下底是多少厘米？

如果加上一条辅助线，把梯形分割成一个三角形和一个平行四边形，那么这个小平行四边形的面积就是梯形和三角形相差的部分，即40平方厘米。40 ÷ 8 = 5（厘米），求得的平行四边形的底就是梯形的下底。（如图1－18）

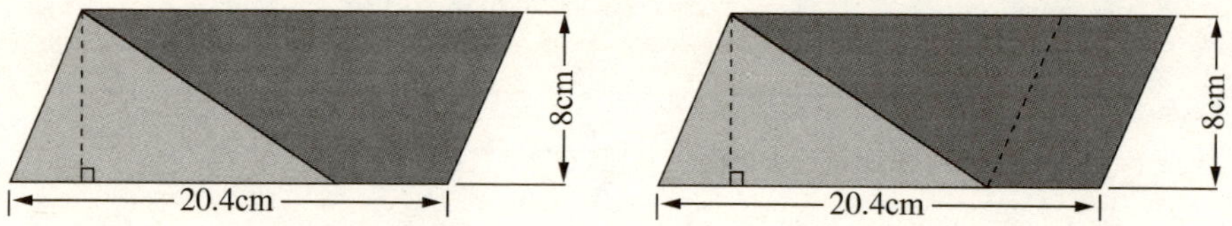

图 1－18

思考

以上我们一起交流了梯形面积的上位数学知识。你觉得一个小学数学教师，了解上面这些知识对教学会有帮助吗？如果有，有哪些帮助？

1.2 上位数学知识对教学的启示

我们弄清有关梯形面积的上位数学知识，主要是使我们认识梯形面积计算的来龙去脉，清晰地把握教学目标，恰当地梳理平行四边形、三角形和梯形面积之间的关系，对于课堂中学生出现的多种方法，能较好地组织引导和交流。

梯形面积有什么教育价值？

教学目标体现教育理念，教学目标引领教学设计。在《义务教育数学课程标准（2011 年版）》的理念下，如何定位教学目标才能有效地挖掘梯形面积的教育价值，是一个方向性的问题。

表 1－1　两种教学目标对比

思考：请你对比以下两种教学目标，你喜欢哪一个？为什么？	
教学目标一	教学目标二
1. 理解梯形面积公式的推导过程，正确运用公式进行计算； 2. 初步形成逻辑思维能力，并建立空间观念。	1. 在开放的情境中，选择合适的学习材料，自主探索解决问题的方法，并在交流中感受解决问题方法的多样化； 2. 通过寻找梯形和转化后的图形之间的关系，推导出梯形面积计算公式，感悟转化的思想方法； 3. 掌握梯形面积计算方法，并能根据情境灵活运用。
教学重点：正确运用梯形面积公式进行简单计算。 教学难点：理解梯形面积公式的推导过程。	教学重点：探索梯形面积计算公式，体验化归思想。

平行四边形、三角形和梯形面积之间有什么联系？

小学阶段，平面图形面积主要包括：长方形面积、平行四边形面积、三角形面积、梯形面积和圆面积。特别是平行四边形面积、三角形面积和梯形面积，这三种平面图形面积之间有紧密的联系。

（1）教学目标是什么？

> **思考**
>
> 如果用三节新课分别教平行四边形、三角形和梯形的面积计算公式，那么这三节课的教学目标有哪些相同的地方？有哪些不同的地方？

我们可以把平面图形的面积计算看作一个整体。平行四边形面积、三角形面积、梯形面积和圆面积，都要转化为学过的图形，再推导面积计算公式，“化归”思想贯穿始终。因此，把梯形面积放在这个整体中进行思考，教学时不能平均用力，要有一个总体目标，再具体到每一个内容中有阶段目标，递进式加以落实。以浙江教育出版社 2010 年出版的“新思维”

《数学》（六年制）为例，我们制定了图形面积的教学目标，见表1－2。

表1－2 图形面积教学目标一览表

总目标	1. 选择合适的学习材料，通过自主探索、合作交流等学习方式，推导并掌握平行四边形、三角形和梯形的面积公式，并能利用公式解决实际问题； 2. 加深对图形特征的认识，建立图形敏感，感受图形之间的关系，体会图形面积公式之间的关系； 3. 体验“化归”的思想方法，发展空间想象力。	
内　容	年　级	递进目标
平行四边形面积	五年级上	1. 选择合适的学习材料，通过观察和操作，把平行四边形转化为长方形； 2. 通过观察、讨论和交流，体会图形的“高”和“中点”在转化中的作用； 3. 探索平行四边形和转化后长方形之间的关系，推导出平行四边形面积计算公式及字母表达式。
三角形面积	五年级上	1. 在学习平行四边形面积的基础上，选择合适的学习材料，通过观察和操作，把三角形转化为长方形或平行四边形； 2. 学习“加倍法”探索三角形面积公式，进一步感悟转化的思想方法； 3. 探索三角形和转化后的图形之间的关系，推导出三角形面积计算公式及字母表达式。
梯形面积	五年级上	同表1－1中教学目标二。

（2）教学顺序是什么？

思考

你认为“平行四边形、三角形和梯形的面积计算公式”这三块教学内容，小学生应该先学哪一块？为什么？在现行的小学数学教材中，学生学习这三块内容的顺序是怎样的？

如果先学习平行四边形的面积计算公式，那么可以用两个完全相同的三角形或梯形拼成一个平行四边形的方法，推导出三角形或梯形的面积计算公式。因此，在平行四边形面积公式基础上，三角形和梯形面积公式的教学可以有不同的课时设计。以下是两个不同的教学顺序。

表 1－3　两个不同的教学顺序对比

教学顺序一（5 课时）	教学顺序二（4 课时）
1. 三角形面积计算公式新课（1 课时）； 2. 三角形面积计算公式练习课（1 课时）； 3. 梯形面积计算公式新课（1 课时）； 4. 梯形面积计算公式练习课（1 课时）； 5. 三角形与梯形面积计算的综合练习课（1 课时）。	1. 三角形与梯形面积计算公式新课（1 课时）； 2. 三角形与梯形面积计算的练习课（3 课时）。 第一课时：重点练习三角形面积计算公式的应用，但也有梯形面积公式的应用练习； 第二课时：重点练习梯形面积计算公式的应用，但也有三角形面积计算公式的应用练习； 第三课时：三角形与梯形面积计算公式的综合应用练习。

思考

上面两种不同的教学顺序你更倾向哪一种？为什么？有人说："不能简单地说上面的哪一种教学顺序更好，而应该根据不同的学生实际、不同难度的教学内容来确定不同的顺序。"你同意这个观点吗？以下的一些情况，你认为分别运用哪一种教学顺序更合适？请在括号内分别写出顺序一或顺序二，并简要说明理由。

①班级学生的数学基础相对比较弱。（　）

②班级学生的数学基础相对比较好。（　）

③数学教学的内容比较抽象，学生学习的难度比较大。（　）

④学生学习的数学内容难度比较小。（　）

思考

如果对学生基础差不多的两个班级，分别用上面的两种顺序进行教学，那么这两个班的学生，对三角形与梯形的面积计算公式的理解与掌握水平会有差异吗？如果没有差异，主要原因是什么？如果有，主要差异是哪些？

如果要运用上面的两种不同的教学顺序，设计一个对比教学实验，那么，这个实验的主要过程是什么？请你写一写。

（3）面积公式之间有什么关系？

思考

有人认为，可以用梯形的面积计算公式“统领”长方形、平行四边形、三角形的面积计算公式。也就是说，可以把长方形、平行四边形、三角形的面积计算公式看成梯形计算面积公式的特殊情况，你同意这个观点吗？为什么？阅读下文，你觉得这样的观点是否有道理？

把梯形做适当的变换，可以得到基本的平面图形，利用梯形的面积公式就能得到平面图形的面积公式。如果把梯形做变换，使梯形的上底和下底相等，梯形的两条腰变成两条高，那么梯形就变换成了长方形，利用梯形的面积公式就能得到长方形的面积公式，

即 $$S=(a+a)\times b\div 2$$

整理得到 $$S=a\times b$$

也可以把梯形的两条腰变换成平行的两条线段，梯形的上底和下底相等，那么梯形就变化成平行四边形，利用梯形的面积公式就能得到平行四边形的面积公式，

即 $$S=(a+a)\times h\div 2$$

整理得到 $$S=a\times h$$

如果把梯形的上底缩为一个点，那么梯形就变换成了三角形，利用梯形的面积公式就能得到三角形的面积公式，

即 $$S=(0+a)\times h\div 2$$

整理得到 $$S=a\times h\div 2$$

做进一步的想象，如果把梯形的上底缩为一个点，把梯形的下底扩展成以这个点为圆心的一个圆，梯形就变换为一个圆，梯形的高就相当于圆半径的长度，那么利用梯形面积公式就可以得到圆的面积公式，

即 $$S=(a+b)\times h\div 2=(0+2\pi r)\times r\div 2=\pi r^2$$

因此，从某种角度说，梯形的面积公式可以作为小学阶段平面图形面积计算的一般公式。

求钢管总根数能用梯形面积公式吗？

思考

我们经常见到圆木、钢管等堆成图 1－19 的形状，通常用下面的算法求总数：（上层根数＋下层根数）×层数÷2，想一想是什么道理？算一算圆木的总根数。

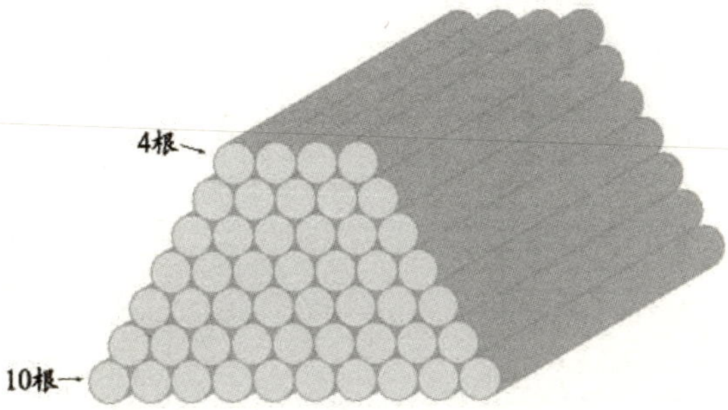

图 1－19

有人认为“这堆钢管的横截面像个梯形”，“上层根数相当于梯形的上底，下层根数相当于梯形的下底，层数相当于梯形的高”，而“梯形的面积＝（上底＋下底）×高÷2”，所以“钢管的总根数＝（上层根数＋下层根数）×层数÷2”。也就是说“求钢管总根数是梯形面积计算公式的应用”。

其实，从梯形的面积公式的推导中得到启发，利用加倍法，想象着把另一堆同样数量和堆成同样形状的钢管，倒转过来和原来那堆钢管放在一起，那么，每层的根数就会同样多，即等于原上层根数加原下层根数的和，

拿这个“和”乘“层数”，就得原来总根数的两倍，然后再除以 2，就得原来那堆钢管的总根数，这里蕴含了求等差数列前 n 项和的知识。也就是说，这道题是求等差数列 4、5、6、7、8、9、10 的和的应用题，计算公式应是

和 =（首项 + 末项）× 项数 ÷ 2

即：

和 =（4 + 10）× 7 ÷ 2

实际上，这道题和梯形面积公式推导一样，运用了“加倍法”来解决问题。在“梯形的面积计算”练习中，出现求一堆钢管的总根数问题，目的是突出化归的思想方法。为计算总根数而列出的算式虽然与梯形面积公式有形式上的共同点，但后者决不是前者的根据。把它们安排在一起的原因是因为它们都可以用“加倍”的方法将当前的问题转化为简单的乘法计算。

2

课程标准（教学大纲）研究

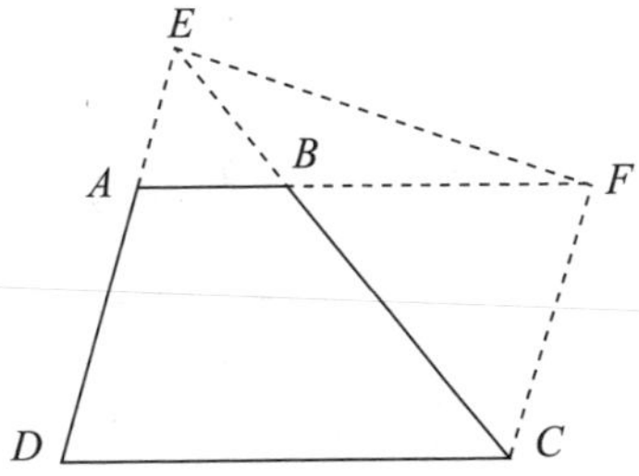

在20世纪的一百年中，关于小学数学，我们国家一共颁布了20余个课程标准或教学大纲这样的纲领性文件。在21世纪初的2001年，我国颁布了《全日制义务教育数学课程标准（实验稿）》（简称“实验稿课标”）；2011年，又颁布了《义务教育数学课程标准（2011年版）》（简称“2011版课标”），这也是至今一直在用的课标。这些国家层面发布的文件对小学“梯形面积”的教学产生着非常重要的影响。课标（大纲）指明了小学数学教学的目的和要求，它既是编写课本的依据，又是教师进行教学的依据，也是检查教学质量的标准。回顾历史，对照今天的课程标准，即2011版课标，看一看“梯形面积”这一教学内容的要求有什么变化，是一件有意义的事。另外，了解国外的数学课程标准对“梯形面积”的教学要求，能够开阔我们的视野。在本章中，我们将和你一起来交流国内外课程标准或教学大纲中梯形面积知识的相关要求与启示。

2.1 课程标准（教学大纲）对梯形面积的教学要求

“梯形面积”教学是从什么时候开始的？

1902年，我国就颁布了《钦定蒙学堂章程》《钦定小学堂章程》，之后又分别在1904年颁布《奏定初等小学堂章程》《奏定高等小学堂章程》，1912年颁布《小学校教则及课程表》，1916年颁布《国民学校令施行细则》《高等小学校令细则》，1923年颁布《新学制课程标准纲要·小学算术课程纲要》（俞子夷起草），1929年颁布《小学课程暂行标准·小学算术》，1932年颁布《小学各科课程标准·算术》，1936年颁布《小学算术课程标准》。这个时期颁布的相关文件，均没有提出在小学进行有关梯形面积的教学。直到1941年颁布的《小学算术科课程标准》在第四学年的教材大纲“梯形、平行四边形的认识和应用”部分中明确提出要目“梯形、平行四边形面积的计算”；在第五学年的教材大纲“简单地形的实测和计算”部分中明确提出要目“正方形、长方形、平行四边形、梯形等的面积的计算”。这是我国首次要求在小学阶段学习有关梯形面积计算，而且是和生产生活紧密联系的实测。但由于这份标准很简单，对梯形面积及相关知识的教学要求无法从我们所拥有的文献中得到。

课程标准（教学大纲）有哪些教学要求？

思考

你觉得小学数学教学的内容是不断在变化的吗？“梯形面积”一直是小学的教学内容吗？

查阅20世纪中小学数学课程标准（教学大纲），从1902年的《钦定蒙学堂章程》开始，到2011年的《义务教育数学课程标准（2011年版）》，关于“梯形面积”的编排年段和教学要求，课程标准（教学大纲）对它的要求可以分成以下几个历史阶段。

①在1902年到1936年期间颁布的相关文件中，小学阶段都没有提出要学习梯形面积这一内容。

②1941年的课标提出在第四学年学习梯形、平行四边形的面积计算，在第五学年学习简单地形的实测和计算：正方形、长方形、平行四边形、梯形等的面积的计算。1948年的课标提出了在第五学年学习“梯形面积实测”，但具体要求不明。1950年的《小学算术课程暂行标准（草案）》提出了在第四学年学习“面积的认识和简单计算（梯形）”。

③1952年的《小学算术教学大纲（草案）》没有提出有关梯形的认识、梯形的面积计算的内容。1956年的《小学算术教学大纲（修订草案）》提出“计算三角形和不规则多边形面积”，但是未明确提出梯形面积。

④1963颁布的《全日制小学算术教学大纲（草案）》，比较具体地提出“掌握平行四边形、三角形和梯形的特征，能够正确地计算它们的面积”。1978年颁布的《全日制十年制学校小学数学教学大纲（试行草案）》，提出“掌握三角形、平行四边形和梯形的特征，能够计算这些图形的面积”。1986年、1988年、1992年的教学大纲，明确而具体地提出了“掌握梯形的面积计算公式，并学会应用”。2000年的《九年义务教育全日制小学数学教学大纲（试用修订版）》提出“掌握平行四边形、三角形和梯形的面积计算公式”。也就是说，我国从1963年到2000年，在教学大纲中提出梯形面积计算和应用的要求基本相同。

⑤2001 年的实验稿课标提出“利用方格纸或割补等方法，探索并掌握三角形、平行四边形和梯形的面积公式”，这样的要求不仅有明确的教学目标，而且指明了探索的方法。2011 版课标提出“探索并掌握三角形、平行四边形和梯形的面积公式，并能解决简单的实际问题”。相比较这两个课标，后者不仅提供了探索的自主空间，而且强调了数学的应用。

在课标（大纲）中，梯形面积这部分教学内容经历了“无—有—无—有”的过程。

课程标准（教学大纲）的教学要求有什么变化？

思考

你觉得随着历史的发展，小学数学教育的总体目标是在提高，还是在降低？对于梯形面积的要求呢？

从上文可知，自从课程标准（教学大纲）对“梯形面积”提出明确的教学要求以来，主要有以下五种要求的表述方式：

①1978 年的大纲提出的教学要求是：掌握梯形的特征，能够计算梯形面积。

②1986 年、1988 年和 1992 年的大纲提出的教学要求是：掌握梯形的面积计算公式，并学会应用。

③2000 年的大纲提出的教学要求是：掌握平行四边形、三角形和梯形的面积计算公式。

④2001 年的实验稿课标提出的教学要求是：利用方格纸或割补等方法，探索并掌握三角形、平行四边形和梯形的面积公式。

⑤2011 年的课标提出的教学要求是：探索并掌握三角形、平行四边形和梯形的面积公式，并能解决简单的实际问题。

思考

从上面的教学要求中，我们可以看到：课标（大纲）对梯形面积的教学要求是从“掌握”梯形的特征与“能够”计算梯形面积，变成了“掌握”梯形面积计算公式，最后变成“探索”并“掌握”梯形面积公式。你觉得它们之间有什么联系？

2000 年的大纲中有关知识的教学要求分为知道、理解、掌握、应用四个层次。

知道：是指对所学的知识有感性的、初步的认识，能够说出它指的是什么，并能够识别它。表达词还有认识等。

理解：是指对所学的知识有一些理性的认识，能够用语言表述它的确切含义，知道它的用途，知道它和其他知识间的联系和区别。

掌握：是指在理解的基础上，能够对所学的知识进行分析、判断或计算，能说明一些道理。

应用：是指能够用所学的知识解决一些简单的实际问题。表达词还有“运用”。

2001 年和 2011 年的课标使用“了解、理解、掌握、运用”等术语表述学习活动结果目标的不同水平，这些词的基本含义如下。

了解（同类词：知道、说出、辨认、识别）：从具体事例中知道或举例说明对象的有关特征；根据对象的特征，从具体情境中辨认或者举例说明对象。

理解（同类词：认识、会）：描述对象的特征和由来，阐述此对象与相关对象之间的区别和联系。

掌握（同类词：能）：在理解的基础上，把对象用于新的情境。

运用（同类词：证明）：综合使用已掌握的对象，选择或创造适当的方法解决问题。

从以上的课标（大纲）对知识水平的程度刻画中，我们可以看到，不管是课标还是大纲都分成四个水平层次，虽然在用词上略有不同，但相差不大。从以上词语的含义中，我们可以知道，“能够”和“掌握”意思相同，要求学生在理解或认识的基础上，把梯形面积计算应用于新的情境中。

2001 年和 2011 年的课标使用了“经历”、“体验”、“探索”等行为动词来描述过程目标。这些词的基本含义如下。

经历（同类词：感受，尝试）：在特定的数学活动中，获得一些感性认识。

体验（同类词：体会）：参与特定的数学活动，主动认识或验证对象的特征，获得一些经验。

探索：独立或与他人合作参与特定的数学活动，理解或提出问题，寻求解决问题的思路，发现对象的特征及其与相关对象的区别和联系，获得一定的理性认识。

总体来说，课标（大纲）对梯形面积的教学要求是有了较大的变化，从只重视结果目标到结果目标和过程目标同样重视。

2.2 课程标准（教学大纲）研究对教学的启示

仔细品味一百多年来的二十多个课标标准（教学大纲）对梯形面积教学目标的教学要求后，我们有以下几点启示。

从只强调计算结果到重视探索推导过程

1978 年的《全日制十年制学校小学数学教学大纲（试行草案）》提出“掌握梯形的特征，能够计算梯形面积”，强调知识技能的掌握。1986 年的《全日制小学数学教学大纲》提出“掌握梯形的面积计算公式，并学会应用”，教学目标的阐述中用“掌握、应用”等动词，强调应用公式计算生产和生活中的土地面积、大坝的横截面面积等。这样的教学目标重在强调知识技能目标。2001 年的实验稿课标用了“利用……方法，探索并掌握……”的语句阐述了不仅要重视知识技能，更要重视数学学习的过程性目标，也就是说要鼓励学生积极主动参与求梯形面积的数学学习活动，通过观察、实验、推理等活动发现梯形可以转化成已经学过的图形，如长方形、平行四边形、三角形，并观察梯形和转化后的图形的各部分之间的关系，推导出梯形的面积公式，获得体验，提高数学素养。2011 版课标去掉了“利用……方法”，减少了方法的限制，扩大了自主的空间，突出了学生主动、个性化探索问题解决方式；增加了“并能解决简单的实际问题”，明确了发展学生应用意识，鼓励学生主动地运用数学解决问题。相对于实验稿课标，2011 版课标做出了改变，更加强调了学生主动探索解决问题的心理倾向，经历知识的形成过程和应用过程。

从教学目标的阐述上，我们可以发现，数学教学的总目标从只强调计算结果转变为不仅重视掌握梯形面积公式，而且更重视探索面积的推导过程，重视应用知识解决实际问题；不仅关注知识技能，更关注学生的情感态度。

从只强调实际应用到重视基本思想和基本活动经验

从 1941 年的《小学算术科课程标准》开始，到 2000 年的《九年义务教育全日制小学数学教学大纲（试用修订本）》，有关“梯形面积计算”的要求，从生产和生活的实际需要出发，解决生产和生活中的实际问题，只强调掌握公式并应用公式计算实际问题。实验稿课标提出“利用方格纸或割补等方法，探索并掌握三角形、平行四边形和梯形的面积公式”。这里，重视创设开放的空间，鼓励学生寻找解决问题的方法，尝试利用方格纸，或者割补的方法，自主探索，合作交流，推导出梯形面积公式，掌握梯形面积计算方法。2011 版课标明确提出学生能“获得适应社会生活和进一步发展所必需的数学的基本知识、基本技能、基本思想、基本活动经验”。2011 版课标关注“四基”，鼓励学生把梯形转化为已经学过的平面图形，探索梯形面积公式的推导，寻求解决问题的思路。长方形、三角形、平行四边形和梯形的面积，是图形面积的一个序列。小学阶段，图形面积作为一个整体内容，教师要用系统的眼光，关注学生体悟转化的数学思想方法，关注学生基本活动经验的积累。

表 2－1 历年课程标准（教学大纲）关于“梯形面积”的要求

年份	全称	编排年段	要求
1941 年	《小学算术科课程标准》	第四学年	梯形、平行四边形的认识和应用：梯形、平行四边形面积的计算
		第五学年	简单地形的实测和计算：正方形、长方形、平行四边形、梯形等的面积的计算
1948 年	《算术课程标准》	第五学年	实测：三角形、平行四边形、梯形面积的实测 计算方法：平行四边形、梯形求面积
1950 年	《小学算术课程暂行标准（草案）》	第四学年	面积的认识和简单计算（正方形、长方形、平行四边形、菱形、梯形、三角形）
1952 年	《小学算术教学大纲（草案）》	—	没有梯形的认识、梯形的面积教学内容
1956 年	《小学算术教学大纲（修订草案）》	第五学年 第二学期	计算三角形和不规则多边形面积
1963 年	《全日制小学算术教学大纲（草案）》	六年级	掌握平行四边形、三角形、梯形的特征，能够正确地计算它们的面积
1978 年	《全日制十年制学校小学数学教学大纲（试行草案）》	四年级	掌握三角形、平行四边形和梯形的特征，能够计算这些图形的面积
1986 年	《全日制小学数学教学大纲》	五年制：四年级 六年制：五年级	掌握平行四边形、三角形和梯形的面积计算公式，并学会应用
1988 年	《九年制义务教育全日制小学数学教学大纲（初审稿）》	五年制：四年级 六年制：五年级	掌握平行四边形、三角形和梯形的面积计算公式，并学会应用
1992 年	《九年义务教育全日制小学数学教学大纲（试用）》	五年制：四年级 六年制：五年级	掌握平行四边形、三角形和梯形的面积计算公式，并学会应用

续表

年 份	全 称	编排年段	要 求
1994 年	《关于印发中小学语文等 23 个学科教学大纲调整意见的通知》	—	有关梯形面积教学要求未调整
2000 年	《九年义务教育全日制小学数学教学大纲（试用修订版)》	五年级：四年级 六年制：五年级	掌握平行四边形、三角形和梯形的面积计算公式
2001 年	《全日制义务教育数学课程标准（实验稿)》	五年级	利用方格纸或割补等方法，探索并掌握三角形、平行四边形和梯形的面积公式
2011 年	《义务教育数学课程标准（2011 年版)》	五年级	探索并掌握三角形、平行四边形和梯形的面积公式，并能解决简单的实际问题

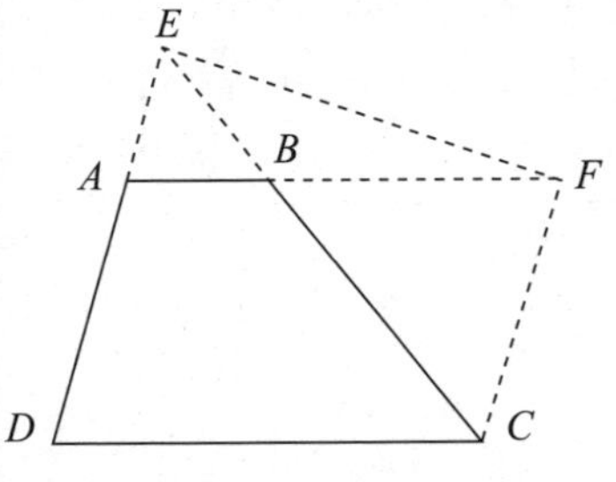

3 教材编写比较研究

“梯形面积”教材的比较主要是对教材进行横向和纵向的比较研究。所谓横向的比较研究是对同一时期的教材进行比较研究。纵向的比较研究主要是从历史的角度，对不同时期的教材做比较研究。我们国家历史悠久，有些教材已经走过了比较长的历史，选择同一个主编团队编写的教材进行纵向比较，可以感受到历史发展的足迹。在同一个时期，各地也会出现多种不同版本的小学数学教材，各种教材各有特色。比较同一个时期出版的不同教材在“梯形面积”这一内容的编写上，有哪些相同点和不同点，可以取长补短，开阔视野。

3.1　2001 年以前教材比较

查阅 20 世纪国内中小学课程标准或教学大纲，关于“梯形面积”的编排年段和教学要求，我们可以以 2001 年《全日制义务教育数学课程标准（实验稿）》的颁布为分界线，按时间顺序分为 2001 年前和 2001 年后两个阶段，选择相应阶段的一些不同版本的教材，进行横向的比较研究。

从 1902 年的《钦定小学堂章程》开始，到 2011 年的《义务教育数学课程标准（2011 年版）》，关于“梯形面积”的编排年段和教学要求，课标（大纲）关于梯形面积这部分教学内容经历了“无—有—无—有”的过程。根据课标（大纲）关于梯形面积教学要求的变化，我们划分了两个阶段。第一个阶段是 1949—1977 年，教学大纲（课程标准）提出梯形面积实测和多边形面积计算；第二个阶段是 1978—2000 年，教学大纲明确提出“掌握梯形的面积计算公式，并学会应用”。因资料有限，我们选择了两个阶段中的部分教材进行横向的比较研究，分析不同版本的教材在“梯形面积”这一内容的编写上的相同点和不同点，给你提供参考。

1949—1977 年教材是如何编写的？

（1）选取哪些教材进行比较？

我们选取了 1949—1977 年的六套小学数学教材，逐一阅读并分析“梯形面积”这一课。这六套教材分别是：浙江省小学试用课本《算术》1969

年版，南京市小学课本《算术》1971 年版，上海市小学试用课本《数学》1974 年崇明版，上海市小学试用课本《数学》1974 年闸北版，陕西省小学试用课本《算术》1970 年版，安徽省小学试用课本《算术》1974 年版（以下分别简称“浙江版”、“南京版”、“上海崇明版”、“上海闸北版”、“陕西版”和“安徽版”）。这六套教材都是根据 1963 年出版的《全日制小学算术教学大纲（草案）》编写的，1963 年大纲的教学要求为：掌握平行四边形、三角形、梯形的特征，能够正确地计算它们的面积。

（2）“梯形面积”教学安排在哪一个年级？

上海崇明版把“梯形面积”安排在三年级第二学期，上海闸北版把“梯形面积”安排在三年级第一学期，其余四套教材都将“梯形面积”安排在第八册。

（3）“梯形面积”教材编排顺序是怎样的？

六套教材都是先学习梯形的认识，然后马上进行梯形面积计算的学习。这样编排的好处是能在认识梯形及各部分名称后将所学知识马上应用于梯形的面积计算的学习，有利于知识的巩固和应用。

六套教材都是从生产和生活的实际出发，引出形状是梯形的物体，如农田灌溉渠道、拦河坝、铁轨路基的横断面，登高用的梯子，木槽的侧面。（如图 3－1）教材安排认识梯形的特征、各部分名称（上底、下底、高和腰）。在此基础上，教材再提出梯形面积计算问题。

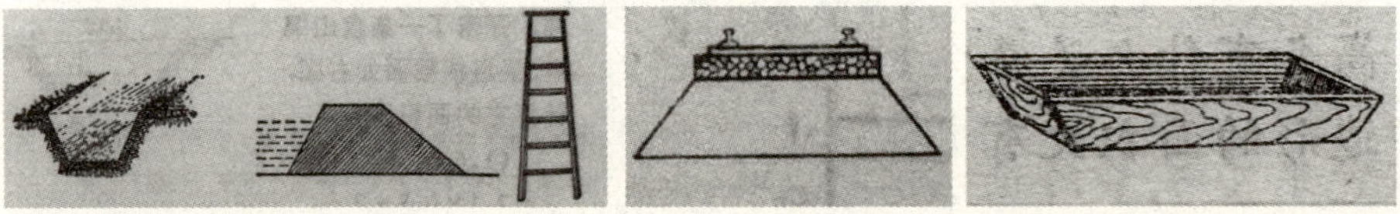

图 3－1

有趣的是，教材关于梯形的知识编排顺序也有不同的地方，如上海闸北版在学习梯形面积计算后，再安排学习梯形高的画法。首先在例 1 中指出梯形的各部分名称“梯形的上底、梯形的下底和梯形的高”，没有给出高的具体定义。紧接着教材用陈述的方式，并结合图示介绍“加倍法”，推导出梯形的面积公式，给出字母表达式。随后的例 2，教材安排的是教学梯形的高的画法。最后，教材还安排了一个实践活动：如何测量土地的高。（如图 3－2）

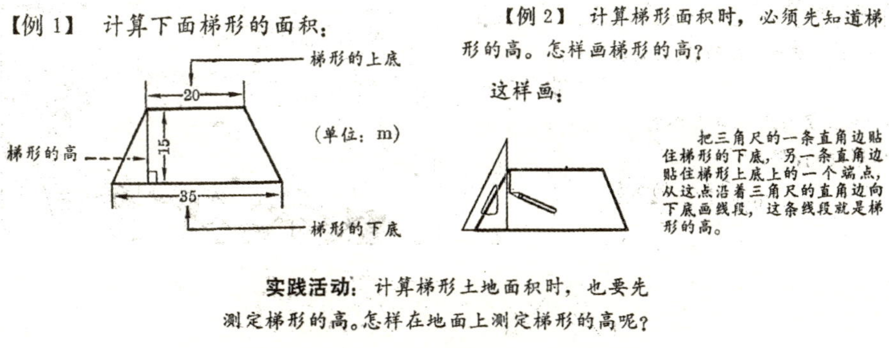

图 3－2

（4）平面图形面积的教材编排顺序是怎样的？

我们知道，长方形、正方形、平行四边形、三角形和梯形的面积公式推导有紧密的联系。综观六套教材，关于平面图形的面积学习，有两种编排顺序；第一种编排顺序是长方形和正方形的面积—三角形的面积—梯形的面积—平行四边形的面积（如图 3－3 南京版所示）；第二种编排顺序是长方形和正方形面积—平行四边形面积—三角形面积—梯形面积（如图 3－4 浙江版所示）。

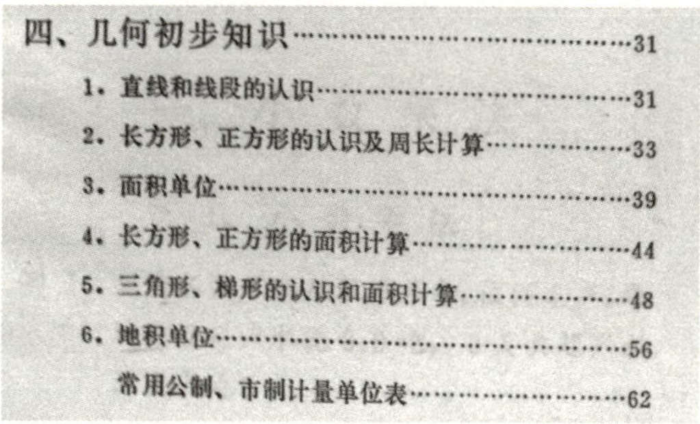
四、几何初步知识……31
1．直线和线段的认识……31
2．长方形、正方形的认识及周长计算……33
3．面积单位……39
4．长方形、正方形的面积计算……44
5．三角形、梯形的认识和面积计算……48
6．地积单位……56
常用公制、市制计量单位表……62

图 3－3

二、面积和地积 ……………………………………………12
1. 直线和角的认识 ……………………………………12
2. 长方形和正方形的周长和面积 ……………………15
3. 平行四边形的面积 …………………………………24
4. 三角形的面积 ………………………………………27
5. 梯形的面积 …………………………………………31
6. 地积 …………………………………………………34
7. 丈量土地 ……………………………………………36

图 3－4

这两种顺序的不同之处是平行四边形面积的编排位置。南京版和上海崇明版采用的是第一种顺序，其余四套教材采用的是第二种顺序。也就是说，上海崇明版和南京版都是在长方形、正方形面积和三角形面积的基础上学习梯形面积。那么，学习梯形面积时，就把梯形转化为长方形进行公式推导。上海崇明版教材在梯形面积计算的练习中安排了平行四边形面积计算的教学。教材一共介绍了两种推导方法：第一种方法，把平行四边形看作上、下底相等的梯形，试算出它的面积；第二种方法，照着图的样子，把平行四边形沿一条高剪开，拼成长方形，得到平行四边形的面积。（如图 3－5）这个版本的教材的编排顺序是比较有特色的。

9. (1) 下图是两组对边都平行的四边形，叫做平行四边形。平行四边形也可看作是上、下底相等的梯形，试算出它的面积。

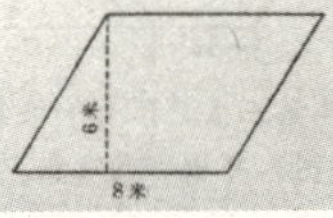

(2) 照下图的样子，把平行四边形剪拼成长方形。讨论一下，平行四边形面积怎样算简便？

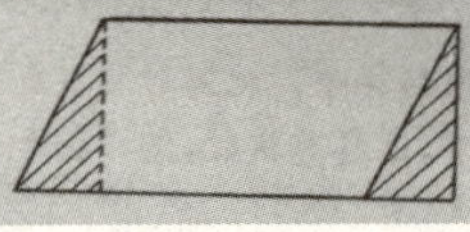

图 3－5

这六套教材对于平行四边形、三角形、梯形三种平面图形面积公式的推导没有进行联系和比较，没有思想方法的提炼。

（5）教材是怎样推导梯形面积计算公式的？

如前所述，平面图形面积的编排顺序不同，可以决定梯形面积推导方法的不同。南京版和上海崇明版是在长方形和正方形面积的基础上学习梯形面积的，因此两套教材都是通过割补、拼合将梯形转化为长方形，而不是转化为平行四边形。（如图 3－6 南京版所示、图 3－7 上海崇明版所示）南京版在图上标注了上底、下底和高，有助于沟通转化前的梯形和转化后的长方形面积之间的关系，有助于梯形面积公式的推导。

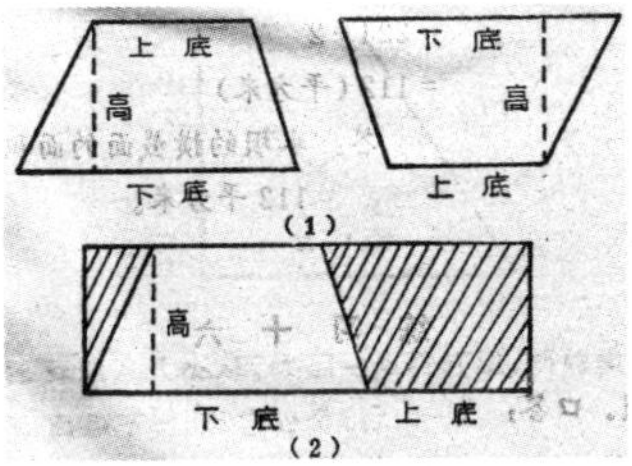

图 3－6

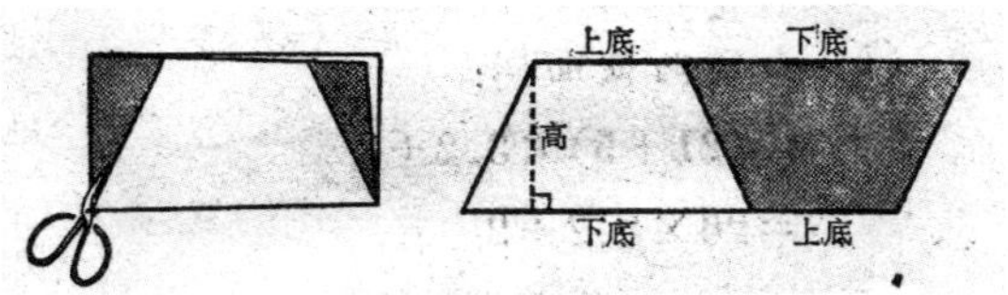

图 3－7

其余四套教材都是把梯形转化成平行四边形，也就是把两个完全相同的梯形拼成一个平行四边形。（如图 3－8 陕西版所示）

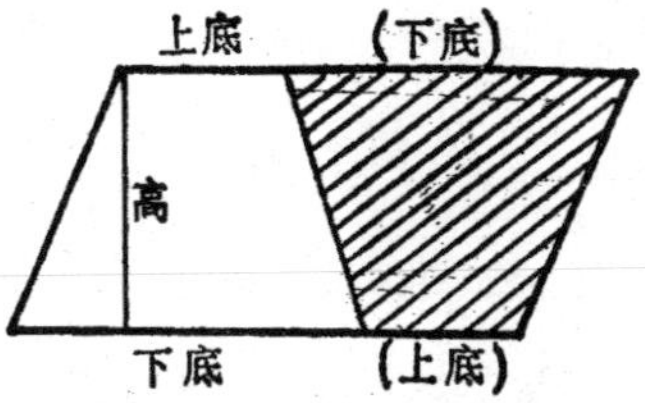

图 3－8

虽然六套教材都把三角形面积编排在梯形面积前面，但是在梯形面积公式推导中，六套教材都没有把梯形转化为三角形进行面积计算。

在沟通转化后的图形和原来梯形的关系时，安徽版和陕西版用问题的形式引导学生思考。（如图 3－9 陕西版所示、图 3－10 安徽版所示）

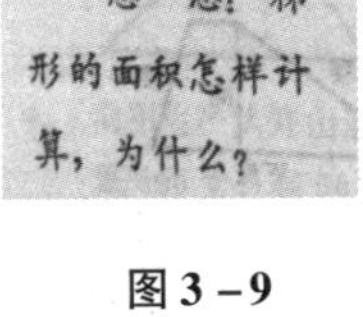
想一想：梯形的面积怎样计算，为什么？

图 3－9

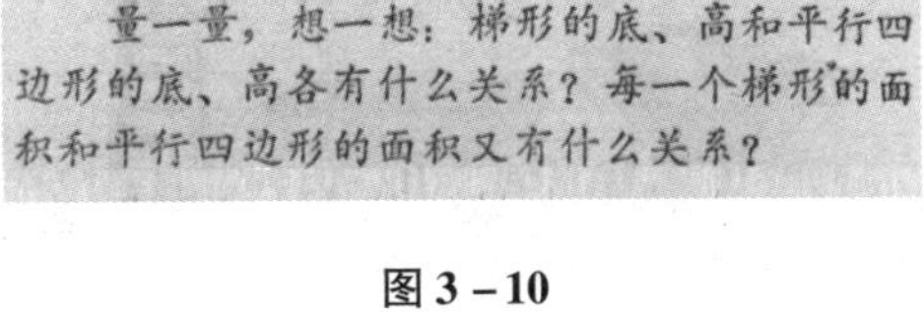
量一量，想一想：梯形的底、高和平行四边形的底、高各有什么关系？每一个梯形的面积和平行四边形的面积又有什么关系？

图 3－10

其余四套教材则是直接介绍出转化前后图形的关系，直接得到梯形面积公式。（如图 3－11 上海崇明版所示）

很容易看出，拼成的图形是一个长方形，这个长方形的长就是梯形上底与下底的和，宽就是梯形的高，梯形的面积是这个长方形面积的一半。

∵ 长方形面积＝长×宽

∴ 梯形面积＝(上底＋下底)×高÷2

如果用 a 表示梯形的上底，b 表示下底，h 表示高，S 表示面积，那么梯形的面积公式为：

$$S_{\triangle}=\frac{(a+b)h}{2}$$

图 3－11

六套教材中，只有上海崇明版和上海闸北版给出了梯形面积公式的文字表达式和字母表达式，其余四套教材只给出了文字表达式。

另外，上海崇明版在练习中介绍了如何通过割补把一个梯形转化为长方形，再推导出梯形面积公式。(如图 3－12)

8. 照下图的样子，把梯形剪拼成长方形。讨论一下，这样剪拼时，怎样推导出梯形的面积公式。

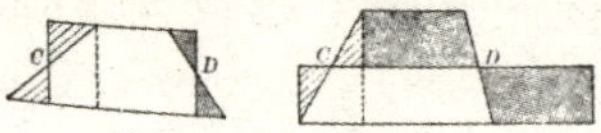

(C、D 分别为梯形两腰的中点)

图 3－12

安徽版在梯形面积一般公式推导出来以后，介绍了梯形面积公式的变式：梯形的面积＝中位线×高，并安排了例题进行计算。

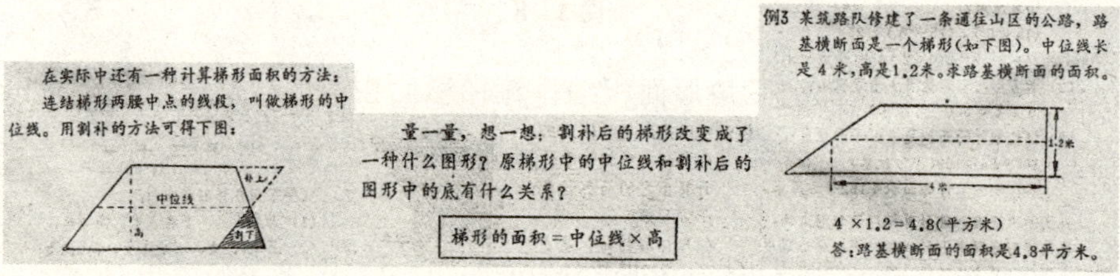

图 3－13

思考

以上六套教材关于梯形面积的编写，和你现在所使用的教材相比，你觉得有什么特点？

逐一分析六套教材的编写，我们发现有以下特点。

①强调数学与生产生活紧密结合

以上六套教材都具有时代的鲜明特色，都从生产生活实际需要出发——“兴修水利是保证农业生产的大事”引出梯形的认识，“三大革命实践常常需要计算梯形的面积”引出梯形的面积计算。学习了梯形面积公式后都应用梯形的面积计算解决生产和生活中的实际问题，如计算大坝、水堤、河流等的横截面积，梯形土地的面积等。上海闸北版还针对当时生产需要安排了一个如何测量梯形土地的高的实践活动。这样的教材编写体现了数学来源于生活并应用于生活，这个做法与新课程倡导的理念不谋而合。

②面积公式推导方法较为单一

梯形面积公式的推导有很多方法，但是以上六套教材中梯形面积公式的推导方法比较单一，几乎都只采用了一种方法。上海崇明版和南京版介绍了通过割补和拼合将梯形转化为长方形进行面积的计算。其余教材通过“加倍法”把梯形转化为平行四边形。安徽版出现了通过割补得到梯形面积＝中位线×高的推导方法。上海崇明版在练习中又介绍了两种推导的方法。总的来说，推导的方法比较单一。这样的编排能让学生集中深入地掌握梯形面积公式，但是在鼓励学生多角度思考问题，激发创新意识和培养创新能力上有欠缺。

③编写风格以陈述为主，结合图示说明

梯形面积公式的推导过程以陈述的方式，结合图示进行说明。虽然安徽版和陕西版用问题方式引导学生思考梯形面积公式的计算，但是问题还是比较简单。这与那个时代强调知识的实用性有关系。

1978—2000 年教材是如何编写的?

（1）选取哪些教材进行比较?

我们选取了 1978—2000 年的三套小学数学教材，它们分别是：《义务教育六年制小学课本（试用）数学》（浙江省教育委员会义务教育教材编委会编写，浙江教育出版社 1995 年出版），《全日制六年制小学课本　数学》（北京、天津、上海、浙江、四省市小学数学教材联合编写组编写，天津教育出版社 1988 年出版），《全日制六年制小学课本　数学》（北京、天津、上海、浙江、四省市小学数学教材联合编写组编写，天津教育出版社 1991 年出版）（以下分别简称“浙江 1995 年版”、“四省市 1988 年版”和“四省市 1991 年版”)。

这个时期我们国家一共颁布了四个教学大纲。1978 年颁布的教学大纲要求：掌握梯形的特征，能够计算梯形面积。1986 年、1988 年和 1992 年颁布的教学大纲要求一致：掌握梯形的面积计算公式，并学会应用。

(2) 具体编写内容是怎样的?

四省市 1988 年版第九册集中安排了梯形的认识和梯形的面积。教材直接介绍梯形面积公式的推导——“剪两个完全一样的梯形，像下图那样拼成一个平行四边形”。(如图 3 – 14)

通过沟通梯形和平行四边形之间的关系，得出“平行四边形的底就是梯形的上底与下底的和，它的高就是梯形的高，它的面积就是梯形面积的两倍”。通过上面的分析，可以得到梯形的面积公式：梯形的面积 = (上底 + 下底) × 高 ÷ 2。然后教材还通过图示和分析介绍了梯形的面积 = 中位线 × 高，并给出字母表达式。(如图 3 – 15)

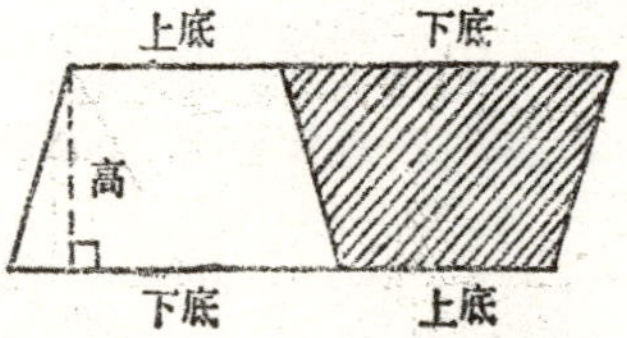

图 3 – 14

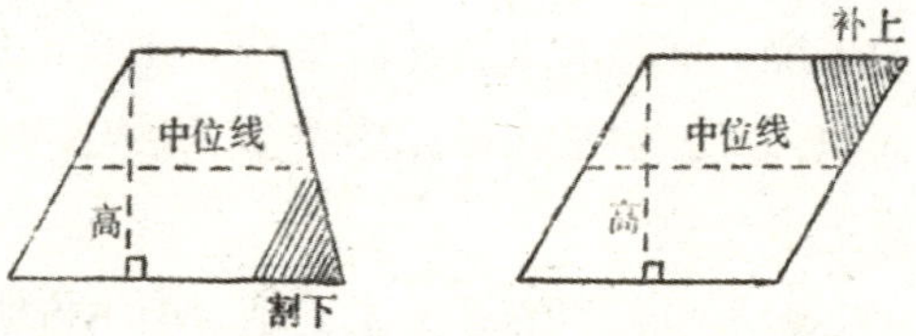

图 3 – 15

和四省市 1988 年版相比，四省市 1991 年版不是直接介绍梯形面积公式的推导，而是通过问题形式，引导学生观察梯形的上底、下底和平行四边形的底有什么关系，以及与高和面积的关系。(如图 3 – 16)

梯形的面积怎样计算呢?

自己动手剪两个完全一样的梯形，象下图那样拼成一个平行四边形。仔细观察，梯形的上底、下底与平行四边形的底有什么关系？高呢？它的面积与梯形面积有什么关系？

图 3 – 16

浙江 1995 年版直接提出：“想一想，梯形能不能仿照三角形，转化成我们熟悉的平面图形，再计算它的面积呢?”教材通过导语的形式，给出学习方法指导。特别地，教材选择了两种梯形进行推导——一般梯形和直角梯形，把两个完全一样的梯形拼成平行四边形，并且标注了梯形的各部分名称。（如图 3－17）在此基础上，教材提出比较梯形与拼成的平行四边形：①梯形的上底、下底和高与平行四边形的底和高有什么关系；②梯形的面积与平行四边形的面积有什么关系。教材通过问题形式引导学生沟通梯形和平行四边形的关系，最后得出梯形的面积公式。

想一想，梯形能不能仿照三角形，转化成我们熟悉的平面图形，再计算它的面积呢？

两个完全一样的梯形，可以拼成下面的四边形。

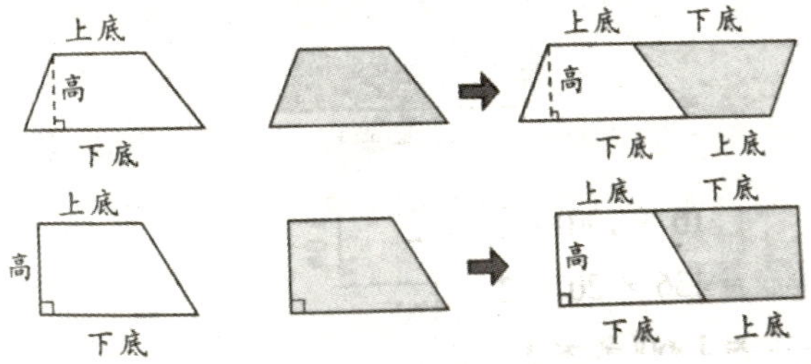

图 3－17

思考

以上四套教材，梯形面积公式是直接呈现的，还是引导学生推导得到的?

四套教材关于“梯形面积”的编写折射出教学观念和教学策略上的不同倾向。例如，梯形面积的公式是直接给出，还是用问题形式引导学生推导？

各教材关于这一点的差异较大。有教材通过陈述的方式，结合图示，介绍梯形的面积公式的推导过程，如四省市 1988 年版。还有教材在前面的基础上通过问题形式引导学生观察梯形的上底、下底和平行四边形的底有什么关系，以及梯形与平行四边形的高和面积的关系，如北京四省市 1991 年版。浙江 1995 年版引导学生仿照三角形面积的推导过程，把梯形转化为已经学过的图形，渗透转化的思想方法，并通过明确的问题和图示引导学生推导梯形的面积公式。

3.2 2001年以后教材比较

思考

如果要去比较同一时期的不同教材，你会选择哪些角度进行比较？

选取哪些教材进行比较？

这里选取了六种数学教材，它们都是依据2001年颁布的《全日制义务教育数学课程标准（实验稿）》编写的教材。这六种数学教材分别由人民教育出版社2001年出版、江苏教育出版社2001年出版、浙江教育出版社2006年出版、北京师范大学出版社2001年出版、青岛出版社2003年出版、西南师范大学出版社2001年出版（以下分别简称“人教版”、“苏教版”、“浙教版”、“北师版”、“青岛版”和“西师版”）。

教材是怎样预设教学基础的？

六套教材都是在“平行四边形面积”和“三角形面积”的基础上学习“梯形面积”的。即平行四边形通过割补转化为长方形，三角形利用“加倍法”转化为平行四边形，三角形通过割补转化为平行四边形，这些都是“梯形面积”的教学基础。也就是说，学习“梯形面积”前，学生已经积累了一定的图形转化的活动经验。

此外，部分教材还在学习“梯形面积”前，安排了一些铺垫课。北师版在五年级上学习“梯形面积”前面安排了两节课，它们分别是“比较图形的面积”和“地毯上图形的面积”。“比较图形的面积”在不同图形的面积比较中渗透割补和拼接的方法。（如图3－18）“地毯上图形的面积”通过数方格地毯上图形的面积，巩固面积的意义，鼓励学生用分割、整体减去部分等多种方法求面积，建立对图形的敏感力。（如图3－19）

下面各图形的面积有什么关系？你是怎样知道的？与同学进行交流。

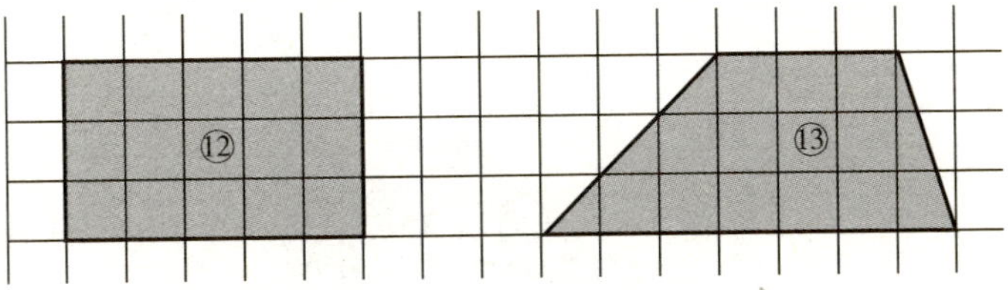

图 3－18

地毯上蓝色部分的面积是多少？（每个小方格的面积表示 $1m^2$）

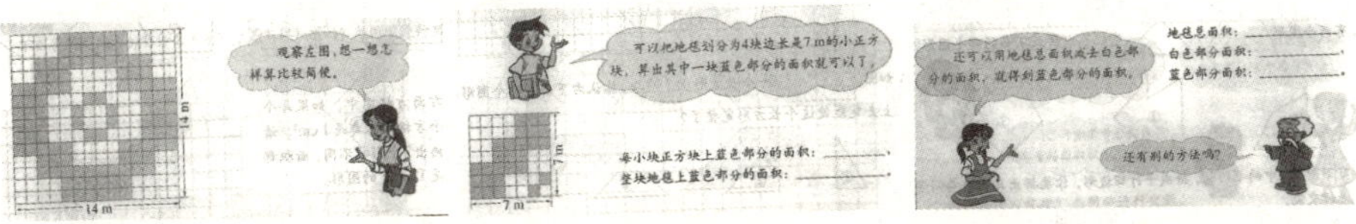

图 3－19

苏教版在五年级上安排了一节课“面积是多少”，通过数方格来巩固面积的意义，渗透把图形分割成一些基本图形来计算面积的方法。（如图3－20）通过割补，把不规则图形转化为基本图形。（如图 3－21）

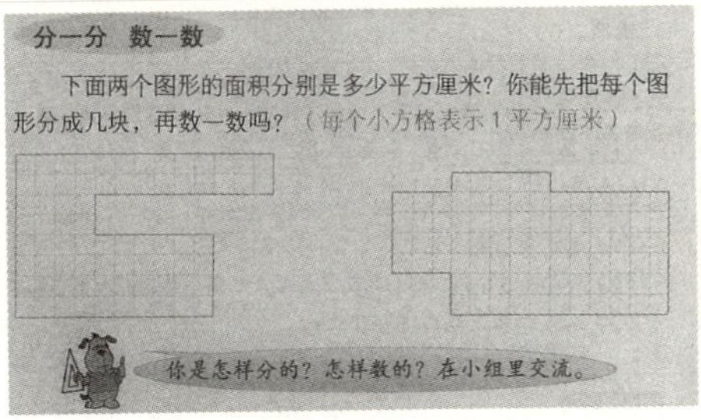

图 3－20

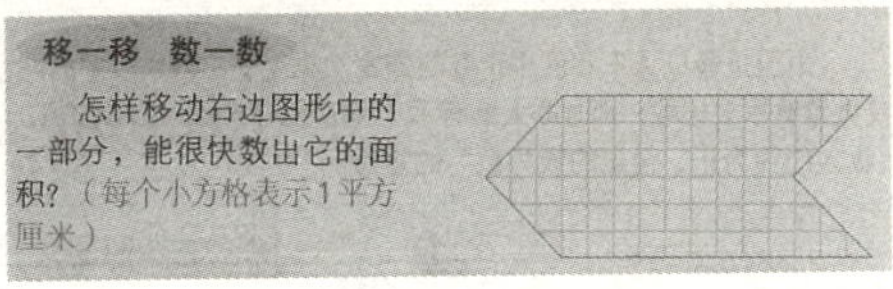

图 3－21

西师版在五年级上学习了三角形的面积以后，安排了这样的习题（如图 3－22）。

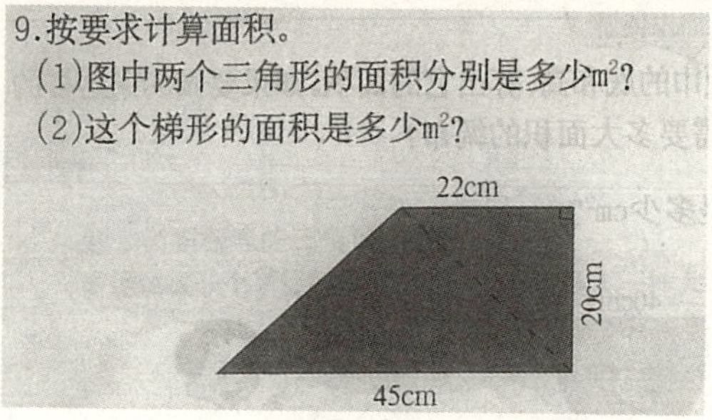

图 3－22

浙教版采用“长铺垫”策略，穿插安排了一些相关习题。比如，二年级上的相关习题（如图 3－23），四年级下的相关习题（如图 3－24）。

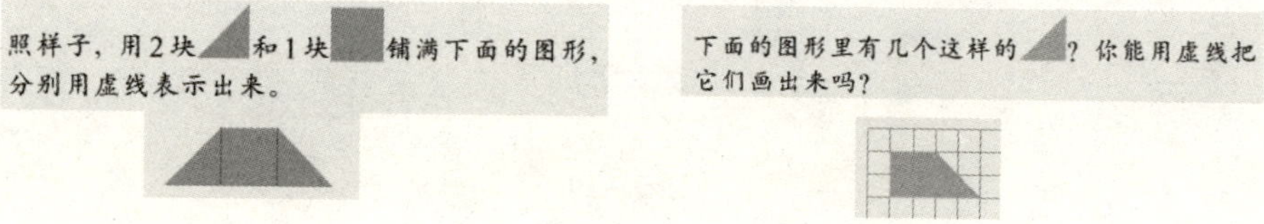

图 3－23

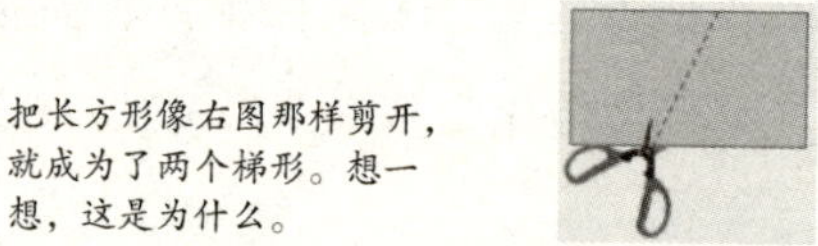

图 3－24

三套教材安排了估测不规则图形面积的活动。青岛版在学习“梯形面积”之前安排估测不规则图形面积。（如图 3－25）浙教版和西师版在学习“梯形面积”之后安排了不规则图形面积的计算。这样的活动，让学生体会单纯使用面积单位来度量面积大小的不足，并渗透近似拼整和近似取舍等方法。

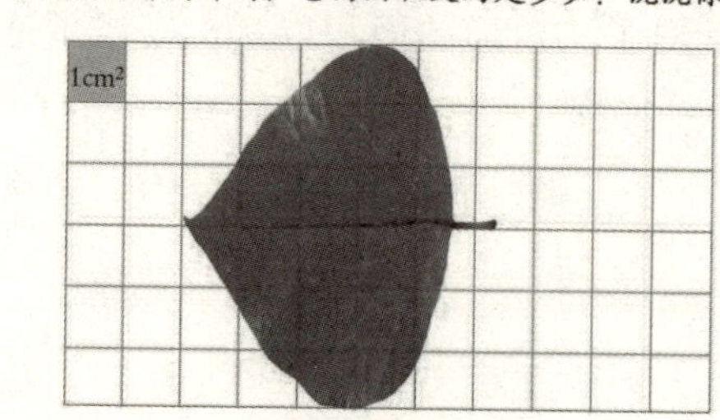

图 3－25

教材是怎样安排年级的?

思考

在你所使用的教材中,“梯形面积”是安排在几年级进行教学的? 对平行四边形、三角形和梯形这三种平面图形,它们的认识和面积计算教学内容,是怎样安排教学顺序的?

综观六套教材,“梯形面积”全部安排在五年级上册,都是在平行四边形、三角形的认识与面积及梯形认识的基础上进行教学的。具体安排有以下两种形式:第一种是集中安排。即教材在第八册集中认识平行四边形、三角形和梯形,再在第九册集中学习它们的面积计算。第二种是穿插安排。即把图形认识与面积计算结合在一起,具体分为:平行四边形的认识与面积、三角形的认识与面积以及梯形的认识与面积三个阶段编写教材。其中把第一、二两个阶段安排在第八册完成,第三阶段安排在第九册学习。六套教材中,青岛版采用第二种形式,另外五套教材均采用第一种形式。

集中安排,有利于沟通面积计算方法之间的联系,借助图形转化的思想理解梯形面积的计算方法;穿插安排,把图形的认识和面积计算一体化,有利于运用图形的特征去探索面积计算的方法。

教材是怎样提出梯形面积计算的?

问题是教材揭示学习内容,并引入学习的方式。综观六套教材的编写,都是从问题着手,提出梯形面积的计算,引入学习。至于问题的设计,不同版本的教材各有自己的特色,见表 3-1。

表 3-1 梯形面积计算问题的提出

问题 版本	问题的设计
人教版	车窗的玻璃是梯形,面积是多少?
青岛版	甲鱼池的面积是多少?
北师版	一个堤坝的横截面面积是多少?

续表

版本 \ 问题	问题的设计
浙教版	水坝的横截面是什么形状？它的面积是多少？
苏教版	把梯形剪下，看看哪些能拼成平行四边形？拼一拼，求拼成的平行四边形和每个梯形的面积是多少？
西师版	直接给出一个梯形。你会用下面的学具探索梯形面积计算吗？

思考

你觉得上面的六个引入各有什么特点？

根据上述情况，可以把问题设计的思路归纳为以下两类：一类是以现实生活中的事物为素材，创设情境，提出问题。如人教版、北师版、青岛版和浙教版。这些情境的本质是在生活中寻找形状是梯形的物体，并根据生活实际的需要引出梯形的面积计算。在生活中，形状是梯形的物体主要有大坝、水堤、河流等的横截面，以及近似为梯形的土地等。教材所创设的生活情境中，车窗玻璃是学生最容易看到的；甲鱼池的形状是一个近似梯形，从某种程度上说，它可以换成像花坛、绿地、水田等任何形状是梯形的物体；水坝的横截面离学生的生活比较远，但它和水渠的横截面一样，形状一定是梯形，采用这样的情境要帮助学生理解横截面的意义。这样的问题设计让学生把学习梯形面积与解决实际问题联系起来，体会学习的价值，激发学习兴趣。另一类是以已有知识为基础，通过导语在动手操作材料中提出问题。如苏教版和西师版教材，让学生直接进入学习。

浙教版、北师版在现实的问题情境中抽象出了梯形，呈现梯形的图示，并且标注了上底、下底和高的长度。（如图 3－26）这样的图示有利于学生理解横截面的概念。水渠和水坝的横截面是梯形，它的上底、下底和高在生活实际中有其他名字吗？这样的情境能让学生在数学学习中增长科普知识。教材所创设的情境，对于学生体会数学与生活的联系，体验用数学知识解决生活的实际问题是有好处的。不用情境，直接切入正题：探索梯形面积计算的方法，简洁明了。到目前为止，我们尚未见到相关的研究来说明用现实生活情境引出数学问题与不用现实生活情境引入时，哪一种教学更为有效，更有利于学生学习梯形的面积这一教学内容。但需要强调的是：

梯形的面积教学都要密切联系学生的数学现实，从学生已经有的知识、能力、情感出发进行教学。

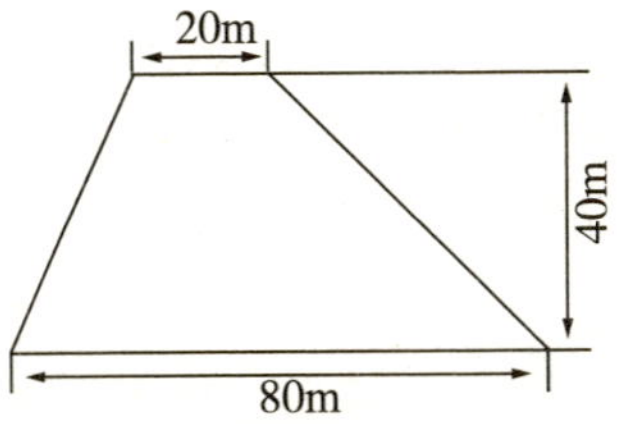

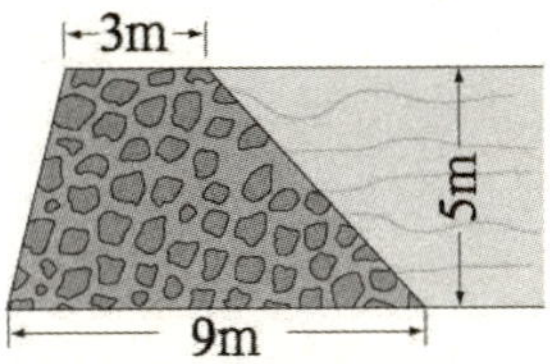

图 3－26

教材是怎样推导梯形面积计算公式的?

大家知道，推导梯形的面积公式时，可以有许多不同的方法，综观这六套教材一共呈现了以下五种方法。

方法一：用两个一样的梯形拼成一个平行四边形，再根据平行四边形的面积公式推导出梯形的面积公式。（如图 3－27）

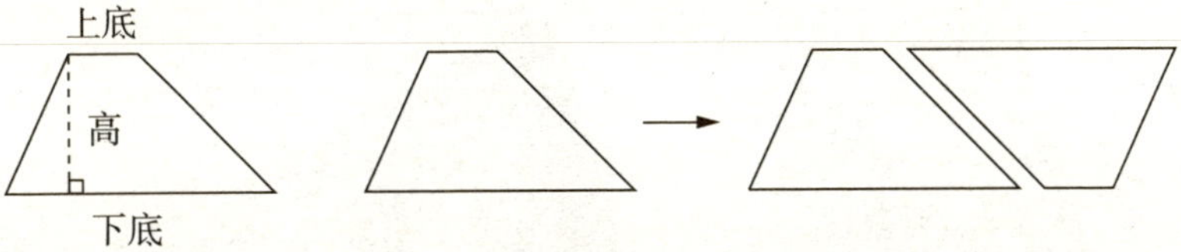

图 3－27

方法二：把一个梯形分割成一个平行四边形和三角形，先分别求出平行四边形和三角形的面积，再把它们合起来得出梯形面积公式。（如图 3－28）

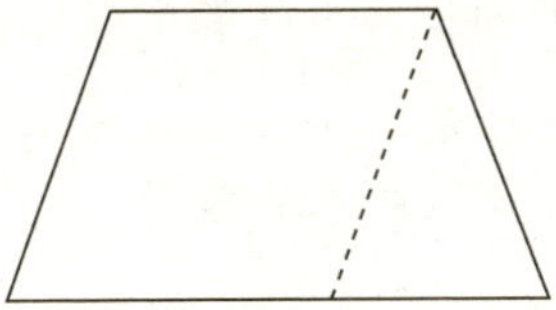

图 3－28

方法三：把一个梯形分割成两个三角形，分别求出两个三角形的面积，

再把它们合起来推导出梯形的面积公式。(如图 3－29)

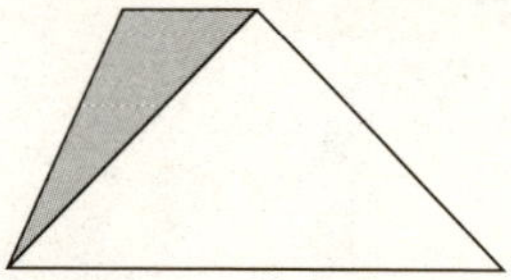

图 3－29

方法四：把一个梯形沿中位线分割成两个小梯形，再用这两个小梯形拼成一个平行四边形，然后根据平行四边形推导出梯形的面积公式。(如图 3－30)

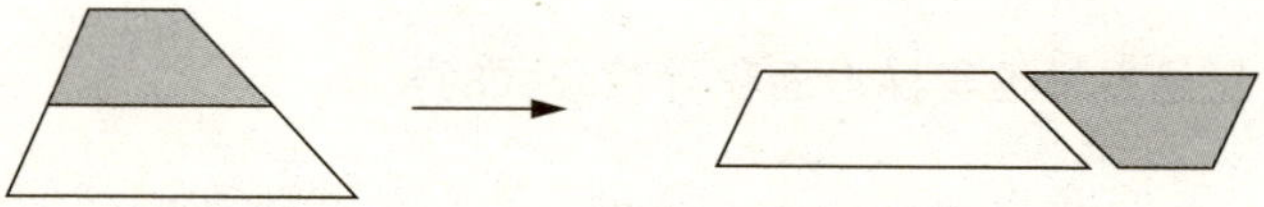

图 3－30

方法五：把梯形分割后，拼成一个三角形，再根据三角形的面积公式推导出梯形的面积公式。(如图 3－31)

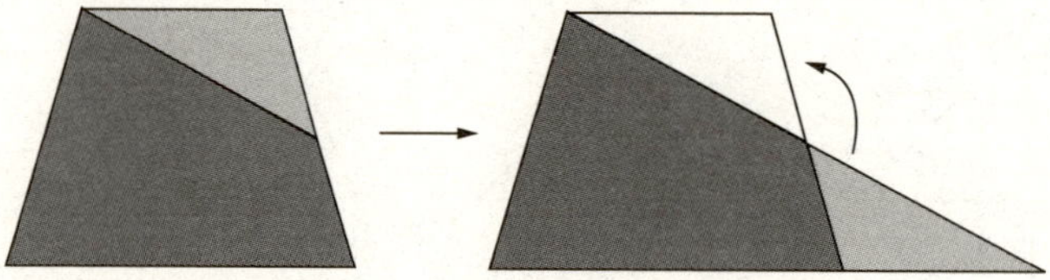

图 3－31

上述五种方法都用了转化的思想方法，对图形做不同的分割，都是把一个未知的、尚未建立它的面积公式的梯形，转化成为一个已经能求出面积的图形。运用这种转化思想的基础是对梯形做分与合的思考，根据分割前后图形的关系，求出它的面积。不同的推导思路，多种解决问题的策略，都会促进学生空间观念的发展。

从方法的多样化上看，不同版本的教材，呈现的方法有多与少的区别，见表 3－2。

表 3-2　梯形面积公式推导方法统计

推导方法＼版本	人教版	北师版	苏教版	浙教版	西师版	青岛版
方法一	√	√	√	√	√	√
方法二	√	—	—	—	—	√
方法三	√	√	—	√	√	—
方法四	—	√	—	—	—	—
方法五	—	—	—	√	—	—
合计	3	3	1	3	2	2

从表中可以看出，梯形面积的推导，多数教材采用两种或两种以上的方法，引导学生从不同的思路上去加以探究，并验证结果的一致性。我们还可以看到，对第一种方法，六套教材全部采用，是一致认可的基本方法。为什么六套教材都不约而同地呈现了这种方法呢？原因可能有以下几方面：第一，学生有一定的基础。在三角形面积公式的推导中，有一种推导方法就是把两个一样的三角形拼成一个平行四边形，再根据平行四边形的面积公式推导出三角形的面积公式。有了这样的基础，学生理解第一种方法有好处。第二，第一种方法简洁、利于理解。把两个一样的梯形拼成一个平行四边形，所拼成的平行四边形的底就是梯形的上底、下底之和，平行四边形的高就是梯形的高，而梯形的面积正好是所拼成平行四边形面积的一半，因此就得到了梯形的面积 = （上底 + 下底） × 高 ÷ 2。结合图示和操作，学生能形象直观地理解梯形面积公式的推导过程（如第 159 页图 3 - 27）。相对第一种方法来说，其他四种方法的推导过程中一般要进行算式的恒等变形，这是学生理解的一个难点。第三，对学生后续学习有帮助。举一个例子，如“计算堆成梯形的圆木的数量”，六套教材都在梯形面积的练习中安排了这道习题。这题实际上是让我们从梯形的面积公式的推导中得到启发，想象着把另一堆同样数量和堆成同样形状的钢管，倒转过来和原来那堆钢管放在一起，那么，每层的根数就会同样多，即等于原上层根数与原下层根数的和，拿这个“和”乘“层数”，就得原来总根数的两倍，然后再除以 2，就得原来那堆钢管的总根数。这里蕴含了求等差数列前 n 项和的知识，而把计算圆木的公式和梯形面积公式安排在一起，因为它们的思想方法一样。

我们对六年级上的学生做过一个测试——这些学生在五年级上学习了梯形的面积，时隔一年左右时间，再请这些学生独立推导梯形的面积公式，结果发现：78 人中能至少用一种方法推导出梯形面积公式的有 63 人，占总人数的 81%；这些人中采用第一种方法的有 38 人，占能推导出公式的人数的 60%，采用第一种方法推导梯形面积公式的人数是采用其他各种方法里人数最为集中的。从这里看出，第一种方法还是比较容易让学生理解和接受的。

思考

从表 3－2 中我们可以发现，各教材呈现的推导方法的数量不同。那么，你觉得在课堂教学中要如何进行取舍呢？

人教版、北师版和浙教版呈现了三种方法，西师版和青岛版呈现了两种方法，苏教版呈现了一种方法。教材呈现多种方法，体现了实验稿课标解决问题策略多样化的理念，西师版以第一种方法为主要的推导方法，指向性强、目标明确。那么应该提倡教材呈现一种方法，还是提倡呈现多种方法呢？我们认为，不管是哪一种，都应注重教学过程的放开，也就是说不能由教材呈现方法的多少来决定课堂教学中的开放程度。教材呈现多种方法的目的在于呈现多样化的解题策略，发展学生的空间观念。教材呈现方法少不意味着不需要方法多样化，教材呈现方法多不一定就得把每一种方法都挖掘出来。对学生来说，并不是每一种方法都需要掌握的，只要学生在探索的过程中，进行有效的数学思考，经历了知识形成过程，体验了转化的数学思想方法，哪怕整节课就只有一种方法也是没有关系的。当然，教师根据实际情况，适当地选择一些方法进行介绍也是可行的。

教材是怎样引导学生思考与交流的？

教材编写，要为学生提供积极思考与合作交流的空间。综观六套教材，采用多种引导语呈现梯形面积公式推导方法。教材采用的引导语主要有这样两种类型：强调小组合作型和重视师生对话型。前者以学生在小组里的交流讨论形式呈现推导方法，即呈现学生小组交流的场景，通过学生的语言、操作等形式呈现推导方法（如图 3－32 人教版所示）；后者是直接用图示和文字结合的形式呈现梯形面积公式的推导方法（如图 3－33 北师版所示）。人教版、西师版、青岛版和苏教版采用“强调小组合作型”，北师版和浙教版采用“重视师生对话型”。不管是哪一种类型，都注重在学生的独立探索上鼓励小组合作学习，提倡师生对话交流，使学生在经历知识形成的过程中探索和理解梯形的面积公式。这些引导语的呈现提示教师要注重转变学生的学习方式，引导体验数学知识的“再创造”。这些引导语对于教学来说，起了关键的指导作用。教师在用教材中，要仔细阅读教材，把握教材编写中的“深意”。

图 3－32

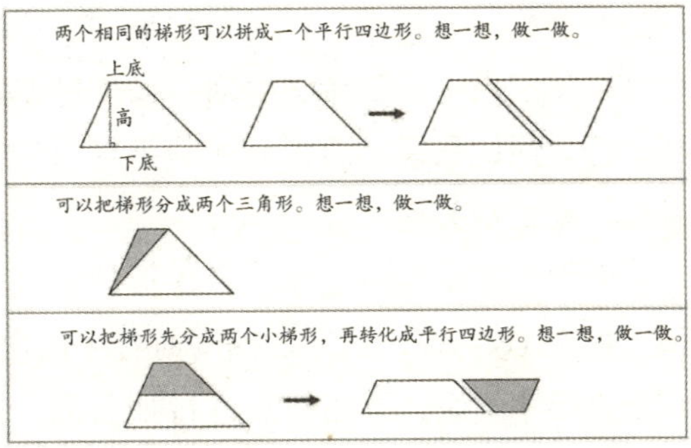

图 3－33

另外，教材在细节方面的处理有较大的差别，这对学生的学习和教师的教学有一定的影响。

苏教版没有呈现图示，而是直接用问题的方式来引导学生思考。教材在课本后面的附页提供了两组等腰三角形和一组任意三角形，直接要求学生“把梯形剪下，看看哪两个梯形能拼成平行四边形。先拼一拼，求出拼成的平行四边形和每一个梯形的面积”；然后以小组讨论的形式给出问题，沟通梯形和所拼成的平行四边形之间的关系，推导出梯形的面积公式。（如图 3－34）

小组讨论：

（1）拼成平行四边形的两个梯形有什么关系？

（2）拼成的平行四边形的底与梯形的上底、下底有什么关系？平行四边形的高与梯形的高有什么关系？每个梯形的面积与拼成的平行四边形的面积呢？

（3）根据平行四边形的面积公式，怎样求梯形的面积？

图 3－34

苏教版呈现的推导方法虽然只有一种，但是突出了沟通所拼成的平行四边形和梯形的联系。教材这样编写，意味着我们的课堂教学不能仅仅停留在操作层面上，要在学生动手操作的基础上深入地沟通梯形和所转化而成图形之间的联系。面积公式的推导过程中不仅要动手更要动脑，动手是基础，动脑是关键。

浙教版不仅在图上标注了梯形的上底和下底，还标注了相应的具体数值。（如图 3－35）这样的编写对各个层次的学生都有帮助，学生可以根据图示直接用上底、下底和高进行抽象的公式推导，也可以用具体的数值计算所拼成的平行四边形的面积，然后计算梯形的面积，最后通过数值对应的底和高推导出梯形的面积公式。这样的细节处理对不同学习风格的学生来说，都是一条实现有效学习的通道。

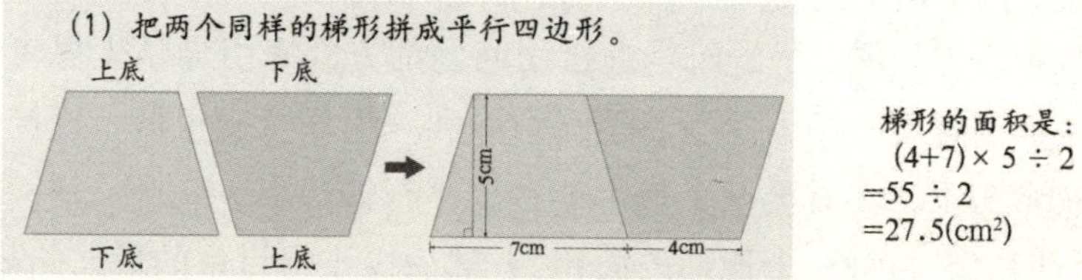

图 3－35

各套教材采用引导语揭示学生的认知过程，体现了对数学知识的探索过程，也体现了对注重转化的数学思想方法的渗透。这样的编排，既为学生提供学习的线索，有利于学生学会学习；又为教师提供了引导、组织教学的方法与策略。

教材是怎样安排习题的?

“问题是数学的心脏”，习题是认识、理解和掌握数学知识的钥匙，是数学课程和教学的重要部分。蔡上鹤先生认为“教科书是由正文、例题和习题三部分有机组成”。著名数学教育家波利亚（2007）[5] 也曾指出“一个重大的发现可以解决一道重大的题目，但是在解答任何一道题目的过程中都会有点滴的发现”。因此，在数学学习中，习题具有非常重要的作用。这里，我们以顾泠沅提出的数学认知水平分析框架为依据对习题进行比较。(高文君 等，2009)[57-60]

布卢姆等的教育目标分类学在认知领域有六大类别：知识、领会、运用、分析、综合、评价。他的分类理论由于缺乏可靠的实证，在连续性和层次性方面存在漏洞。鉴于此，顾泠沅等于1990年和2007年先后两次进行大样本测试，从大量外显行为所表征的教学目标中析取内隐主要因素，由此确定目标框架的层次并研究分类的连续性。最后经过改造，数学认知水平分析框架分为4层次框架：水平1，计算——操作性记忆水平；水平2，概念——概念性记忆水平；水平3，领会——说明性理解水平；水平4，分析——探究性理解水平。其中，水平1、2为记忆水平，为较低认知水平。水平3、4为理解水平，属于较高认知水平。水平4（探究性理解水平）通常被称作高认知水平。(高文君 等，2009)[57-60]

思考

针对梯形面积，水平分析框架中四个水平分别对应着怎样的数学问题?

结合梯形面积内容，把认知水平分析框架具体化。

水平1：计算——操作性记忆水平。即按照课本要求的程序或方法进行基本计算或对问题中的元素进行常规操作。这里指直接根据面积计算公式求梯形面积，学生只要找到所需的数据——上底、下底和高，按照面积公式计算梯形面积即可。(如图3-36浙教版、图3-37北师版和图3-38浙教版所示)

计算下面各图形的面积。（单位：mm）

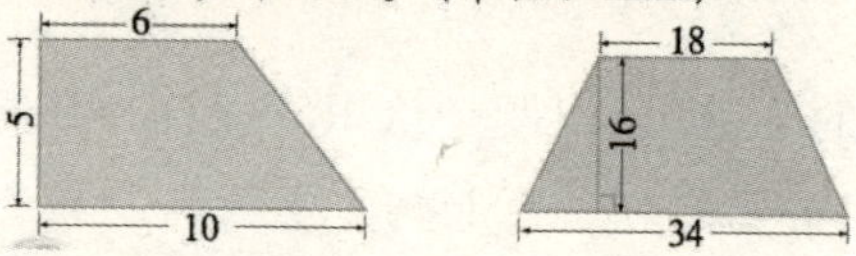

图 3－36

填表。

图形	底 / cm	高 / cm	面积 / cm^2
梯形	上底 3，下底 8	4	
	上底 5，下底 6	1	

图 3－37

有一条水渠的横截面是梯形（如下图），渠口宽（上底）28 分米，渠底宽 14 分米，渠深 12 分米。它的横截面积是多少平方米？

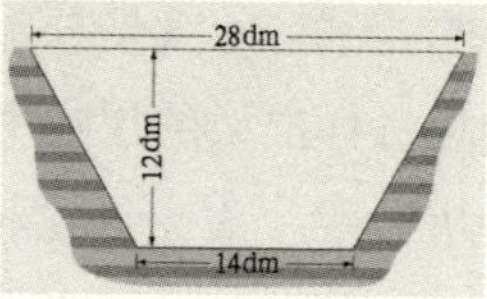

图 3－38

水平 2：概念——概念性记忆水平。考查学生对课本概念、规则、表达形式记忆的题目。这个水平层次指学生对梯形面积计算公式的事实性知识的记忆。（如图 3－39 苏教版所示）

右边平行四边形的面积是 36 平方厘米，它是由两个完全一样的梯形拼成的。涂色的梯形面积是多少平方厘米？

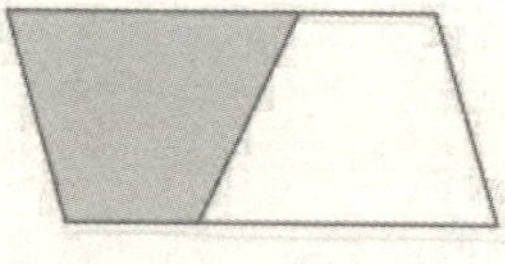

图 3－39

水平 3：领会——说明性理解水平。即能理解概念、原理、法则和数学结构的内涵，从而能根据课本例题解决常规的问题；涉及转化问题的不同形式，并比较、分析常规问题的不同变式；合理选择数学方法，灵活运用所学知识；能够根据已呈现的关系读懂推理思路。这个水平层次指学生能较好地理解梯形面积计算公式的内涵，能灵活运用公式进行思考。如学生

能自主测量所需数据，再求出梯形的面积；或已知梯形面积和上下底来求高的题目。（如图 3－40）

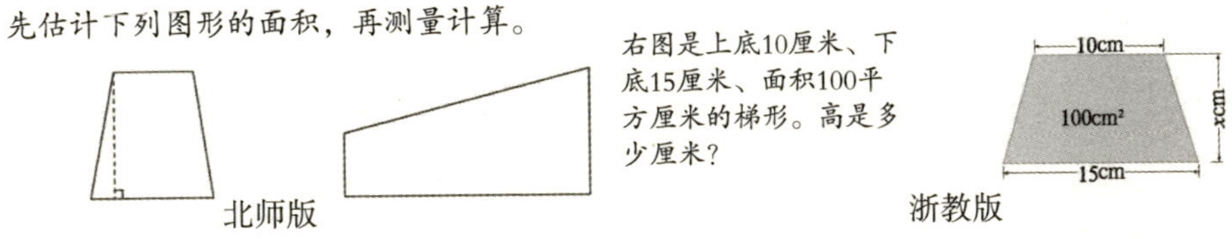

图 3－40

水平 4：分析——探究性理解水平。即能分析、创造性地解决没有接触过的非常规问题，把分析过程综合起来，通盘考虑，对于问题的解决过程或方案可以做出价值判断。教材练习中出现的归纳推理和开放性题目，都属于该水平。（如图 3－41 北师版所示）

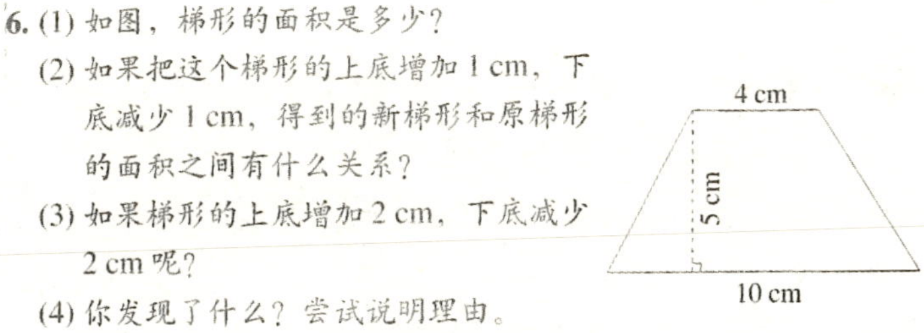

图 3－41

根据以上数学认知水平分析框架，我们对“梯形面积”中的练习题进行分类统计。有关“梯形面积”的习题统计，统计方法是从推导得出梯形的面积公式开始，包括课内的例题、课后作业题和章后的复习题（不包括整册书最后的总复习）的数量进行统计（当题目里面有多次提问的，还是按照一题统计；当大题目里面含有多道小题目时，我们按照小题的数量进行统计，见表 3－3）。

表 3－3 不同版本教材“梯形面积”练习题认知水平比较 单位：个

版本＼水平	水平 1（比例）	水平 2（比例）	水平 3（比例）	水平 4（比例）	合计
浙教版	12（60.0%）	2（10.0%）	5（25.0%）	1（5.0%）	20
北师版	9（42.9%）	0	9（42.9%）	3（14.2%）	21
苏教版	16（64.0%）	3（12.0%）	5（20.0%）	1（4.0%）	25
青岛版	10（47.6%）	0	10（47.6%）	1（4.8%）	21
西师版	12（50.0%）	1（4.2%）	7（29.2%）	4（16.6%）	24
人教版	7（41.2%）	0	8（47.0%）	2（11.8%）	17

从表中可以看到，在习题的总量上，人教版习题量最小，苏教版习题量最大。从认知水平看，水平 1（操作性记忆水平）的题目所占比例都在 40% 以上。水平 2（概念性记忆水平）的题目所占比例较少。把水平 1、2 的题目合计，教材中记忆水平的练习，苏教版最高，占 76%；人教版最低，占 41.2%。在水平 3（说明性理解水平）的题目中，各套教材差别较大：青岛版最高，占 47.6%；苏教版最低，占 20.0%。水平 4（探究性理解水平）的题目，各套教材的题量都相对较少。

从表中我们看到，各套教材在水平 1（操作性记忆水平）和水平 3（说明性理解水平）的题目上，都安排了很重的分量。我们对各套教材水平 1 的题目做进一步分析，主要有看图计算题、填表计算题和文字计算题等。（见表 3－4）

表 3－4 对水平 1 的题目做进一步分析 单位：个

问题＼版本	浙教版	北师版	苏教版	青岛版	西师版	人教版
问题一：已知上底、下底和高，直接利用公式计算梯形面积（给出梯形图示）	4	4	7	3	4	0
问题二：已知上底、下底和高，直接利用公式计算梯形面积（不给出梯形图示）	0	2	2	2	1	0
问题三：利用方格纸求梯形面积	5	3	4	0	4	0

续表

问题 \ 版本	浙教版	北师版	苏教版	青岛版	西师版	人教版
问题四：求零件、水渠、水坝等的横截面的面积，求汽车玻璃的面积	3	0	3	5	3	4
问题五：利用图形特征先求出梯形的上、下底和高，再直接利用公式计算梯形面积	0	0	0	0	0	3
合计	12	9	16	10	12	7

从表 3－4 中可以看到，水平 1 是巩固梯形面积计算的基础题，各套教材都很重视基础题。在问题一中，各套教材给出了梯形的基本图示，都注重变式，加深对梯形的认识。（如图 3－42）

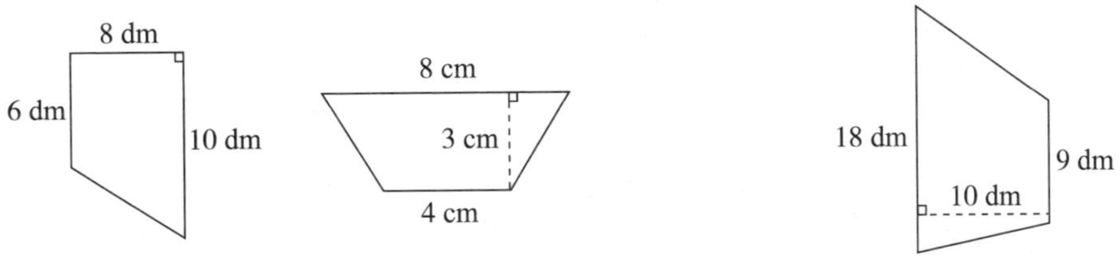

北师版　　青岛版

图 3－42

问题二是以表格的形式，求出梯形面积。问题三，可以利用方格纸先得到梯形的上底、下底和高的数值，再根据梯形的面积公式计算出结果，也可以直接利用方格纸求得梯形面积。这样的呈现方式，学生可以直接利用公式进行计算，也可以在方格纸上进行剪、拼，得到梯形面积，在具体运用中巩固对面积公式的理解。问题四是联系生活中形状是梯形的物体，求其面积。问题五是利用图形的特征，先找到所需的数据，再进行面积计算。（如图3－43人教版所示）

寻找合适的条件，求出图形中梯形的面积。（单位：cm）

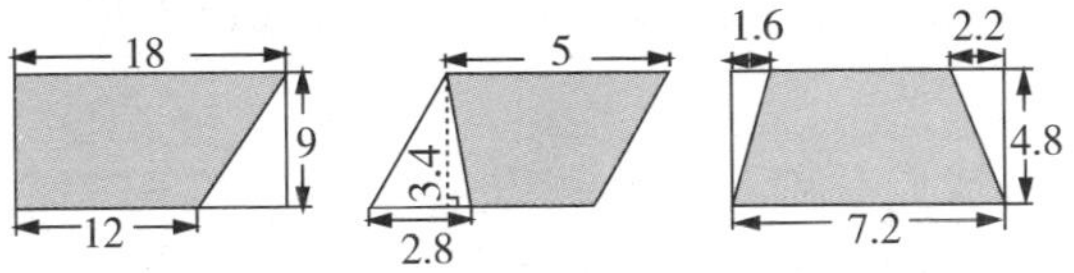

图 3－43

我们对各套教材水平3的题目做进一步分析，见表3-5。

表3-5 对水平3的题目做进一步分析

问题 \ 版本	浙教版	北师版	苏教版	青岛版	西师版	人教版
问题一：测量相关数据，求梯形面积	1	5	2	4	4	4
问题二：已知梯形面积和上下底，求高	1	0	0	2	0	0
问题三：已知梯形上底、下底和高的长度之和（围篱笆），求梯形面积	0	0	0	1	1	1
问题四：利用等高，根据一个图形的有关信息求另一个图形的面积或相关长度	3	4	1	1	1	0
问题五：计算梯形面积并解决实际应用问题	0	0	2	2	1	3
合计	5	9	5	10	7	8

教材关于水平4的题目较少，主要有这样一些题型：①常见的圆木、钢管堆成梯形状，求出总根数，并和梯形面积计算公式进行联系和比较；②给出一组图形，通过图形的变化，计算出面积，根据变化寻找规律；③在点子图中，给出一个规定大小的长方形，画一个梯形，使它的面积和长方形面积相等；④画一个面积为规定大小的四边形，使这个四边形的周长尽可能小；⑤在一个梯形中，剪去一个最大的平行四边形，剩下的面积是多少？有几种求法？

3.3 刘静和、张天孝主编的不同时期四种教材的比较

在前两节中，我们分别对两个时期的教材进行了横向的比较——横向的比较研究是对同一个历史时期，不同版本的教材对“梯形面积”的不同编写进行研究。这一节，我们将对同一个版本不同时期的教材进行纵向的

比较研究，也就是说，对一套教材在不同的历史阶段对“梯形面积”的不同编写进行研究。

现在浙江教育出版社出版的《数学》教材的前身是《现代小学数学》。《现代小学数学》教材从1984年开始使用，至今已经将近三十年了。这近三十年来，教材名称从最初的《现代小学数学》到《新数学读本》，再到现在的《数学》，刘静和、张天孝老师始终领衔编写，教材在他们带领的编写团队的努力下，经过多次修改，不断变化与完善。比较这套教材不同时期“梯形面积”的编写特点，可以帮助我们了解教材编写团队的教学理念变化过程，更好地促进我们的教学实践。

思考

如果要比较同一个版本不同时期的教材，你会选择从哪些角度进行比较呢？

选取了哪四个时期的教材进行比较？

这里选取的教材分别是：1989年出版的《现代小学数学》（修订本，五年制）和2003年出版的《现代小学数学》（六年制）——这两种教材都由科学出版社出版；2006年出版的《新数学读本》（六年制）和2010年出版的“新思维”《数学》（六年制）——这两种教材都由浙江教育出版社出版。

怎样安排年级的？

1989年《现代小学数学》（修订本，五年制）把梯形面积安排在第七册，即四年级上进行教学。2003年《现代小学数学》（六年制）、2006年《新数学读本》（六年制）和2010年“新思维”《数学》（六年制）教材都把梯形面积安排在五年级上（相当于第九册）进行教学。

思考

在你所使用的教材中，“梯形的认识”和“梯形面积”是分散在两册进行教学，还是集中在同一册让学生学习？这两种编排方式各有什么好处？

1989 年的《现代小学数学》把平面图形的认识和面积计算集中在一个单元进行教学。也就是说，教材先安排三角形、梯形和平行四边形的认识，然后学习平面图形的底和高，在此基础上学习平行四边形和三角形的面积，再学习梯形的面积。(如图 3 – 44)

六、平面图形……………………………………（93）
三角形〔93〕 三角形的内角和〔96〕
梯形和平行四边形〔104〕 平面图形的底和高〔108〕
平行四边形和三角形的面积〔112〕
梯形的面积〔116〕 对称图形〔126〕
组合图形面积〔128〕

图 3 – 44

2003 年的《现代小学数学》在第九册第一单元集中安排了平行四边形、三角形和梯形的认识与面积。具体地说，教材先安排三角形、平行四边形和梯形的认识。在图形认识的基础上，教材再安排认识图形的高和底，也就是把三角形、平行四边形和梯形的底和高集中在一课时中学习，突出图形底和高的本质特征。最后教材再集中安排三角形、平行四边形和梯形面积的计算。

2006 年的《新数学读本》和 2010 年的“新思维”《数学》都是在第八册学习平行四边形、三角形和梯形的认识，再学习图形的底和高，在第九册集中学习平行四边形、三角形和梯形的面积。

从上面我们可以看到，1989 年和 2003 年的教材把“梯形的认识”和“梯形面积”集中在同一个年级，另外两套教材均把它们分散在两个年级学习。从国内现行的根据实验稿课标编写的教材看，大多数教材也是把“梯形的认识”和“梯形面积”分散在两个年级进行学习。这样的教材编写可以分散难点，利于知识的螺旋上升；还可以突出平行四边形、三角形和梯形的图形内在联系，强调平行四边形面积、三角形面积和梯形面积之间的沟通。把“梯形的认识”和“梯形面积”集中在同一册中学习，从某种角度说，可以突出梯形的图形特征，利用图形特征帮助学生进行面积公式推导。

依据哪个课程标准（教学大纲）编写？

1989 年的《现代小学数学》是依据 1988 年国家颁布的《九年制义务教育全日制小学数学教学大纲（初审稿）》进行编写的。在 1988 年颁布的这个大纲中明确规定梯形面积应放在五年制四年级、六年制五年级进行教学，可见，教材把这块内容放在四年级进行教学符合大纲的规定。2003 年《现代小学数学》、2006 年《新数学读本》和 2010 年“新思维”《数学》都是依据 2001 年国家颁布的《全日制义务教育数学课程标准（实验稿）》编写的。在这个课标中，没有明确规定梯形面积一定要在哪一个年级进行学习，但规定了梯形面积要在第二学段进行学习，也就是要在四到六年级进行教学。2003 年、2006 年和 2010 年的教材都把梯形面积放在五年级上进行学习，符合课标规定。

预设的学习起点是什么？

2001 年的实验稿课标明确提出：利用方格纸或割补等方法，探索并掌握三角形、平行四边形和梯形的面积公式，并能解决简单的实际问题。这样的教学要求突出了探索的过程，不仅重视结果性目标，更强调过程性目标。

2011 版课标明确提出：探索并掌握三角形、平行四边形和梯形的面积公式，并能解决简单的实际问题。它去掉了“利用……方法”，减少了方法的限制，扩大了自主的空间，突出了学生主动、个性化探索问题解决方式；增加了“并能解决简单的实际问题”，明确了发展学生应用意识，鼓励学生主动地运用数学解决问题。相对于实验稿课标 2011 版课标做出了改变，更加强调了学生主动探索解决问题的心理倾向，经历知识的形成过程和应用过程。

思考

只要学习了“梯形的认识”，学生就能探索梯形面积公式了吗？要让学生能自主探索梯形面积计算，交流讨论得到梯形面积公式，你认为需要有什么样的数学活动经验？

1989 年、2003 年和 2006 年的教材都是在认识梯形的基础上，学习梯形面积计算的。和前三种教材不同，2010 年的教材在五年级上册“图形面积”这个单元，增加了一节图形面积准备课。这节课作为单元的起始课，目的是丰富学生图形转化的数学活动经验，使学生在学习平行四边形、三角形和梯形面积时能自主探索图形转化的方法，实现解决问题策略多样化。

我们知道，学习三角形和梯形面积时，如果学生缺少活动经验，他们是很难想到用加倍法来推导面积公式的。因此，教材为了积累加倍法的活动经验，安排了如下的教学内容：下面两个梯形，怎样把一个梯形经过旋转，再与另一个梯形拼在一起得到一个平行四边形？（如图 3－45）

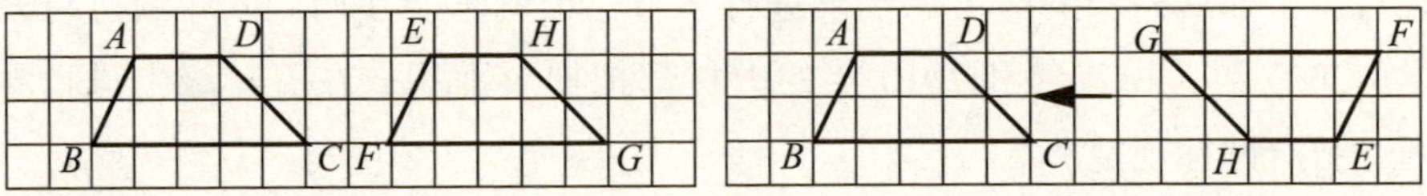

图 3－45

2010 年教材在四年级上安排了平移和旋转的内容。在这节图形面积准备课中，融入动态几何的概念，结合“平移”、“旋转”来准确描述转化的过程。动态几何，就是以运动的观点探究几何图形的变化规律问题。我们可以看到，梯形 *EHGF* 先绕点 *H* 向顺时针方向旋转 180 度，然后向下平移 2 格，再向左平移 5 格，就可以使两个梯形拼在一起，得到一个平行四边形。同样的，梯形 *EHGF* 也可以先绕点 *G* 旋转，再平移，和原来的梯形拼成一个平行四边形。还可以将梯形 *ABCD* 绕某个顶点旋转，再平移，和梯形 *EHGF* 拼成一个平行四边形。这样用数学语言准确地描述运动的过程，不仅可以巩固“平移”和“旋转”的概念，而且能够训练空间想象力，有效地积累数学活动经验，为梯形面积的推导做好准备。

除了加倍法，割补法也是梯形转化的重要方法。2010 年教材安排了丰富的活动来促进学生数学活动经验的积累。

活动一：观察下面的图形，想一想，说一说，梯形是怎样变成三角形的？（如图 3－46）

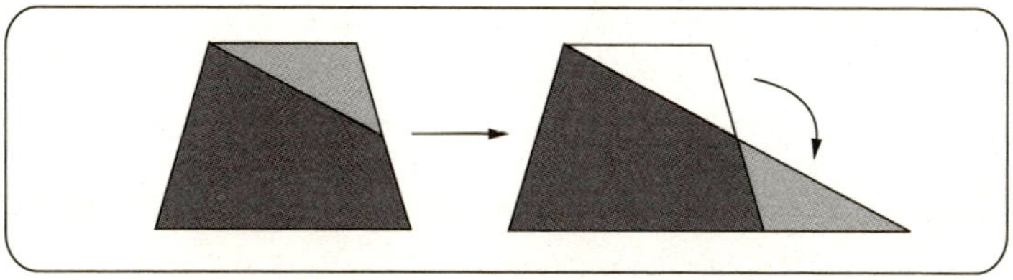

图 3－46

教材以图示的形式，展示梯形如何转化为三角形，鼓励学生通过观察、想象、交流等学习方式来积累图形转化的经验。

活动二：下图中每个小方格的边长表示 1 厘米。每组中右边的图形都是左边图形分割后经过平移或旋转得到的。

①经过怎样的变化后，左边的图形可以变成右边的图形？

②说出左右两个图形的底和高（或长与宽）。两个图形的面积相等吗？

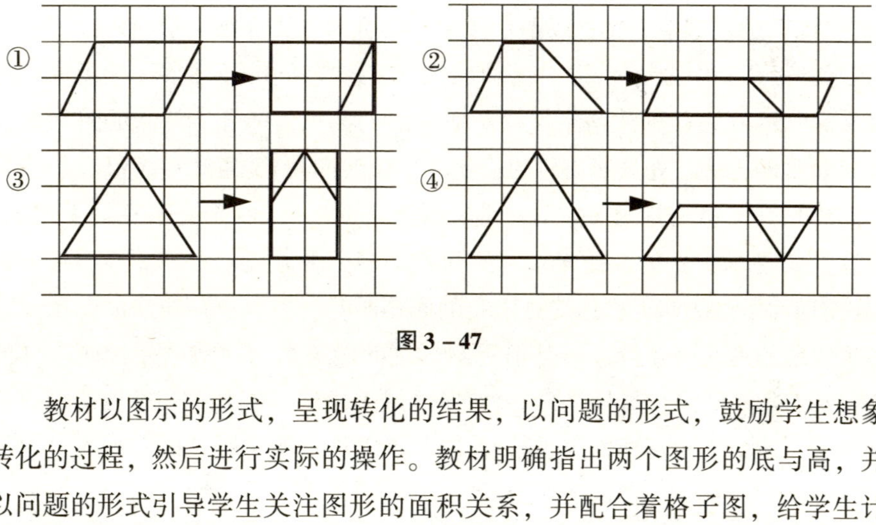

图 3－47

教材以图示的形式，呈现转化的结果，以问题的形式，鼓励学生想象转化的过程，然后进行实际的操作。教材明确指出两个图形的底与高，并以问题的形式引导学生关注图形的面积关系，并配合着格子图，给学生计算面积提供帮助和暗示。

思考

从上面我们可以发现，和前三套教材比，2010 年教材增加了一节图形面积准备课，那么，你认为“梯形面积”这节课的课堂教学会有什么变化呢？

课时结构是怎样的?

虽然这四种教材都是刘静和、张天孝老师领衔下编写的，但由于教材在不同时期编写，教材结构会有不同的呈现，我们可以通过对整体结构的了解，看一看教材在不同时期的变化。

1989 年教材的编写顺序如下：①出示例题5“剪两个全等的梯形，拼成一个平行四边形”，并给出图示。②教材直接介绍“平行四边形的高就是梯形的高，平行四边形的底边就是梯形的上底与下底的和”。③教材直接呈现公式的推导过程：因为平行四边形面积 = 平行四边形底边 × 高 = （梯形上底 + 下底） ×高，所以梯形面积 = （上底 + 下底） ×高 ÷2，然后给出公式的字母表达式和文字式。④“练一练”第 1 题为已知梯形的上底、下底和高，计算梯形面积；第 2 题为“你能从下面的各组图形的关系中推导出梯形面积的计算公式吗?”。教材以图示的形式给出另外四种推导方法。⑤在“练一练”的基础上，教材以图示和文字结合的方式介绍梯形面积计算方法“梯形的面积 = 中位线 × 高”，并给出字母表达式。⑥出示例题6，用“中位线 × 高”的方法计算铁路路基梯形横截面的面积。⑦练一练，巩固“中位线 × 高”的方法，先量所需要的长度（中位线和高），再计算面积。

2003 年教材编排顺序如下：①出示例题 1“一个梯形，上底是 4 厘米，下底是 7 厘米，高是 5 厘米。它的面积是多少平方厘米?”。②给出指导语“应用前面学过的知识，你能算出它的面积吗?”，并配有倍拼法的图示。③以填空题的形式引导沟通转化前后图形之间的关系“拼成的平行四边形的底是梯形的______，高是______。梯形的面积等于所拼成的平行四边形面积的______。”。④出示根据这种转化方式得到的计算梯形面积的算式。⑤给出指导语“把梯形分成两个三角形”，并配有图示。⑥以填空题形式引导沟通转化前后图形之间的关系“两个三角形的底分别是梯形的______和______，高是______。梯形的面积等于两个三角形的______。”。⑦出示根据这种转化方式得到的计算梯形面积的算式。⑧给出梯形面积计算公式的文字式和字母表达式。⑨“练一练”第 1 题，以图示的形式给出另外三种推导方法，引导学生根据这三种推导方法计算例题 1 的梯形面积。此外，2003 年教材还在梯形面积公式旁边配了张爷爷的卡通头像。

2006 年教材的编写顺序如下：①给出现实情境“水坝的横截面是什么

形状？它的面积是多少？”，引出梯形面积计算。②出示例题。③以图文结合形式分别给出三种梯形面积推导方法，并给出相应的计算例题面积的算式。④归纳得到“通过上面的活动，我们可以给出：梯形的面积 = ______ ______”，并给出字母表达式。⑤求出引入情境中水坝的横截面的面积。⑥“练习与应用”第 1 题，给出带有格子图背景的 5 个梯形，观察上底、下底和高的长度，并计算梯形面积；第 2 题，已知梯形上底、下底和高，求梯形面积。⑦“数学百花园”介绍出入相补原理。

2010 年教材和 2006 年教材相比，删去了引入部分的现实情境，直接给出例题；相应地，删去了 2006 年教材第⑤环节求引入情境中的水坝横截面的面积的内容。

引入方式有什么不同？

教材如何开头，引导着师生研究梯形面积，体现着编者对数学知识产生的观念。以下是四种教材引入梯形面积研究的过程。

1989 年教材的引入如图 3 – 48 所示：

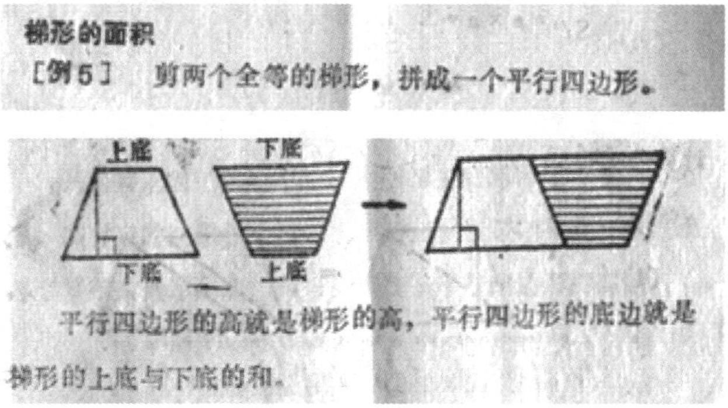

图 3 – 48

2003 年教材的引入如图 3 – 49 所示：

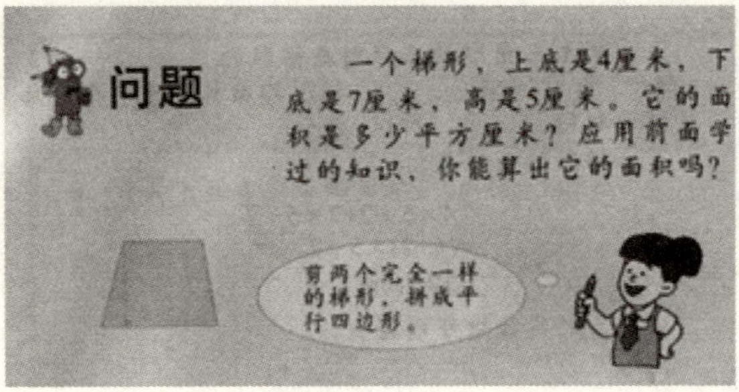

图 3－49

2006 年教材的引入如图 3－50 所示：

图 3－50

2010 年教材的引入如图 3－51 所示：

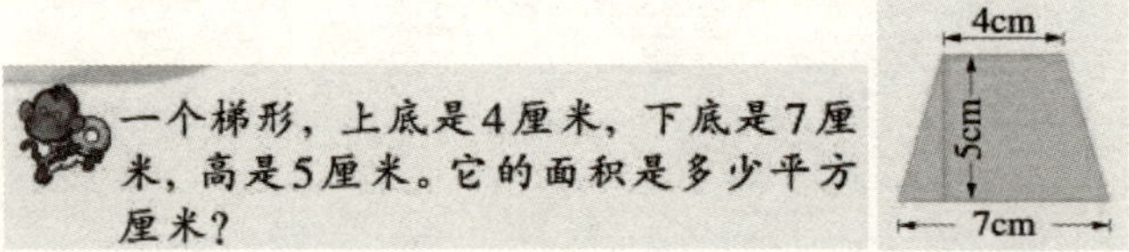

图 3－51

思考

我们在前面教材的横向比较中，已经归纳过教材引入部分的异同。现在，看了以上四个引入部分的内容，相信你一定能够说出它们有什么相同与不同的地方。请你说一说。

从上面不同时期的四种教材对梯形面积的引入过程，我们可以看到，一共有三种不同引入方式。1989 年教材没有问题情境，以图文结合的方式直接给出操作提示，接着介绍平行四边形的高就是梯形的高，平行四边形的底边就是梯形的上底和下底的和，并给出推导的过程。梯形上没有数据，只有名称。2003 年和 2010 年的教材都是直接从一个例题引入，提出梯形面积计算问题。2006 年的教材创设了一个现实情境：水坝的横截面是什么形状？它的面积是多少？怎样求梯形？

这样的三种引入方式，各有特点。1989 年教材以陈述操作的方法，推导的过程，清晰、明确。2003 年和 2010 年教材直接从一个例题提出梯形面积问题，很简洁。它从现实情境出发，提出数学问题，体现数学和生活的紧密联系，只是水坝横截面的情境离学生的生活实际相对较远。如果能从学生身边找到熟悉的情境引入，可能会好一些。教材抽象出了横截面的图示，平行线之间的距离处处相等，水的深度就是梯形的高，这样的图示能让学生增长生活常识，感受数学来源于生活，并体验应用数学知识解决实际问题。对梯形面积公式的推导来说，现实情境引入并没有实质性的帮助。

我们还注意到 1989 年和 2003 年的教材没有在梯形上标注上底、下底和高的长度，只是标注了名称。而 2006 年和 2010 年的教材在梯形图上标注了上底、下底和高的长度。长度的标注，可以帮助学生复习梯形的各部分名称，也可以为梯形面积公式推导提供帮助。

怎样推导梯形面积公式的？

梯形面积公式推导方法有多种，四套教材是如何来引导学生开展梯形面积公式推导的呢？各呈现了哪些推导方法？如何引导学生沟通转化前后图形之间的关系？

1989 年教材一共呈现了六种推导方法。

方法一：

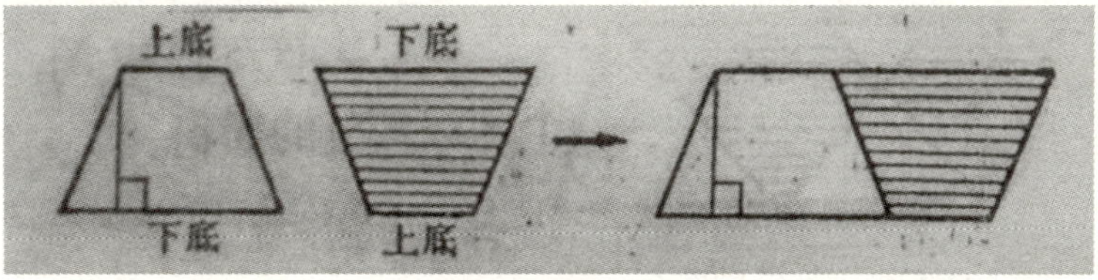

图 3－52

方法二：

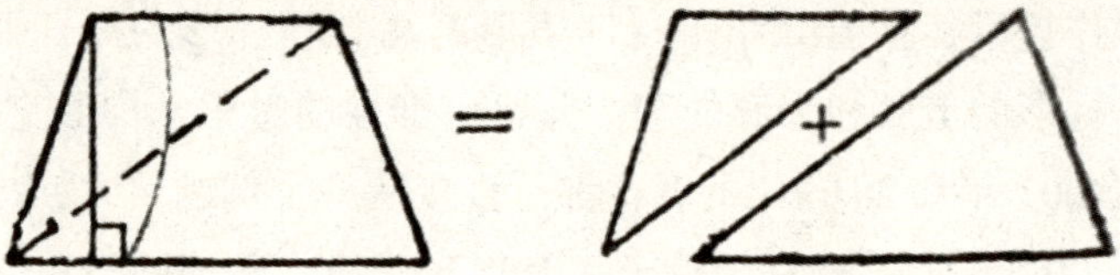

图 3－53

方法三：

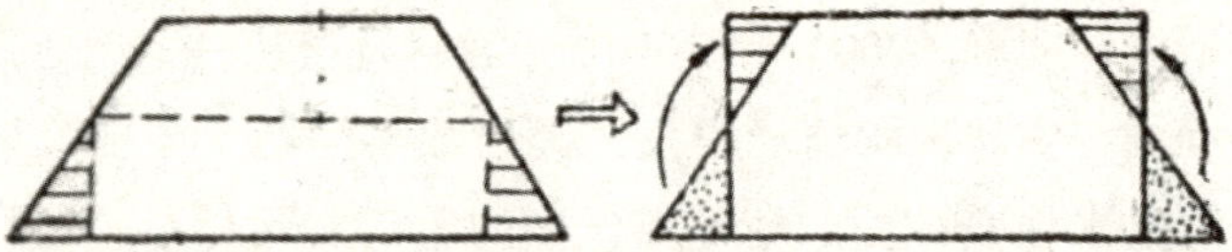

图 3－54

方法四：

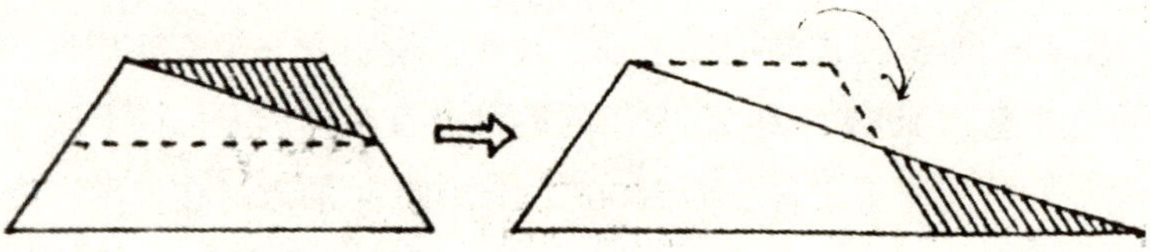

图 3－55

方法五：

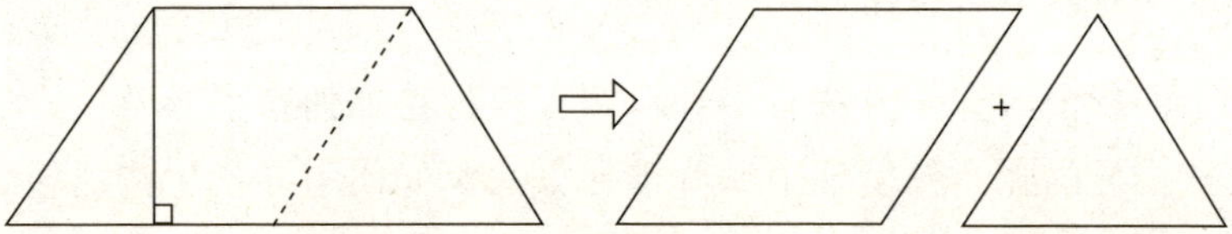

图 3－56

方法六：

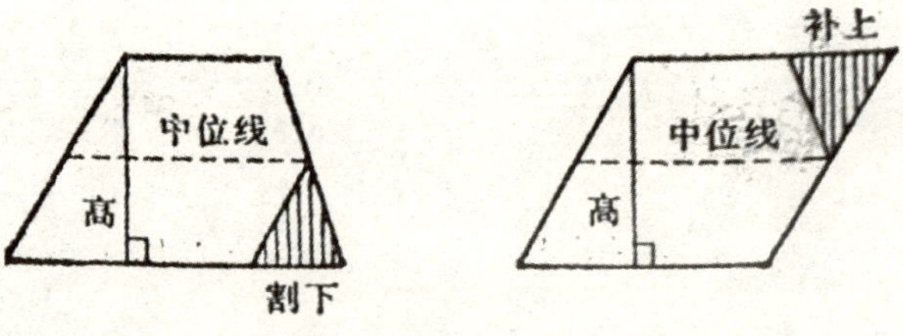

图 3－57

其余三套教材，选用了其中的几种方法，见表 3－6。

表 3－6　四套教材梯形面积公式推导方法统计　　单位：个

版本 推导方法	1989 年教材	2003 年教材	2006 年教材	2010 年教材
方法一	√	√	√	√
方法二	√	√	√	√
方法三	√	√	—	—
方法四	√	√	√	√
方法五	√	√	—	—
方法六	√	—	—	—
合计	6	5	3	3

从上面不同时期四套教材对梯形面积的公式推导，我们可以看到，它们的共同点有：①注重推导方法多样化；②注重沟通转化前后图形之间的关系；③通过自主探索、合作交流的学习方式，从活动中推算出梯形的面积公式。

各套教材都在倍拼法中，标注了梯形的“上底”和“下底”。1989 年教材直接给出转化后的平行四边形的高就是梯形的高，平行四边形的底边就是梯形的上底与下底的和，并给出了详细的推导过程。（如图 3－58）

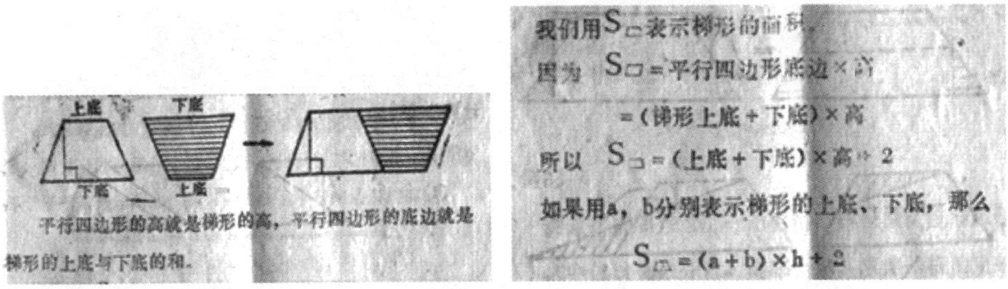

图 3－58

2003 年教材用填空题的形式引导学生沟通转化前后图形之间的关系，很清楚地引导学生进行沟通和比较，然后再出示梯形面积计算的算式。（如图 3－59）

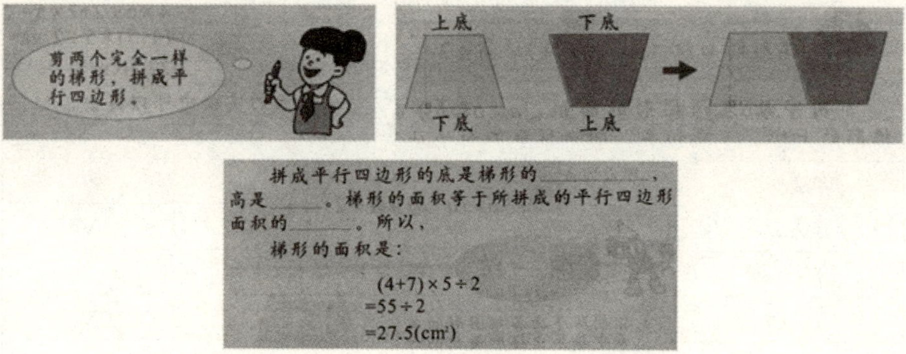

图 3－59

2006 年和 2010 年的教材虽然没有这样明确的填空题，但是在图示上标注了上底和下底，并在转化后的平行四边形上标出了上底、下底和高的长度。（如图 3－60）这样的细节对于学生计算平行四边形的面积，理解转化前后图形之间的关系有实质性的帮助。这也给我们的课堂教学提供了启示：不仅要在细节的处理上帮助学生理解，还要引导学生进行沟通和比较，从而总结出梯形的面积公式。

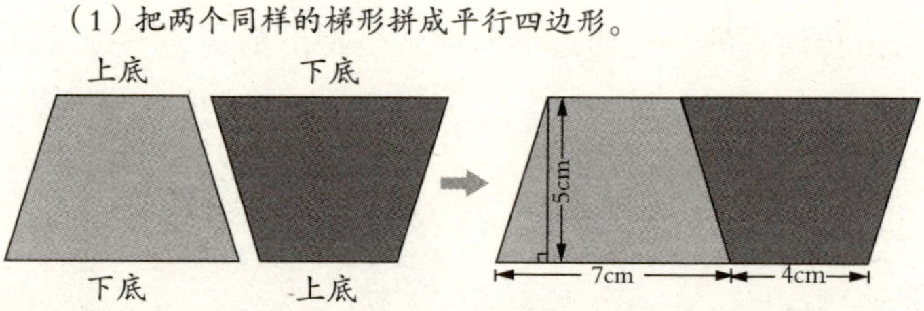

图 3－60

2006 年和 2010 年的教材在处理“把梯形分割成两个三角形”这一推导方法时，以算式填空的形式来引导学生进行算式的恒等变形，从而理解转化前后图形之间的关系。（如图 3－61）要理解这样的恒等变形，学生对乘法分配律要有深刻的理解。在实际教学中，教师如果能在分割后的图形中继续保留梯形原来的那条高，并且标出上底、下底和高，或许会对学习能力较弱的学生提供一些帮助。

把这样的梯形分割成两个三角形。

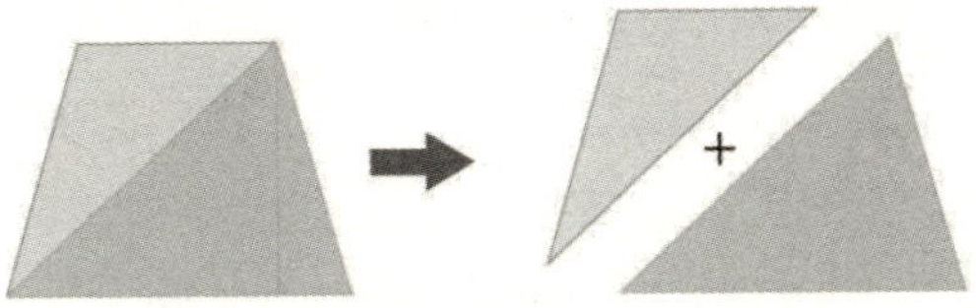

梯形的面积是：

$4\times5\div2+7\times5\div2$

$=(\square+\square)\times\square\div2$

$=\square\ (cm^2)$

图 3－61

同样的，教师能在处理“把梯形分割后，拼成三角形”这一推导方法时，给转化前后的图形都画上一条高并且标出上底、下底和高，对学生的学习也会有一定的帮助。(如图 3－62)

（2）把这样的梯形分割后，拼成三角形。　（2）把这样的梯形分割后，拼成三角形。

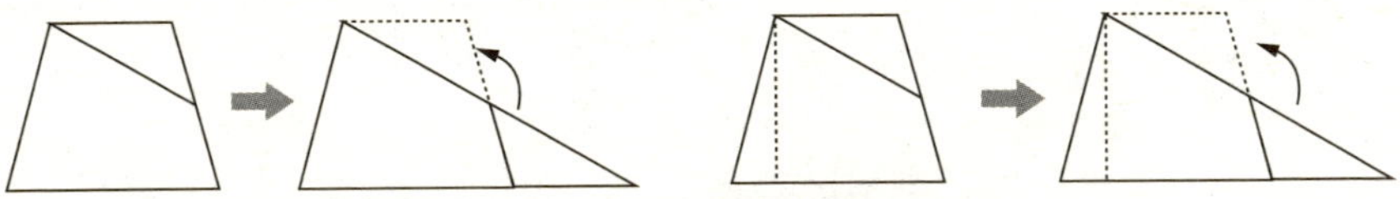

图 3－62

各套教材在编排方式上，也有各自的特点。1989 年教材的推导方法分三次给出。第一次，教材在提出梯形面积计算问题后，给出一种推导方法；第二次，教材在练习题中，给出四种梯形面积推导方法；第三次，教材以图文结合的方式介绍“梯形面积＝中位线×高”的推导方法，并给出字母表达式（如图 3－63)，然后安排一个例题来巩固“中位线×高”的计算方法。

2003 年教材的推导方法分两次给出。第一次，教材在提出梯形面积计算问题后，给出两种推导方法；第二次，教材在练习题中再给出三种梯形面积的推导方法。对于推导方法，教材编写不求全，通过练习让学生对别的转化方法有所了解，这也是一种好的处理方式。2006 年和 2010 年的教材在提出梯形面积计算问题后，直接给出三种面积推导方法。可见，教材编写体现出了解决问题策略的多样化，但不求全。

在实践中，还有一种计算梯形面积的方法。

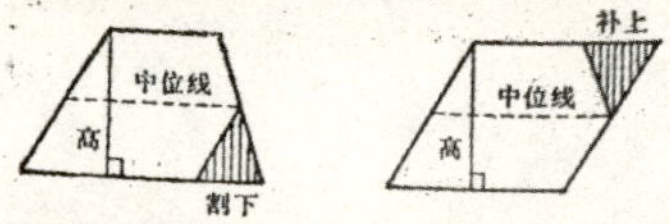

连接梯形两腰中点的线段，叫做梯形的中位线。

从观察上面的图中可知，梯形割补后能得到平行四边形，即梯形的面积和平行四边形的面积相等，梯形的中位线等于平行四边形的底，梯形的高就是平行四边形的高。

梯形的面积＝中位线×高

如果用 m 表示中位线，那么

$$S_{梯}=m\times h$$

图 3－63

是否呈现拓展性知识及其教育价值？

四套教材中，2006 年教材有“数学百花园”栏目，简单介绍了“出入相补”原理。(如图 3－64)

数学百花园

出入相补原理

在我国，几何学不仅有悠久的历史，丰富的内容，还有重大的成就。其中有一个简单易懂的出入相补原理，广泛应用于多种多样的问题中。出入相补原理是指一个平面图形从一处移置到另一处，面积不变。如果把图形分割成若干块，那么各部分面积的和等于原来图形的面积。这也是平面图形面积计算公式推导的基本原理。

图 3－64

这个阅读材料能让学生感受到我国古代数学家们的智慧，又能引发学生对相关问题的探究。这样，教材一方面编写了完成课程目标所必需的基本内容，同时也希望通过介绍拓展性的内容来对基本教学内容进行必要的补充。与基本内容不同的呈现形式意味着与基本内容不同的教学要求，也意味着小学生的学习方式应有所不同。现实生活中，许多教师忽视这样的内容。如果教师能充分合理地利用这些拓展性的课程资源，选择恰当的方式进行教学，这将能丰富小学生的数学知识，有利于学生的成长和发展。

3.4 日本教材编写情况介绍

日本教材对“梯形面积”一课的编写有自己的特色，对我们的教学有一定的启发。这里选用的日本教材为小学《算术》(5 上，教育出版株式会社，1984 年印刷，1985 年发行)。

课时结构是怎样的？

和我国的教材一样，日本的教材也是在平行四边形和三角形面积的基础上学习梯形面积的。关于梯形面积计算，教材的内容安排顺序是：梯形面积计算—介绍梯形各部分名称—归纳得到梯形面积公式。首先，教材直接给出一个梯形（如图 3－66)，请思考求梯形面积的方法。紧接着，教材提出：验证一下，有两个这样的梯形，能否拼成平行四边形？教材给出图示（如图 3－67)，在梯形图上标注了相应的长度，请学生思考平行四边形面积的方法。教材提问“梯形面积是多少？”并给出算式：(3＋7) ×4÷2。在计算出梯形面积以后，教材介绍梯形各部分名称。梯形中平行的边 *AD* 叫上底，*BC* 叫下底，与上、下底垂直相交的线段叫梯形的高，从而归纳出：

梯形面积公式＝（上底＋下底）×高÷2

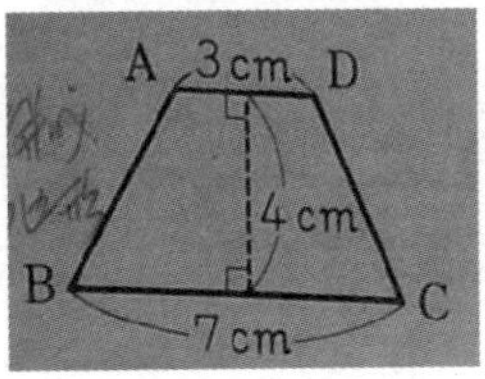

图 3－65

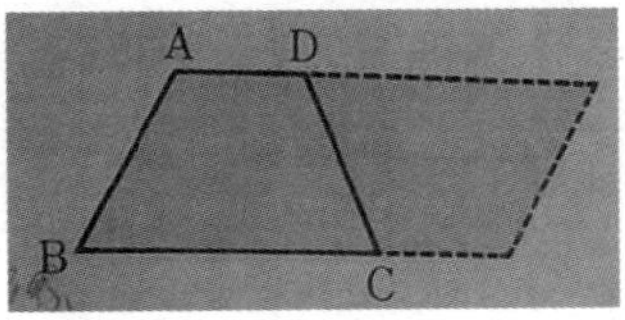

图 3－66

> **思考**
>
> 在课时结构安排上，日本教材和我国教材有什么异同？

和我国通用的教材一样，日本教材也采用加倍法作为梯形面积公式推导的重要方法。不同的是，我国的教材都是先认识梯形的各部分名称，再学习梯形面积。而日本教材却把学习的顺序倒过来，先计算一个具体的梯形面积，再认识各部分名称，最后归纳出通用的面积公式。

设计了哪些练习?

在梯形面积新课后，日本教材安排了这样的练习：在图 3－67 中，梯形、平行四边形的面积分别是三角形面积的几倍?

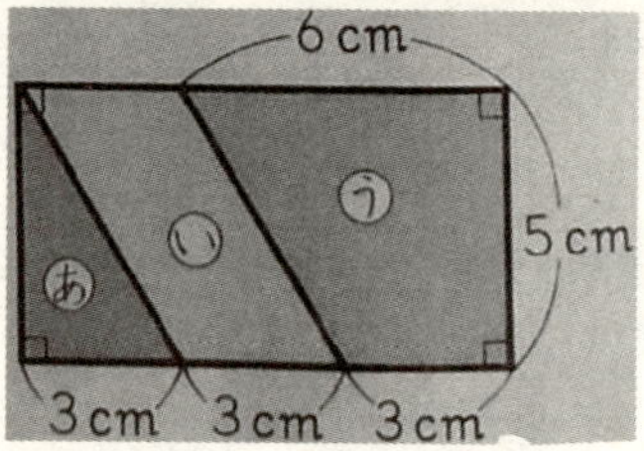

图 3－67

这道题中三个图形的高相等，都是 5 厘米，可以利用公式计算三角形、平行四边形和梯形的面积，再求出它们之间的倍数关系；也可以通过作图，把平行四边形分成两个大小相等的直角三角形，把梯形分成三个大小相等的直角三角形，直观地感受到三个图形之间的面积关系。

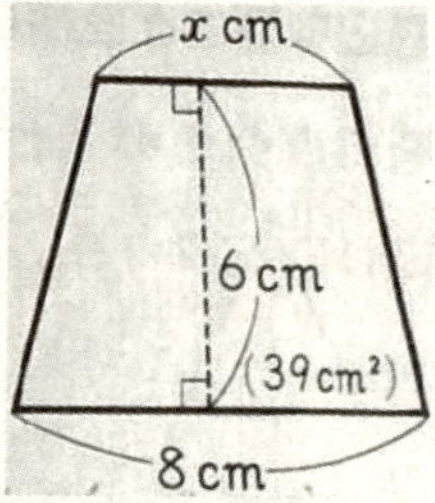

图 3－68

紧接着，教材安排了两道列方程解决的习题。

习题 1：已知下底 8 厘米，高 6 厘米，面积 39 平方厘米，求上底。(如图 3－68)

把上底设为 x 厘米，按梯形面积公式列出方程。(如图 3－69)

(上底 ＋ 下底) × (高さ) ÷ 2 ＝ (台形の面積)

$(x + 8) \times 6 \div 2 = 39$

图 3－69

我们可以看到，教材特地先写出梯形面积公式，再对应地列出方程——列方程的过程，实际上是巩固应用梯形面积公式的过程。然后教材要求思考方程中 x 的求法，最后给出解方程的过程。(如图 3－70)

$$
\begin{aligned}
(x+8)\times 6\div 2 &= 39\\
(x+8)\times 6 &= 39\times 2\\
x+8 &= 78\div 6\\
x &= 13-8\\
&= 5
\end{aligned}
$$

图 3 – 70

习题 2：已知下底 15 厘米，上底 10 厘米，面积 100 平方厘米，求高是几厘米？（如图 3 – 71）

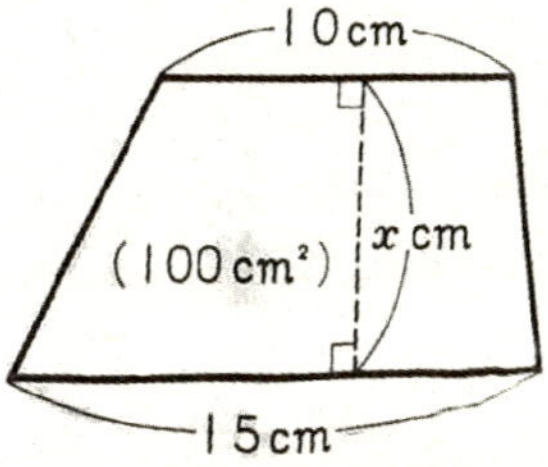

图 3 – 71

这是一个已知上、下底和面积，求高的题目。题目要求用方程解决。

> **思考**
>
> 上面两道习题是利用方程来解决问题的，查一查你所使用的教材，像图 3 – 70 这样的方程，在哪个年级学习？利用方程方法和算术方法解决上述问题，哪一种方法更容易让学生接受？

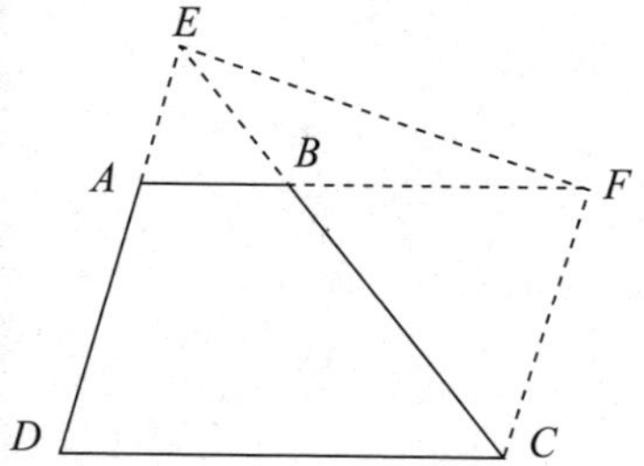

4

教学设计比较研究

我们知道，教学设计在教学过程中占有很重要的地位。因此，开展对教学设计的研究就很有必要。这里所说的教学设计是指教师给学生上课前准备的教学方案。教学设计主要由教学目标和教学过程两部分组成。不同的教师去上“梯形面积”，常常有着不同的教学设计，本章试图对已经发表的部分教学设计进行综述，并进一步研究“梯形面积”的新课教学设计。

4.1 教学设计综述

“梯形面积”是小学数学平面图形面积教学的重要内容。20 世纪 80 年代至今，“梯形面积”教学设计有什么变化？它能给我们的教学带来什么有益的启示？这里主要对《小学数学教师》《小学教学》《小学教学设计》等杂志上发表的以及收录在中国知网内的关于“梯形面积”教学的文章进行综述。我们从教学目标和教学过程两个方面进行综述。教学过程是教学设计中的重要内容，我们将根据“梯形面积”教学流程加以综述。教学流程分为五个环节，它们分别是：梯形面积的引入，面积公式的推导，探索活动的组织，推导方法的交流，课后练习的设计。

教学目标有什么变化？

教学目标引领着教学设计。从所收集到的教学设计看，部分教学设计明确列出了教学目标，部分教学设计尽管没有列出教学目标，但是阐述了教学设计意图。那么，从 20 世纪 80 年代开始，“梯形面积”教学设计中，它们的目标有什么变化呢？按时间顺序，我们可以把教学设计分为两类：实验稿课标颁布前的教学设计和实验稿课标颁布后的教学设计，也就是 2001 年以前的教学设计和 2001 年以后的教学设计。

我们先来看 2001 年以前“梯形面积”的教学目标。

【教学目标 1】（王荣生 等，1996）[36-38]

①理解梯形面积公式的推导过程，正确运用公式进行计算。

②初步培养学生的逻辑思维能力，并建立空间观念。

教学重点：正确应用梯形面积公式进行简单计算。

教学难点：理解梯形面积公式的推导过程。

我们再来看这一轮新课程改革以来，即自 2001 年国家颁布《全日制义务教育数学课程标准（实验稿）》以来，对“梯形面积”的教学目标是怎样表达的。

【教学目标 2】（刘超 等，2007）

①使学生亲身经历梯形面积公式的探究过程，进一步感受转化的数学思想。

②使学生理解梯形面积计算公式，能正确计算梯形面积。

③培养学生观察、分析、抽象、概括、推理能力，发展学生空间观念。

④在探索梯形面积公式的活动中，培养学生探索创新精神及合作精神。

教学重点：探索梯形面积计算公式，能计算梯形面积，渗透转化的数学思想。

思考

比较上面两个教学目标，你觉得有什么变化?

从上面两个教学目标的阐述中，我们可以发现有以下变化。

（1）从强调面积公式计算到重视探索推导过程

王荣生老师写的教学目标从知识和能力两个方面进行考虑。它用“理解、运用”两个动词，教学重点是正确应用梯形面积公式进行简单计算，着重强调知识技能目标，理解推导过程是为了正确计算结果。从 1986 年到 2001 年实验稿课标颁布前，这个时期的教学大纲中，关于梯形面积的教学要求，是这样描述的：“掌握平行四边形、三角形和梯形的面积计算公式。”我们可以发现，这个教学目标的描述反映了当时以知识技能目标为主、加强双基、培养能力的特点。

刘超老师写的教学目标从知识技能、过程与方法、情感态度及价值观几个维度来考虑。其中用了“经历、感受”，这是刻画数学活动水平的过程性目标动词。这样的教学目标，不仅重视知识技能，更加重视数学学习的过程。也就是说，要鼓励学生积极主动参与求梯形面积的数学学习活动中，通过观察、实验、推理等活动，发现梯形可以转化成已经学过的图形，如长方形、平行四边形、三角形，并观察梯形和转化后的图形的各部分之间的关系，推导出梯形的面积公式，获得体验，提高数学素养。从教学目标的阐述上，我们可以发现，“梯形面积”教学目标不仅关注知识技能，关注基本活动经验，关注基本思想方法，还要关注学生数学思考、解决问题以及情感态度等方面。

（2）从只强调实际应用到关注数学思想方法

王荣生老师的教学重点“正确应用梯形面积公式进行简单计算”，重点落在公式的应用上。刘超老师的教学目标不仅强调公式应用，而且关注数学思想方法的渗透，这在2001年的实验稿课标颁布前是没有的。2001年的实验稿课标颁布前，梯形面积公式的掌握和应用是重点，而《全日制义务教育数学课程标准（实验稿）》把学生“获得基本思想方法”列为与“重要数学知识”同等重要的地位。转化的数学思想方法，是“梯形面积”最重要的教育价值所在。

怎样引入新课？

思考

你觉得“梯形面积”这节课，主要有哪些引入方式?

“梯形面积”这节课有多种不同的引入方式，归纳起来主要有三种，我们称之为“复习铺垫型”、“直接引入型”和“创设情境型”。

（1）复习铺垫型

复习铺垫型，就是列出与“梯形面积”直接关联的知识和方法，通过复习、回顾整理，为“梯形面积”的学习做好铺垫。

思考

学习“梯形面积”的基础知识和方法是什么?

我们知道，学习梯形面积的基础主要有：第一，已经学过的平面图形（长方形、平行四边形和三角形）的面积公式；第二，转化的数学思想方法；第三，有关梯形的基础知识，包括对梯形的认识、梯形各部分的名称及梯形的特征。采用“复习铺垫型”的教学设计，一般都是选择其中的一部分或几部分进行复习，只是在复习的侧重点和形式上有所变化。

我们一起来看一个引入片段。(南欲晓 等，2011)

旧知回顾，提炼方法。课件出示：

①小数乘小数

$$\begin{array}{r} 1.2 \\ \times 0.8 \\ \hline 0.96 \end{array} \quad \begin{array}{r} \longrightarrow 12 \\ \longrightarrow \times\ 8 \\ \hline \longleftarrow 96 \end{array}$$

②三角形面积

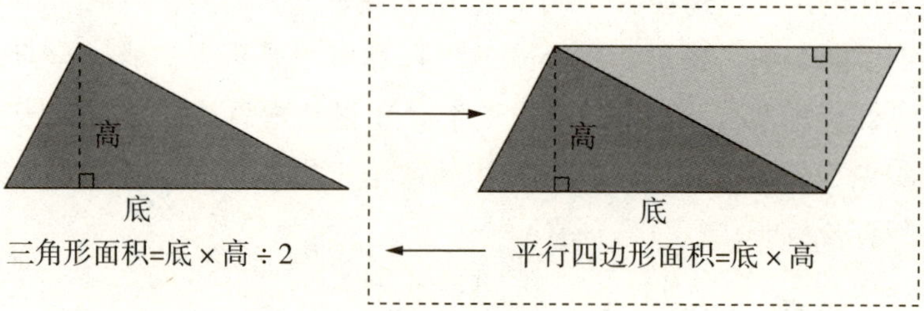

图 4－1

师：静静地看，你看懂了什么？解决问题时，有什么共同点？

小结：学习新知的时候，我们往往都是把新知识转化成学过的旧知识来解决。

思考

上面这个引入片段着重复习什么？你还能在“数与代数”、“图形与几何”领域找出相关的例子吗？

我们知道，对于梯形面积公式的推导而言，前面提到的三个学习的基础中，转化的数学思想方法是比较重要的内容。在“数与代数”领域，小数的乘法就是一个利用转化思想进行学习的例子。在“图形与几何”领域，三角形面积公式的推导过程，“倍拼”、“割补”等转化方法，是学习梯形面积公式推导的直接数学经验。

(2) 直接引入型

这种引入方式，教师直接出示课题“梯形面积计算”，教师提问“看到这个课题，你想知道些什么？”引导学生自主提问。

生1：我想知道梯形的面积是怎样计算的？

生2：我想知道梯形的面积是不是跟三角形的面积有关系。

生3：我想知道梯形的面积计算在生活中有什么用处。

让学生提出问题是新课程十分提倡的理念。培养学生提出问题的能力是数学课程实施的重要目标。

（3）创设情境型

创设情境型，就是没有任何关于知识技能、思想方法的铺垫，而是创设问题情境，直接切入主题。

这样的教学引入，创设现实生活情境，提出梯形面积计算问题。比如，领导视察一条新挖的渠道，视察工作的领导想了解渠道的横截面面积。教师出示横截面面积，说："这就是这条渠道的横截面，要想知道横截面面积就是想知道什么的面积呢?"，从而引出梯形面积计算。这样的引入，会让学生感受到数学知识来源于生活，计算梯形面积是因为生活中需要计算很多形状是梯形的物体的面积。这能帮助学生建立数学源于生活的数学观。

查阅《全日制义务教育数学课程标准（实验稿）》，前文进行比较的国内的六套教材关于"梯形面积"的引入，我们发现，都是通过创设情境引入的。教材创设的情境有两类：一类是现实生活情境，另一类是纯数学情境。对比教材和教学设计，我们可以发现，尽管教材都是采用创设情境型的引入，但在教学设计中，真正采用创设情境型的却很少，大多数的教学设计都采用"复习铺垫型"的引入。教材为学生的学习活动提供了基本线索，教师在实际教学中，根据需要发挥了主观能动性，创造性地使用了教材。

以上这些引入方式各有自己的特点，如何确定课的引入，不但和教学目标相关，还和后面的教学过程安排有紧密的关系，我们应该根据自己课的特点，确定课的引入方式。

如何取舍多种推导方法？

思考

梯形面积公式的推导方法有多种，在课堂教学中，你觉得怎么取舍这些推导方法呢?

在教学设计中，教师是怎么取舍这些推导方法的呢？综观这些教学设计，主要有两种类型：方法单一型和方法多样型。

（1）方法单一型

方法单一型，就是在梯形面积公式的探索中，只采用一种方法推导梯形面积公式。在采用一种方法推导梯形面积公式的教学设计中，学生的操作实验仅仅是围绕这一种方法展开的。

何丽华等（1999）的教学设计从探索一开始就明确地引导学生“拿出准备好的学具，自己试着摆一摆，能不能将两个完全一样的梯形拼成一个已学过的图形”，在学生操作的基础上，沟通梯形与所拼成的平行四边形之间的关系，得到梯形面积的公式。

我们知道，任意一个多边形都可以分割成若干个小三角形，通过计算三角形的面积可以解决多边形的面积计算问题，这是求多边形面积的一种基本方法。程涛等（2004）的教学设计以“三角形”为主线，把梯形分割成两个三角形，通过三角形面积的计算，推导出梯形的面积计算公式。这样的教学设计把梯形面积放在平面图形面积的大背景下，将平面图形面积计算问题串成一个有机整体，渗透了事物间普遍联系的观点和转化的思想方法。

许万明（1994）的教学设计在新课探索中只采用一种方法，就是把两个完全一样的梯形拼成平行四边形，但在练习环节中进行方法多样化的引导。

（2）方法多样型

方法多样型，就是在探索梯形面积计算的环节，鼓励学生把梯形转化为多种已学过的平面图形，进行公式的推导。因为有开放的问题空间，学生能自主探索、合作交流，探索出了多样的解决问题的方法。

这里有两种形式：第一种是直接多样化，也就是教师创设一个开放的问题空间，学生自主探索各种方法解决问题；第二种是教师先引导学生集中学习一种方法，然后鼓励学生发散，自己独立想其他的方法。缪燕（2005）的教学设计中，教师引导学生先学习用两个梯形拼出一个平行四边形，推导出梯形面积公式，然后教师引导“如果只有一个梯形，你能想出别的推导方法吗？”放手让学生进行发散思考，鼓励学生自己创造性地解决问题。此教学设计的重点在第一种方法上，但是注重引导发散，还是有较大的自主探索空间。

思考

对于梯形面积推导方法的选择和取舍，你比较喜欢方法单一型还是方法多样型，为什么？

从我们所收集的教学设计来看，2001 年前的教学设计绝大多数都采用了方法单一型，2001 年实验稿课标颁布后，采用方法多样型的教学设计的数量大幅上升。虽然是不完全统计，但据此，我们也可以感受到不同的教学目标和教学理念对于教学设计的影响。由于学生生活背景和思考角度不同，所使用的方法必然是多样的，我们应该尊重学生的想法，鼓励学生独立思考，提倡方法的多样化。

采用单一方法推导梯形面积公式的教学设计，往往都是教师通过导语暗示，或者直接明确要求学生用这一种方法进行推导。学生对于这一种方法的理解一定会非常的深刻，能较好地掌握梯形面积计算。可以看出，这样的教学设计是基于知识技能的掌握，对于转化的思想方法体验不够，解决问题策略单一。

方法多样型的教学设计，对形成解决问题策略多样化、建立图形敏感度、培养空间观念都有好处。

采用什么方式组织探索活动？

教学设计都十分重视探索活动，但是探索空间的大小却不同——舞台有多大，心就有多大。综观这些已有的教学设计，主要有两种类型。

（1）放手探索型

放手探索型，就是创设一个开放的问题空间，提供丰富的学习材料，任学生自由驰骋，率性而为。

（2）引导暗示型

引导暗示型，就是在公式的推导中，对于推导的思路和方法，教师有明确的导向和暗示。

黄宝珊等（1999）的教学设计中，教师明确指出“请大家拿出两个形状大小完全相等的梯形拼成一个已经学过的图形”，然后提出一套带有程序性的问题，为学生概括公式铺路搭桥，最后通过课件演示这个过程，加深理解。

思考

放手探索型和引导暗示型这两种探索活动组织方式，各有什么特点？你喜欢哪一种？理由是什么？

采用放手探索型的教学设计，学生的数学活动是否有效取决于很多因素。其中有三个因素特别重要：第一，班级学生的基础如何，特别是在平行四边形和三角形的面积教学中，学生对于转化的思想方法有何体验；第二，教师的理念如何——如果以往的教学都是扶得紧紧的，那么这里放手出去，学生也无能力进行有效的探索活动；第三，用来探索的学习材料——学习材料是否丰富，学习材料是否有利于学生自主探索，这在一定程度上可以决定探索的质量。在教学设计中，这些因素都是看不出来的，但是它们却决定了探索活动的质量。

引导暗示型这种组织形式有什么优点和不足呢？它的优点是，通过程序性问题，逐步提出学习提纲，给学生一种帮助，特别利于成绩中下学生的参与。但是缺点也是很明显的，在学生探索活动前和思考过程中出现导向语和暗示语，限制了学生自由思考的空间，削弱了学生经历发现和思考的过程，束缚了学生的发展。

放手探索型创设了更为开放的空间，更强调发挥学生的主动性和创造性。教师要根据班级学生的实际情况、教师的教学风格，来决定采用哪一种方式组织探索活动。

如何引导学生交流探索结果？

对于梯形面积计算的学习，自主探索是前提，合作交流就是课堂教学的关键。合作交流包括生生之间、师生之间的交流。在教学设计中，都注意到了引导学生对方法进行合作交流，但是层次各有不同。

（1）第一层次：着重对推导方法的理解

采用转化的方法进行公式的推导，要沟通转化前的图形和转化后的图形之间的关系，这是理解推导方法的基础和关键。如果用两个一样的梯形拼成一个平行四边形，梯形的上底、下底、高和所拼成的平行四边形的底、高之间的关系，就是理解推导方法的关键。如果把梯形分割成两个三角形进行计算，交流的关键是两个三角形的高相等，这两个三角形的高就是梯形的高。

（2）第二层次：注重对方法来源的挖掘

杨守亮等（2001）的教学设计在学生展示推导方法后，教师追问“你是怎么想到这种方法的?”。这样的追问注重对推导方法来源的挖掘，它能引导学生回顾自己的学习，从已有的知识和方法中寻找解决新问题的策略。

（3）第三层次：关注各种方法的联系与沟通

从某些教学设计中，我们可以看到，学生想到的方法很多，很有创造性，但是交流仅仅局限于各种方法的展示，教师仅有的一些评价语言，如“讲得精彩极了，哪个小组还愿意把不同的方法展示一下?”、“同意他们小组的结果吗？谁来评价。”很明显，缺少方法之间的联系与沟通，缺乏对学生偶然发现之中的必然存在进行点拨、揭示和提炼。教学仅仅停留在学生已有方案的呈现，没有展现方案背后的思维过程与障碍分析。这样，恰恰丢掉了梯形面积计算最重要的教育价值。我们所查阅到的教学设计对此都比较缺乏。

另外，交流中的一些细节问题，也可以折射出设计者的教学理念。

对于把梯形分割成两个三角形，分别求出三角形的面积，再计算出总和，学生一般的列式是“$a \times h \div 2 + b \times h \div 2$”，那是否需要把它经过恒等变形，推导出梯形的面积公式呢？有的教学设计对此进行肯定，但并不做恒等变形。我们也赞同这样的处理，学生给出想到的方法，并能理解方法就够了。是否一定要把“$a \times h \div 2 + b \times h \div 2$”转化为“$(a+b) \times h \div 2$”，这一点并不重要。

学生探索出来的方法很少，怎么办？在学生自主探索的基础上，如果时间允许，教师可以展示学生没有发现的方法，丰富学生的认识与理解，这也是课堂教学中常用的一种方法。

为了强化梯形面积公式中的“$\div 2$”，卢烨（1984）的教学设计让学生从“面积的一半”、“高的一半”、“上底与下底和的一半”三个角度去理解，并在练习中安排一张表格进行口算，以检查学生是否真正理解和掌握了“$\div 2$”的含义。

怎样选用习题？

梯形的面积计算公式是对一般基本图形面积进行计算的通用方法，但学生要完全理解这一点并不容易。教学设计中都安排了一定量的练习，目的是让学生在巩固梯形面积计算的同时，逐步体会面积计算公式应用的广泛性。

综合各教学设计所呈现的练习题，有以下这些类型。

（1）题型一：掌握方法的看图计算题（如图 4－2）和填表计算题（如图 4－3）

1.根据下列各图的条件能否求出梯形的面积？能求的请口答算式，不能求的请说明理由。

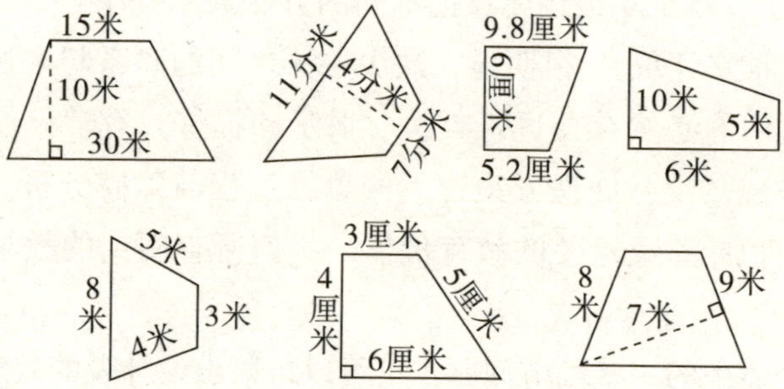

图 4－2

此题让学生明确计算梯形面积的必备条件，且在出示图形时注意了一般性和特殊性的结合，图形方位的适当变化，有利于打破思维定势。

3. 填表

图形	上底	下底	高（h）	面积（S）
梯形	8m	6m	3m	
	9dm	7dm	4dm	

图 4－3

填表计算题的条件和问题简洁明了，旨在巩固梯形面积计算方法。

（2）题型二：运用面积公式的选择题（如图 4－4）

(1)选择正确答案。

一个梯形的上底长6米，下底长10米，高5米，面积是多少平方米？

①(6+ 10) ×5　　②6+ 10×5÷2　　③(6+ 10) ×5÷2

图4－4

采用选择题，重在考查和巩固梯形面积公式的运用。

（3）题型三：综合运用知识和方法的计算题（如图4－5）

2.先量出有关尺寸，再计算它们的面积。（单位:cm）

图4－5

此题先测量出计算梯形面积所需要的数据，再计算梯形的面积。这要求学生具备测量长度的基本技能、画高的基本技能和计算梯形面积的基本方法。

（4）题型四：解决实际问题的应用题（如图4－6）

做一做：新挖的一条水渠，横截面是梯形。渠口宽2.8米，渠底宽1.4米，渠深1.2米。他的横截面的面积是多少平方米？

做一做：一种汽车的挡风玻璃是梯形。它的上底是13分米，下底是15分米，高是7分米。这块玻璃的面积是多少？

试一试：一块梯形鱼塘的上底是21米，下底是45米，面积是759平方米。它的高是多少？

图4－6

这里的试一试，实际上是已知面积和上底、下底，求高，这是面积公式的逆运用。

（5）题型五：知识迁移的应用题

典型题目就是我们非常熟悉的求堆成梯形状的圆木数量。

（6）题型六：操作发现的计算题

在平行四边形、三角形和梯形的面积计算教学后，要以运动变化的观点统御几种平面图形的概念和面积计算的方法，揭示图形概念和面积计算方法之间的辩证关系，完善学生的知识结构。

大多数的教学设计，练习完成后，课堂就结束了。胡宏伟（2002）的教学设计在课的结尾，教师则引导学生回顾整理“今天合作探究的主要收获是什么？梯形面积计算公式推导过程中，梯形可以转化成什么图形？转化的方式有哪些？”

4.2 教学设计综述对教学的启示

（1）注重问题开放

虽然具有导向性、暗示性的问题具有启发性和层次性，能有效地促进学生思考，但这是被动的定向思考，不利于学生的发展。对学生而言，只有在开放的问题与主动的探索中产生的思考，才是积极而有意义的思考。因此，我们认为不再出现具有导向性的问题和有暗示的提问是顺应学生自身特点、水到渠成的事情。为了让学生主动探索，可以设计如下开放的问题：

①用前面学过的知识和方法，自己想办法求出梯形的面积。

②可以使用准备的梯形学具。

③你还有哪些方法求出梯形的面积？

④如果你能用多种方法，你认为每一种方法的关键是什么？

（2）精选学习素材

课内所用的素材一定要符合学生的学习需求——既要有一定的学习价值取向，又要有利于调动学生学习的主动性和积极性。素材的提供决定了学生探索质量的高低。有些方法可以画图说明，但有些方法必须提供操作材料。

这可以设计以下几组素材供不同的学生选用：

第一组，两个完全一样的梯形；

第二组，一个梯形；

第三组，五个不同的梯形；

第四组，五个不同的梯形，但其中的一部分标明连接点；

第五组，按教材的例题画出梯形，并拟出思考提示。

教师根据学生的实际情况，选用其中的两至三组素材，分发给不同层次的学生，为学生搭建一个探索的平台。

另外，在学习材料中，有的设计提供的是标有上底、下底和高的长度的梯形，有的设计直接给出梯形，哪一种方式更有利于学生探索呢？我们认为，带有数据的梯形更有利于学生自主探索。

(3) 重视前期学习

这里的前期学习主要指平行四边形和三角形的面积学习，在学习中，教师就要注意展现方法背后的思维过程，帮助学生建立图形之间的联系。

要将图形转化为长方形，一般从图形的高找直角，或者从图形某一边（或两边）的中点出发找直角。要将图形转化为平行四边形，一般从图形某一边（或两边）的中点出发找平行线。教师要对类似这样的关键问题点拨到位，为梯形的转化做好渗透和铺垫。

如果在前期学习中教师注重对方法的点拨与提炼，那么学生就能用类比思考进行主动迁移。由于学生解决问题的方向性更明确，有办法解决问题的人数可能不断增加，解决问题的方案也可能丰富而且更加多元。

(4) 实现自主探索

自主探索是本节课的重要环节，是关键所在。学生依据开放的问题和选用的素材，会主动联系前面学过的知识和方法，探索梯形的面积。教师要注意给有困难的学生以及时的帮助和鼓励。

(5) 关注合作交流

合作交流，能提高教学的实效性。小组交流时，要提醒学生进行解题方法的归类。

具体可在小组交流的基础上全班交流，展示探索策略的多样化。对于各种方法，交流时不要平均用力，要根据学生的探索情况，教师精心预设，重点交流有哪些方法以及哪些方法可以简略交流。教师和学生在共同欣赏的同时，一方面要注意捕捉和倾听，不断推进教学过程，促进学生有新创意的生成；另一方面要注意引导学生沟通知识之间的联系，体会具体情境变化中的本质不变。

4.3 教学新设计

本节课对培养学生实际操作能力、渗透转化思想、促进空间观念发展，有重要意义。要得到梯形面积，需要将其转化为已经学过的平面图形，转化的实质是把未知转化为已知。探索梯形面积，实际上是对小学阶段平面图形面积探索的一个梳理。

（1）教学目标定位分析

①读懂教材

我们首先对各版本教材关于梯形面积内容进行梳理分析：

a. 问题入手，引出梯形面积计算

从呈现方式上看，都是从问题着手，提出梯形面积的计算，引入学习。人教版、北师版、青岛版和浙教版教材是以现实生活中的事物为素材，创设情境，提出问题。这些情境的本质是在生活中寻找形状是梯形的物体，并根据生活实际的需要引出梯形的面积计算。这样的问题设计让学生把学习梯形面积与解决实际问题联系起来，体会学习的价值，激发学习兴趣。苏教版和西师版教材是以已有知识为基础，通过导语在动手操作材料中提出问题，让学生直接进入学习。

b. 公式推导，重视转化思想渗透

从面积公式推导过程来看，各版本教材都十分重视转化思想的渗透。人教版、苏教版、浙教版、北师版、青岛版和西师版教材都安排了把两个一样的梯形拼成一个平行四边形，进行面积公式的推导。此外，青岛版教材还把梯形分割成一个平行四边形和一个三角形。西师版教材把梯形分割成两个三角形进行面积公式推导。浙教版、北师版和人教版教材更是安排了三种转化的实践活动，足见教材对转化思想方法的重视。

②读懂学生

要真正促进每一个学生都全面而富有个性地发展，就必须读懂学生。读懂学生最重要的是了解学生的认知起点和生活经验。我们发现：a. 对于“等积变换”的数学思想，学生已经有一定的经验积累，但学生之间也有差异。b. 部分学生对梯形面积计算方法有所了解，但对梯形面积为什么要“（上底＋下底）×高÷2”理解不深。

基于以上分析，我们对这节课的教学目标定位为：

a. 回顾平行四边形、三角形面积公式的推导方法，探索梯形面积计算方法，能正确计算梯形面积；

b. 通过操作、观察、比较，探索梯形面积公式的推导方法，感悟转化的思想方法；

c. 通过数学学习活动，激发学习兴趣，发展自主探索、合作交流能力，积累数学活动经验，发展空间观念，感受数学知识的价值。

教学的重点和难点在于让学生体悟“转化”的思想，从而理解梯形的面积计算公式的推导过程，掌握梯形的面积计算公式。

（2）课堂教学实施过程

①回顾已有知识经验，引出梯形面积计算

a. 出示梯形，说说各部分名称。根据学生的回答，课件显示相应的名称。(如图4－7)

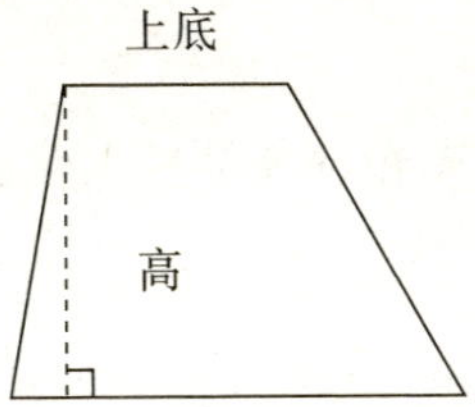

图4－7

b. 怎么计算梯形的面积呢？根据学生的回答，板书：梯形的面积＝（上底＋下底）×高÷2。

教师提问：“为什么梯形的面积＝（上底＋下底）×高÷2？你有什么方法来说明吗？今天，我们就来研究梯形的面积。”

【设计意图：梯形的各部分名称，是学习梯形面积的知识基础。在资讯丰富的现代社会中，很多学生知道了梯形面积的计算方法，教师通过谈话，了解学生已有的知识经验。教学不仅仅要知道梯形面积的计算公式，更重要的是要知道计算公式是怎么得来的，因此把教学的重点落在：引导学生探究梯形面积公式的推导。】

c. 回忆对类似问题的做法

Ⅰ. 回顾平行四边形面积公式推导，突出转化前、后图形的底和高的关系。

教师引导：出示一个平行四边形，我们是怎样得到平行四边形面积的？把一个平行四边形通过剪拼，转化成长方形。长方形的长和宽分别是多少？你是怎么知道的？（如图 4－8）

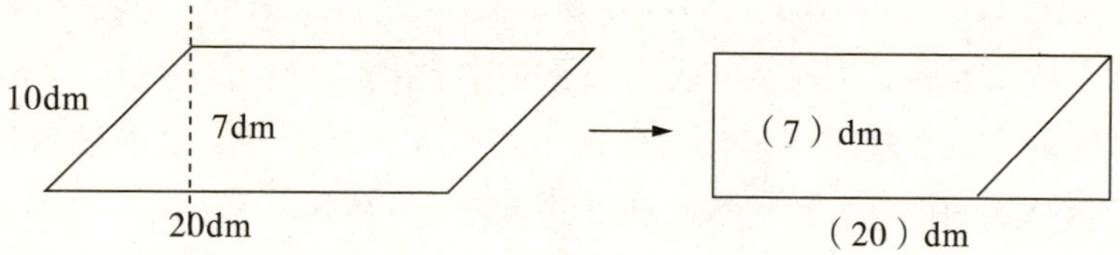

图 4－8 平行四边形面积公式推导

Ⅱ. 回顾三角形面积公式推导，突出多种转化方法。

教师引导：我们还学习了三角形的面积。研究三角形面积时，我们选取哪种三角形研究比较有代表性？锐角三角形、直角三角形还是钝角三角形？

我们是怎样得到三角形面积计算公式的？如何把两个完全一样的三角形拼成一个平行四边形？（如图 4－9）

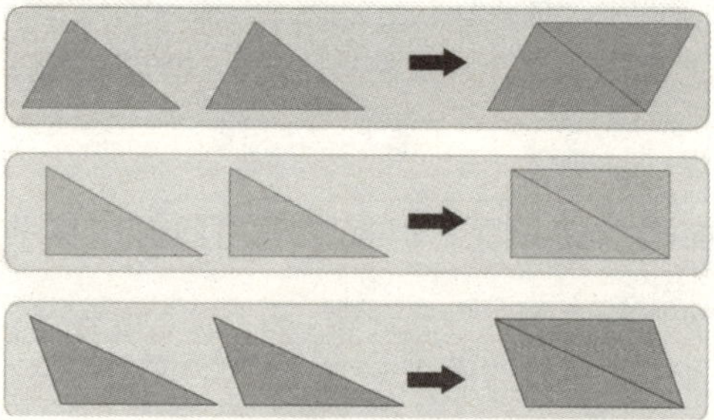

图 4－9

对于同一个三角形，还可以通过剪拼，转化成平行四边形。课件逐一显示以下两种方法，回顾三角形面积公式的推导。

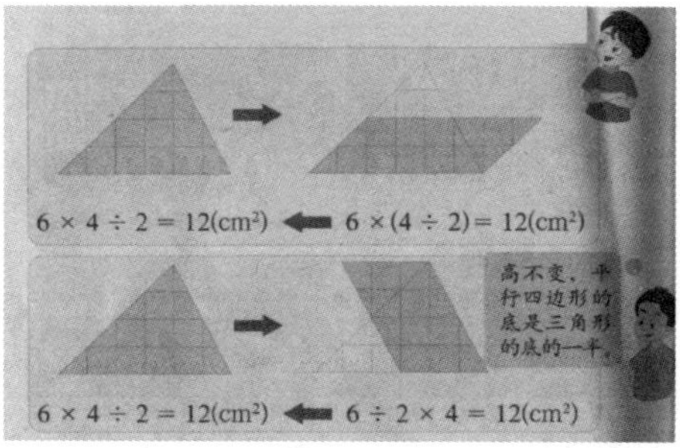

图 4－10

【设计意图：平行四边形和三角形面积公式的推导，是学习梯形面积的重要基础。平行四边形面积公式的推导，方法是通过剪拼转化为已经学过的图形，关键是剪拼前、后图形的底和高之间的关系，同样，这也是梯形面积公式推导的方法和关键。三角形面积公式的推导，比平行四边形面积公式推导方法要丰富得多。三角形面积公式的推导中，把两个完全一样的三角形拼成一个平行四边形，这也是梯形面积公式推导的常用方法，也就是把两个完全一样的梯形拼成一个平行四边形。对于同一个三角形，经过剪拼转化为平行四边形，这个三角形的底下衬着方格，直观形象地突出转化前、后图形的底和高之间的关系。对于梯形面积公式推导来说，平行四边形和三角形的面积公式推导是个重要的基础。这个基础不仅是知识技能，还包括基本活动经验和基本思想方法。此环节通过简单的回顾，努力关注学生的学习经验，给学生创设了一个探索的支架。】

d. 在回顾的基础上思考：如何研究梯形面积？

Ⅰ. 在研究梯形的面积时，这些方法可不可以用？

Ⅱ. 在研究梯形的面积时，选取哪些梯形研究比较有代表性？

【设计意图：“如何研究梯形面积？”“怎么研究梯形面积？”把这样的问题抛给学生，促使学生思考已有的解决问题的方法是否可以应用于解决新的问题。三角形面积公式的推导中，要考虑选取有代表性的三角形进行研究。那么，梯形面积公式推导中如何选取有代表性的梯形呢？这里的两个问题，在已有活动经验和新的问题之间架起了沟通的桥梁，为解决问题提

供了支架。】

②营造开放的学习环境，引导自主探索方法

思考

合适的学习材料是自主探索的重要条件。你觉得提供什么样的材料可以帮助学生自主探索梯形面积公式?

a. 出示学习材料：每人6个梯形，上底3厘米，下底5厘米，高3厘米的直角梯形3个；上底2厘米，下底5厘米，高3厘米一般梯形3个。

b. 教师提问：你能不能用我们学过的图形推导出它们的面积？教师出示独立思考的要求：

Ⅰ. 选择一种梯形进行研究。

Ⅱ. 新图形与原梯形的面积有什么关系？

Ⅲ. 新图形的各部分与梯形的上底、下底、高有什么关系？

学生独立选择材料，自主探究。

【设计意图：教师给学生提供了丰富的学习材料，创设了开放、自主的学习空间。通过问题引导的方式，给学生提供自主探索的方法，着力引导学生思考新图形和原图形之间的关系。】

③创设充分交流空间，体悟数学思想方法

思考

合作交流是学习梯形面积的重要方式。学生能自主探索出多种梯形面积计算方法，你觉得应该如何引导学生进行合作交流？交流时要把握哪些关键问题?

a. 四人小组交流，汇报。

Ⅰ. 我选择哪一种梯形进行研究。

Ⅱ. 思考：

ⅰ. 新图形与原梯形的面积有什么关系？

ⅱ. 新图形的各部分与原来梯形的上底、下底和高之间分别有怎样的关系？

【设计意图：合作交流是一种重要的学习方式。只有在独立探索和思考的基础上进行的合作交流才是有效的。四人小组合作学习给学生提供了充分的交流和倾听的机会，这样的学习方式有利于学生数学素养的提高。】

b. 全班交流

师：由此我们得出梯形的面积 = （上底 + 下底） × 高 ÷ 2。用字母表示面积公式，即 S 表示梯形的面积，a、b 和 h 分别表示梯形的上底、下底和高。梯形面积字母公式为：$S=(a+b)\times h\div 2$。

④精心设计练习内容，扎实巩固数学新知

思考

一节课的时间是有限的，公式的推导需要充裕的时间，巩固练习也需要时间，你会怎样取舍呢？

a. 知道梯形的面积计算方法有什么用？请你自己编一道求梯形面积的题。

【设计意图：此环节旨在学以致用，鼓励学生将所学的新知识应用于解决问题方面。在某种程度上，编题，比起纯粹的解题，更能发挥学生的主动性，更能巩固学习的知识。】

b. 你能计算出下列梯形的面积吗？（如图 4 – 11）只列式，不计算。

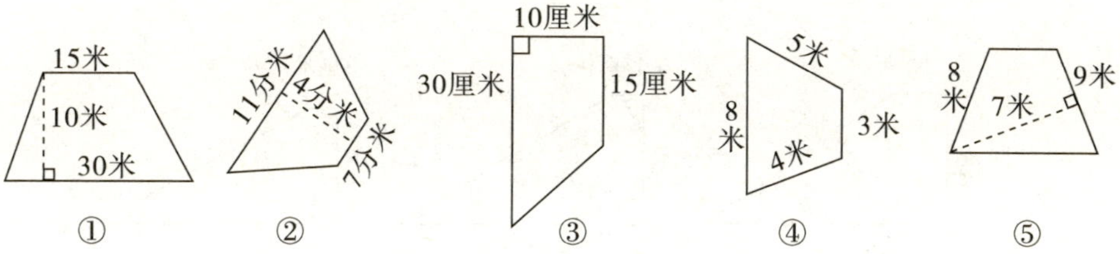

图 4 – 11

【设计意图：这里选了一般梯形和直角梯形。第二、三、四个图形非常规摆放。第四个图形给出了梯形四条边的长度，但是要求面积却缺少了高。第五个图形，给出了两腰的长度，7 米并不是梯形的高。这些题目的编排，在巩固知识的基础上，加深了对知识的理解，培养了思维的灵活性和深刻性。】

c. 下列图形的面积分别是多少？（如图 4 – 12 的梯形变化为长方形和图

4－13 的梯形变化为三角形）你发现了什么规律？

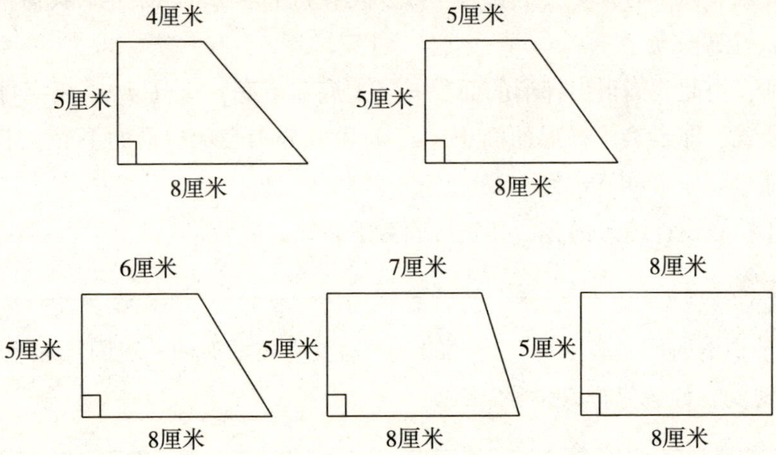

图 4－12

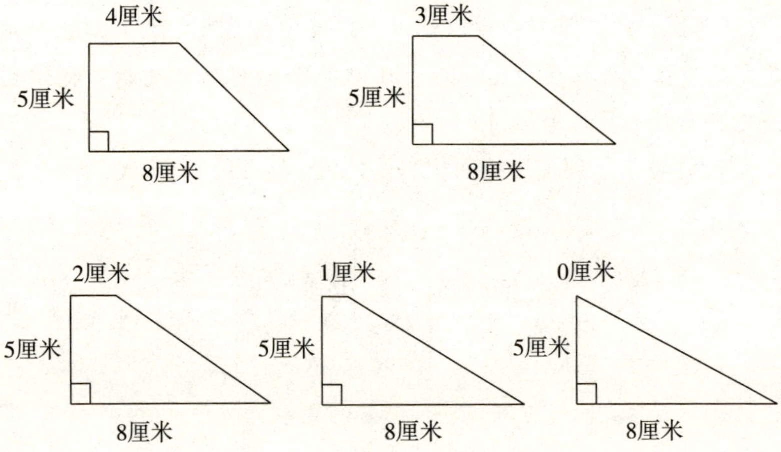

图 4－13

课件逐一出示以上图形，这是梯形到长方形、梯形到三角形的变化过程，揭示这些图形面积计算中的共同之处。

【设计意图：小学阶段，梯形是最后一个用线段围成的基本图形，它的面积计算方法可以涵盖其他图形的面积计算方法。通过这样两个题组，不仅巩固了梯形面积的计算方法，更在变化中抽象了图形面积计算的本质，在变化中沟通了基本图形面积计算的联系。】

⑤回顾探究学习过程，积累数学活动经验

师：回顾今天我们一起学习的课，我们是怎样研究梯形面积的？（结合课件，引导学生回顾梯形面积公式的探索过程）

第一步　提出问题：梯形面积是怎样计算的？为什么呢？你有办法来说明吗？

第二步　回顾平行四边形、三角形的面积推导。

第三步　思考这些方法可不可以用于研究梯形面积？研究梯形面积要选取哪些梯形研究比较有代表性？

第四步　自主探索，合作交流，归纳出梯形面积公式。

【设计意图：对学习过程的回顾，不仅是知识的梳理，也是学习方法的渗透和数学转化思想的突出，更是将本节课学生积累的活动经验进行提炼，推广运用到以后的学习中去。】

（3）教学反思

①创造性使用教材，唤醒数学活动经验

让每一个学生都受到均衡、充分的教育，不仅要关注每个人认知水平的差异，还要关注学生学习方法上的差异，进而关注情感、态度、价值观、知识、能力、心理等心智体能的全部。在学习“梯形面积”时，学生已有的知识经验是什么？解读教材是一种了解学生知识经验的方式。教材是学生积累基本数学活动经验的重要依据，因此教师要创造性地使用教材，对相关内容进行适当加工、拓展和补充，以此来唤醒学生的活动经验。“梯形面积”是在已有的平面图形面积公式推导的基础上学习的。在长方形、平行四边形和三角形的面积公式推导中，学生已经积累了一定的数学活动经验。

②精心设计实践操作，引导数学活动经验

数学活动经验是在活动中产生的，学生获得基本活动经验的核心是要有一个好的活动，能够使他们都能参与其中，在广阔的探索空间中，充分交流。同时，这样的活动要能体现数学的本质。本课中，我们提供丰富的学习材料，创设开放的学习空间，引导学生自主探索梯形面积。

a. 提供丰富的学习材料，提高学习参与度

每个学生有 6 个可供探索的梯形：大小形状相同的直角梯形 3 个，大小形状相同的一般梯形 3 个。这样丰富的材料，可以鼓励学生大胆探索，不用

因为担心破坏了材料而小心翼翼，更重要的是，为学生多样化地探索梯形面积计算提供了物质基础。

b. 创设开放的交流空间，提供充分的体验

交流是一种重要的学习方式。如何引导学生有效交流，把思维引向纵深处？我们在教学中不仅着重对推导方法的理解，还注重对方法来源的挖掘，更加关注各种方法的联系与沟通。

动手实践是小学生学习数学的重要方式之一，但这并非意味着数学教学仅满足于让学生动手操作解决问题，而是要让学生在充分感知的基础上，进行观察、思考、发现、比较，从而能揭示出感性经验背后的理性、抽象的数学活动经验。

③积极引导反思与评价，提炼数学活动经验

学生的学习都是在已有的经验基础上进行的，因此，活动经验起着一定的承上启下作用。在每节课的教学中，学生都获得了相应的经验。本节课的第五环节“我们是怎样研究梯形的面积的？”对这些体验的反思和评价，将对学生以后的学习带来较大的帮助。在学生经历探索以后，教师要组织他们进行讨论并及时给以评价强化，帮助学生对获得的经验进行显性化。

④加强沟通与应用，提升数学活动经验

数学活动经验的积累是一个循序渐进的过程。通过对简单问题的直观活动经验的提升，生成新的经验，从而促进学生的经验从一个水平上升到更高水平，实现经验的重新改组。

“梯形面积”是对前两节课中所积累的基本活动经验的充分应用，这时，教师可大胆放手，让学生自主推导。而“梯形面积”又为多角度探究平面图形的面积，积累了基本活动经验，并形成了探究平面图形面积推导的一般模式。在此基础上，教师在教学“圆的面积”时就可以水到渠成，引导学生回忆其他平面图形面积公式推导，激活储存的基本活动经验，放手让学生自主探究。

4.4 优秀教学设计赏析

图形面积计算课应该怎样设计，才能让学生经历知识发生的过程？如何让学生在面积推导中深刻体悟转化的思想方法？怎样才能促进学生数学活动经验的积累？温州南欲晓老师在执教“梯形面积”一课时，做出了大胆、有益的尝试，给我们启发很大。具体流程如下①。

（1）回顾“转化”思想，引导新知探索

我们一起来看一个引入片段——

师：静静看一看，你看懂了什么？

①小数乘小数

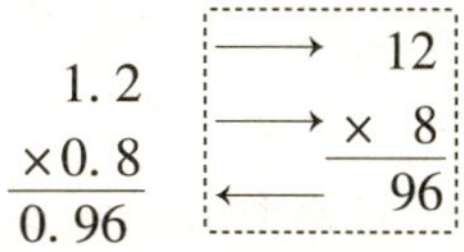

②三角形面积（如图4－14）

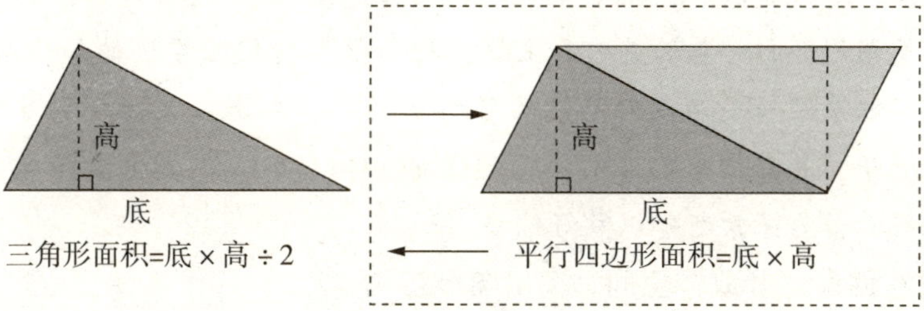

图4－14

生1：在计算小数乘小数的过程中，先要把小数乘10倍，变成整数乘整数，因为小数乘小数我们不熟悉，而整数乘整数我们学过。三角形的面积我们没学过，平行四边形的面积学过，是底乘高，三角形面积就是平行四边形面积除以2，所以三角形的面积就是底乘高除以2。

师：听懂他的意思了吗？我们在计算小数乘小数的时候，把它转化为整数乘整数。解决三角形面积的时候，把它转化为平行四边形的面积，再

---

① 此教学设计是笔者根据温州南欲晓老师在2008年中国杭州名师名校长论坛名师风采展示活动中执教的视频资料整理而成。

来解决三角形的面积。这两道题在解决的过程中有什么相似的地方？

生：我们都是把不会的转化成会的。小数乘小数我们不会，我们就把它转化为整数乘整数，三角形的面积不会求，就把三角形转化为平行四边形。

师：听懂了吗？是的，我们在学习一个新知识的时候，我们不会解决这个新知识，我们总是把它转换成学过的知识来解决它。其实，这在我们数学中是一种很重要的数学思想，我们以后数学研究中经常会用到它。今天我们要研究梯形的面积。(板书课题)

【赏析：转化是一种重要的数学思想。在现行的数学教材中，无论是哪个版本都存在着两条主线：一条是明线即数学知识，一条是暗线即数学思想方法。关于转化，我们要关注这条暗线的来龙去脉。也就是说，在学习“梯形面积”之前，关注学生已有的转化的活动经验；学完梯形面积后，关注如何让学生深入地体会转化思想。小学数学中，很多地方要用转化的数学思想解决问题。学习平行四边形、三角形、梯形和圆的面积时，都需要转化为已经学过的图形，再进行面积公式的推导。另外，在“数与代数”领域，也有很多知识的学习，需要用到转化的思想方法。比如，学生学习小数乘法、小数除法时，把它们转化成整数乘除法，进行计算。转化的数学思想是图形面积计算的灵魂和主线，把新问题转化为学过的知识来解决，学生已经积累了一些活动经验。为了突出转化，本课一开始就引导学生回顾两个例子，并突出它们在解决问题上的相似之处，以此来激活学生的原有知识经验，为探索新知识做好铺垫。】

(2) 创设“开放”空间，突出图形转化

①提供学习材料，自主探索图形转化

师：梯形的面积我们没有学过，你们打算怎么办呢？

生1：两个梯形刚好变成一个平行四边形，只要把梯形的上底加下底，再乘上高，那么就变成一个平行四边形，因为这个平行四边形是两个梯形组成的，所以要除以2就变成了梯形的面积。

师：怎么样？厉害！是不是？他除了把梯形转化成学过的平行四边形，还考虑到转化后的平行四边形与原来这个梯形的联系，你们打算把这个梯形转化成什么图形？

生2：如果是等腰梯形的话，我们可以把一个梯形分成三个三角形来计算。

师：这也是一种想法，转化成学过的三角形，行！

生3：如果是等腰梯形的话，可以把其中的一个角补到另一个角上，变成长方形或正方形。

师：好的，每个人都想一想，你打算把梯形转换成什么图形。

学生安静地想。教师提示：想好了，可以动手试试看。你们可以根据自己的需要选择一个或者两个梯形。

教师给每个学生都提供了5个用彩纸剪成的梯形，颜色有黄色、绿色、橘色、紫色和红色，梯形的大小为上底8厘米、下底22厘米、高10厘米，并且在梯形上标注了上底、下底和腰，画有高。学生安静、独立地用剪刀剪拼，时间大约4分钟。这个过程中，教师一边巡视一边做个别指导，并提醒学生：如果剪拼不成功，可以尝试用另外的梯形。

【赏析：把梯形转化为已经学过的图形，这个转化的过程是梯形面积推导中的关键环节。教师分为两个小步骤：首先，请已经有想法的学生来说一说，看得出，这些是班级里能力较强的学生。他们的想法，能够给别的学生以启发和参考的作用。然后教师请学生们安静地想一想，想好了再动手试试看。先想好，再动手操作，这是一个好的习惯。在独立操作环节，教师给每一位学生合适的学习材料——大小适中，颜色各异，有利于学生操作，也有利于反馈；数量充足，给学生创造了充分的独立探索的机会，而不用担心失败；梯形上还标注数据和名称，这样得体的细节处理为沟通转化后图形面积和原来梯形面积之间的关系提供了方便。合适的学习材料、贴心的细节处理，保证了“转化”活动的丰富、有效。】

②小组交流讨论，全班反馈转化方法

在学生独立探索的基础上，教师鼓励学生四人小组交流方法。课堂是学生学习交往的重要场所。独立探索，合作交流，这是一种学习方式。

紧接着，教师组织了全班汇报，我们来看看学生汇报的转化方法。

方法一：两个一样的梯形拼成一个平行四边形。

方法二：找到梯形其中一个腰的中点，再找到上底一个腰的中点，对折，沿折线剪开，会变成一个平行四边形和一个三角形。这个学生的想法是对的，但是转化得到的并不是一个平行四边形。教师肯定学生发言中的合理部分，没有追究转化的过程，而是强调了结果是转化成一个平行四边形和一个三角形。

方法三：找到中线，找到梯形两个腰的中点，剪开，拼在上面。

学生语言描述能力有限，教师请学生贴出图以后再解释过程。实际过程是，从腰的中点向下垂直剪开，把剪下来的两个三角形拼到上面，变成一个长方形。

方法四：把梯形沿中位线剪开，把上面的那部分翻过来，贴到梯形的右边，也成了一个平行四边形。

方法五：把梯形的一个角剪开，把三角形翻过来，拼成一个平行四边形，学生贴出图。（沿着一条高剪下一个三角形，再把三角形翻转，拼上去，其实拼出来的并不是平行四边形）其他学生摇头。另外一学生站起来发言说，只有等腰梯形才能做得到，这样的两边是不平行的。教师没有自己下结论，而是让学生自己意识到他拼出来的并不是平行四边形，然后教师把贴图拿掉。

方法六：把多余的两个角剪开，分成一个长方形和两个三角形。

教师的评价语言很简单，没有重复学生的发言，只是问学生这样行吗？

方法七：把梯形沿对角剪开，变成两个三角形。学生说完，教师贴出图。

方法八：教师说现在我也来剪一个，并边说边剪：沿着梯形一条腰的中点，沿着对面一个顶点剪开，你猜猜看，会拼成一个什么图形？（给学生想象的时间，然后把剪开的三角形翻转，和原来的图形拼成一个大三角形）

师生一共展示了 8 种图形转化的方法。教师在贴的时候，着重选了 5 种，这 5 种方法，在后面课的推进中还要重点沟通转化后图形与原来梯形的面积关系。另外的方法贴在黑板角落里。

【赏析：从上面的实录中，我们可以发现，因为有了充分的自主探索，学生得到了丰富多样的转化方法。在汇报时，教师要求汇报的学生不给大家看梯形图片，先说给大家听，教师鼓励全班学生先想象转化的过程，再把拼成的图形贴在黑板上。先听方法，再留足时间让全班学生想象，最后验证，教师敏锐地把握到了一个培养学生空间想象力的好时机。对于自己的转化方法，学生是否能清楚地说出来，对汇报的学生来说，这也是一个很好的锻炼数学语言表达的机会。这个反馈过程中，教师的评价语言很精当。对于学生容易理解的方法，教师几乎不重复；对于学生说不清楚的方法，教师适时地帮助解释；对于学生错误的转化方法，教师肯定其中的合理之

处，并努力让学生自己感悟到错误。】

（3）沟通“图形”联系，寻找转化前后的面积关系

师：刚才，通过同学们的剪拼，我们都把梯形转化成了我们学过的一些图形，比如，平行四边形、三角形等。今天我们选取几个继续研究梯形的面积。（如图 4－15）

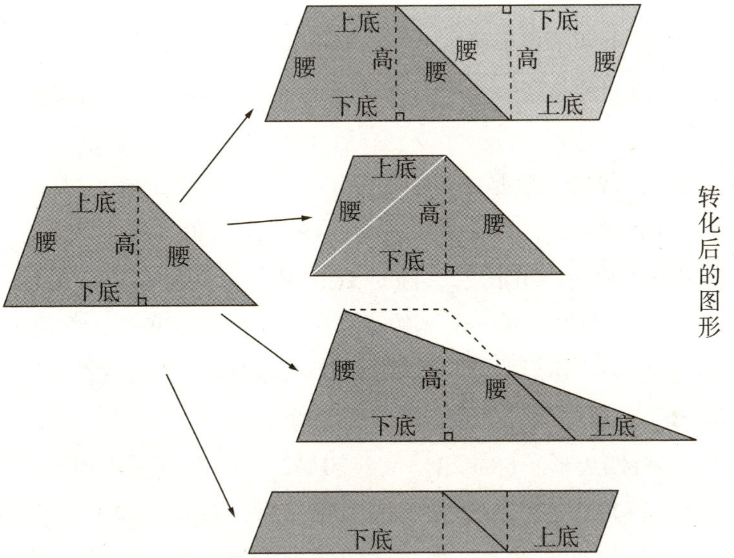

图 4－15

师：这是转化后的图形面积与原来的梯形面积，比一比，它们的大小有怎么样的关系？

生 1：转化后的图形面积和原来的梯形面积还是相等的。（其他很多学生举手表示不同意见）

师：像这样在平面内，一块图形翻到另外一个地方，它的面积是不变的，所以上面平行四边形面积是原来梯形面积的两倍。下面的图形面积和原来梯形面积是一样的。

师：转化后的平行四边形、两个三角形、大三角形和平行四边形面积，你会算吗？会的就试试看。都看着我，如果我直接给出这些图形的底和高的话，对你们这么聪明的同学简直是小菜一碟。如果我给出的是梯形的一些信息，你能不能求出转化后的图形的面积？

教师展示课件：选择你需要的数据，计算转化后图形的面积。（给出梯

形上、下底、高和两腰的数据，其中上底为 8 厘米，下底为 22 厘米，高为 10 厘米）

学生独立计算，然后全班汇报。

生 2：平行四边形，（8 + 22） × 10 = 300（平方厘米）。把上底和下底加起来，那就等于平行四边形的底，底乘上高，就是平行四边形的面积。

师：有问题吗？

生 3：它是由两个梯形拼成的，应该再除以 2。

生 4：老师问的是第一个平行四边形的面积是多少，没有问梯形的面积是多少。

师：当然，除以 2 就是梯形的面积了。

生 5：两个三角形，22 × 10 ÷ 2 + 8 × 10 ÷ 2 = 150（平方厘米）。第一个大三角形是下底乘高，下底 22，高是 10，第二个三角形是高乘上底，上底是 8，高是 10。（课件显示：上面的小三角形是钝角三角形，并显示出高）

生 6：一个大三角形，（8 + 22） × 10 ÷ 2 = 150（平方厘米）。下底加上底，高是 10，它是一个三角形，所以要除以 2。

生 7：平行四边形，（8 + 22） × （10 ÷ 2） = 150（平方厘米）。

师：你们都很厉害！不管是解决了哪一种，我们都一起来看看。转化后的图形面积已经算出来了，现在你们能不能回答，原来这个梯形的面积是多少？

生 8：150 平方厘米。

师：你怎么知道的？

生 8：把它们转化以后，它们的面积还是不变的。第一个图形是由两个梯形组成的，所以要除以 2 才等于原来梯形的面积。

师：你的意思是说，我们刚才在算转化后的图形面积，这些算式是不是意味着已经帮助我们解决了梯形的面积了？刚才在解决梯形面积的过程中，你选择了哪几个信息来解决？

生 8：我选择了梯形的上底、下底和高来解决梯形的面积。

【赏析：教师独具匠心，给出了梯形的一些信息，让学生选择有用的信息，独立计算转化后的图形面积。实质上，这个过程中学生已经在体验转化后图形面积和原来梯形面积之间的关系了。在交流中，教师不断引导学生说出是根据哪一种图形转化进行计算的。】

（4）巩固基础练习，归纳面积公式

①选择需要的信息，计算其中一个梯形的面积。（如图 4－16，单位：厘米）

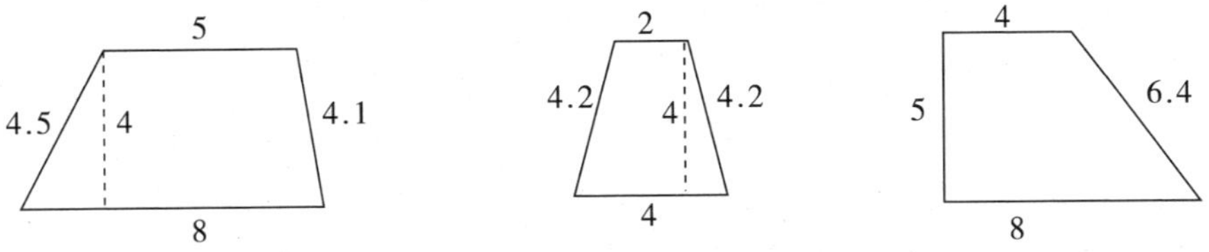

图 4－16

学生独立完成。做完的学生思考问题：解决梯形面积的一般公式会是什么样子？

全班汇报。

师：看着他的算式猜一猜，他是把梯形转化成什么图形来计算面积的？

生 1：他是把梯形转化成平行四边形来解决的。

师：第一种，标上箭头。有道理吗？还有吗？

生 2：转化成一个大三角形。

师：也有可能是剪拼过程中的第 3 种。那有没有可能是第 4 种？

生 3：有可能。第 4 种是下底＋上底的和，乘 10 除以 2 的商，也可以是先乘 10 再除以 2。

师：是的。通过算式的变式也可以得到（5＋8）×4÷2。那有没有可能是转化成第 2 种两个三角形来计算出梯形的面积呢？

生 4：不可能。如果是转化成两个三角形就不是底×高÷2，而是另一个算式了。

师：那你来说，如果转化成两个三角形，列出的算式会是怎么样的？

生 5：8×4÷2＋5×4÷2。

师：如果我们把算式里的 4÷2 看作一个整体，利用乘法分配律变成（8＋5）×4÷2。要通过变式，看来这个算式挺神奇的。（校对第 2、3 题）

师：看来，转化成刚才的哪一种都是可以的。通过刚才的剪拼，我们计算出了梯形的面积。你们觉得解决梯形面积的一般公式会是怎么样的？

生：（齐）（上底＋下底）×高÷2。（师板书梯形面积公式及字母表达式）

【赏析：选择需要的信息，计算其中一个梯形的面积。这看似和前面环节重复，其实不然。“看着他的算式猜一猜，他是把梯形转化成什么图形来计算的?”在学生的猜测中，引导等式变形，打通不同转化方法之间的联系，归纳出一般化的公式。转化后的图形面积和原来的梯形面积有什么关系？这是梯形面积公式推导的关键问题。一般的梯形面积计算课，会把图形的转化和面积关系的沟通，这两个环节合在一起进行，而本节课，教师分了两个步子来走。第一步，提供材料着重图形的转化；第二步，先选择信息，计算转化后的图形面积，然后同样是选择信息，计算梯形面积，最后再着重沟通转化前后图形的关系。这样做的好处是，踏小步子，让学生拾阶而上，在独立计算和汇报交流中，学生充分体验和感知了转化后的图形面积和原来梯形面积之间的关系。】

②一个堤坝的横截面是梯形，它的面积是多少？(如图 4－17)

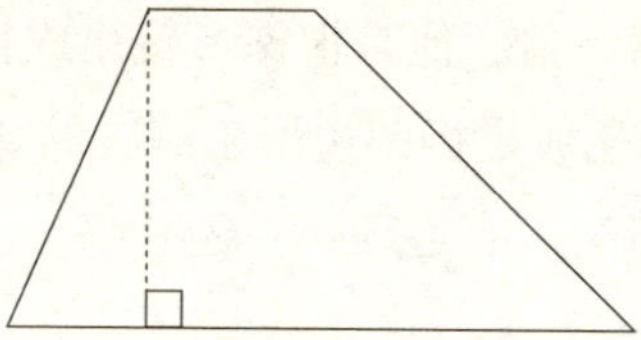

图 4－17

学生认为上底、下底和高的长度都不知道，所以不能求出梯形的面积。课件显示长度：上底 20 米，下底 80 米，高 40 米。学生独立做，然后汇报算式。

③已知等腰梯形上、下底的和是 10 厘米，高 6 厘米，求梯形的面积。

学生独立做，然后汇报。

生 1：$2\times10\times6\div2$

生 2：上底和下底的和是 10，不是上底和下底都是 10。应该是 $10\times6\div2$。

生 1：我算错了，因为前面上底和下底的和我没有看。

师：想象一下，梯形的高不变，如果要画出这个面积是 30 平方厘米的梯形，它的形状会是怎样的？你估计，它的上底、下底可能会是多少？如果继续往右走，最终会变成一个什么图形？（生答：三角形）如果再往左走，会变成什么图形？

生 3：长方形或正方形。

生 4：不对，应该是一个倒着的三角形。

师：听出他们俩不一样的地方了吗？我觉得他们俩说得都有道理。如果一直朝这个方向走，不管是长方形还是正方形，它首先是一个平行四边形。如果按这样的趋势再走的话，它很有可能会变成一个倒着的三角形，这样的人真是厉害！通过刚才的过程，我们发现梯形的面积、三角形的面积、平行四边形的面积，它们通过一定的变化，是否存在着一定的联系呢？到底有怎样的联系呢？这有待于我们继续研究。

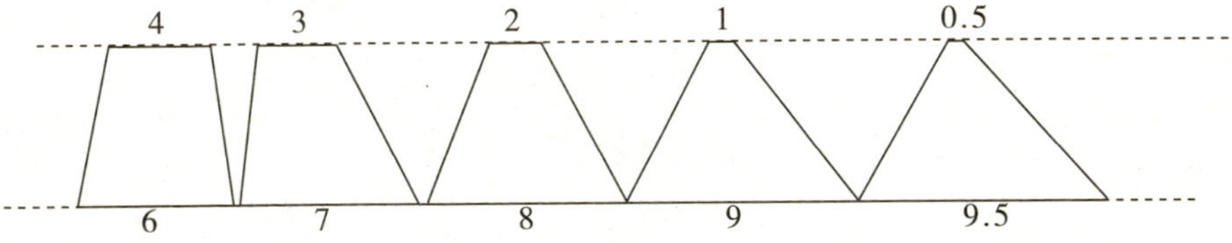

图 4－18

【赏析：第 1 题，基本练习，突出计算梯形面积所需要的信息。第 2 题，变式题，已知梯形上底和下底的和、高，求梯形面积。第 3 题，在上底和下底的不断变化中，实现等积变形，巧妙地沟通了梯形面积和三角形面积、平行四边形面积之间的联系。此环节特别鼓励学生想象，并用信息技术手段验证学生的想象，很好地促进学生空间想象力的发展。】

（5）回顾总结，系统构建知识体系

师：我们是怎么得到梯形面积公式的？

生 1：把梯形转化成我们学过的图形，然后再计算。

师：回头看，我们刚开始的幻灯片。梯形面积的研究过程与研究小数乘法、三角形面积，它们又有什么相似的地方？

生 2：它们都是把我们不会的知识转化为会的知识，再去探究这个新知识。

师：是的，这种思想就是我们打开数学的一把金钥匙。如果下一节课要研究圆形的面积，你又打算怎么办呢？

生 3：还是把圆形转化成我们学过的图形。

师：至于转化成什么图形呢？到底该怎样转化呢？转化后的图形与原来的图形又有怎样的联系呢？我们可以回去慢慢研究。

【赏析：此环节回顾梯形面积的研究过程，再寻找梯形面积的研究过程和研究小数乘法、三角形面积的相似之处，突出“转化”的数学思想，注重学习方法的总结，并将知识面拓展到圆的面积，完善了知识结构。】

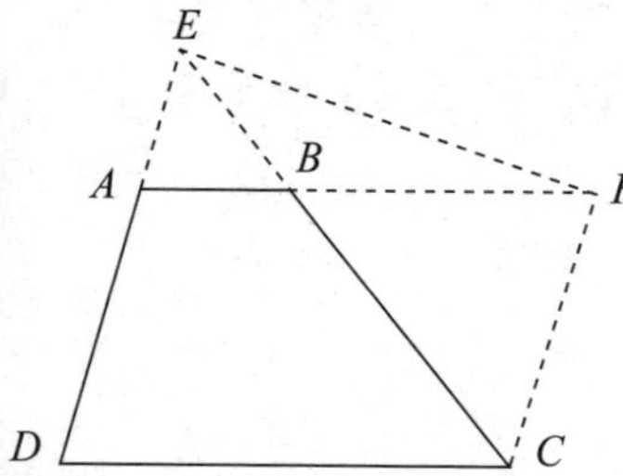

5 学情研究

5.1 学后基础测试的问题、对象与过程

思考

对一节课来说，学后测试的目的是什么？对于梯形面积计算公式，学生可能会出现哪些错误？可以把错误类型分类吗？

小学数学学习中，梯形是最后一个用线段围成的基本图形。梯形的面积计算，在计算方法、问题解决的思路和能力发展上都有总结性的内容。梯形面积计算中，学生所出现的错误对于基本平面图形的面积教学是一种重要的资源。在学习梯形的面积计算时，学生出现了哪些典型错误？出现这些典型错误的原因是什么？可以采取哪些有效的策略促进学生对梯形面积计算的掌握？对学生所出现错误的调查研究，可以有效地改进教学。

研究的问题

我们要对学生学习梯形面积计算时所出现的典型错误，分析错误背后的原因，寻找促进学生学习的有效策略。

研究的对象

我们选取了浙江省杭州市的一所省级实验小学作为样本校。学校有 6 个平行班，共 237 人，3 位数学教师执教。学生使用的教材是浙教版教材。教材把梯形的面积编排在五年级下。学生在学习了“梯形面积”这节新课后，第二天进行测试。

研究的理论基础

关于学生的错误，国内外学者已经做了很多深入的研究。如何诊断学生的错误？这是人们特别关注的问题。戴再平（1996）先生将解题的错误分为知识性错误、逻辑性错误、策略性错误、心理性错误。纽曼（Newman）认为，学生在解一步文字题时，只有扫清一系列障碍，才能得到正确的解答，任何的失误都会影响到解题的进程和结果。纽曼从解题过程角度

提出了错误的层级，一共有5个水平：阅读、理解、转换、处理和编码。凯西（Casey）发展了纽曼的理论，把错误分为问题形式、问题阅读、问题理解、策略选择、技能选择、技能操作等6个等级，可以用来分析多步数学文字题中发生的错误。（Clements，1980）

我们基于纽曼和凯西的研究成果，提出了梯形面积计算中学生容易出现的5个典型错误，具体如下。

①“阅读”错误：解题前，阅读文字或图形等信息时发生错误或遗漏。

②“理解”错误：没有掌握问题中所有信息的意义。

③“转换”错误：不能进行文字语言、符号语言和图形语言之间的相互转换。

④“加工技能”错误：与算法有关的错误。

⑤“编码”错误：书写中的错误，如笔误。

研究内容

研究内容包括5道测试题。具体题目见附录4。

测试完成后，我们还对参与测试的部分学生进行了访谈。

思考

在你自己的班上做这份测试卷，你觉得各题的正确率大概有多少？

5.2 测试的结果与分析

对于测试结果，我们采用以下两种方法处理和分析数据。一是定性的方法，主要分析了错误的类型和错误的原因。二是定量的方法，主要是对学生的回答进行了分类和编码，进而得到学生掌握水平的层次。

根据学生的测试情况，我们发现计算技能直接影响解题的正确率。在各个测试题中，由于计算错误导致解题错误的比例都比较高，甚至越是基础的题目，这个比例就越高。可见计算是数学学习的重要基础。

排除计算原因，我们选择了部分做错的学生进行访谈，发现学生的错误有以下5种。

“阅读”错误

（1）图形数据不够

【测试题1】你能计算下列梯形的面积吗？请列式计算。如果不能，请说明理由。（如图5－1）

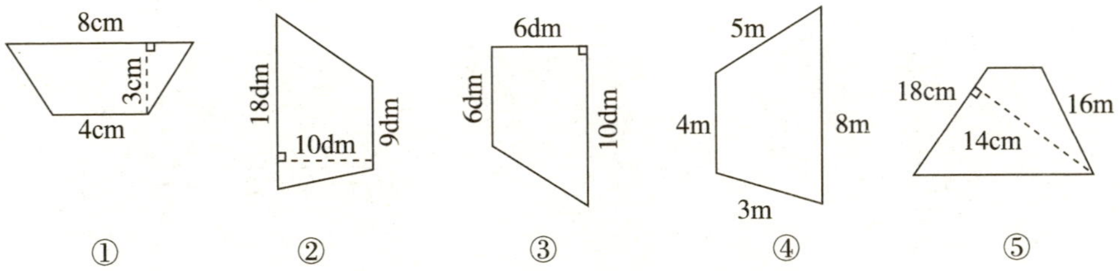

图5－1

测试题1中，图形①，正确人数为235人，约占总人数的99.2%；图形②，正确人数为234人，约占总人数的98.7%；图形③，正确人数为234人，约占总人数的98.7%。这说明学生能熟练地找到梯形的上底、下底和高，并且掌握了梯形面积的计算方法。

图形④，正确人数为218人，约占总人数的92.0%；图形⑤，正确人数为205人，约占总人数的86.5%。图形④、⑤标注的数据并不能求得梯形的面积。如果学生对梯形的认识不巩固，那么就直接影响了问题的解决。对图形④、⑤做错的学生进行访谈（以下S表示学生，T表示教师）。

T：图形④中，梯形面积怎么算？

S：(8＋4)×3÷2。

T：上底多少？下底多少？高多少？

S：上底4米，下底8米，高3米。这个梯形这样放着，看不清楚。

T：仔细看，高到底是多少？

S：哦，3米不是高，高是5米。不对，5米也不是高。高没画出来。

通过对图⑤做错的学生的访谈，我们发现，经过提醒后，学生发现给出的数据并不是解决问题所需要的数据。由此，我们得出，对于图形的阅读错误，直接导致了解题的错误。出现这样的错误，可能是学生在阅读中粗心所致，也可能是对于梯形的认识不巩固，还有可能是解题习惯所致。平时的教学中，学生所面对的问题，常常是标准样子，给出的数据也是解题刚好所需的，一旦养成了习惯，学生就会看到数据就计算，而缺少了对图形和数据的进一步反思。

（2）图形数据过多

【测试题2】寻找合适的条件，求出图形（如图5－2）中梯形的面积。（单位：cm）

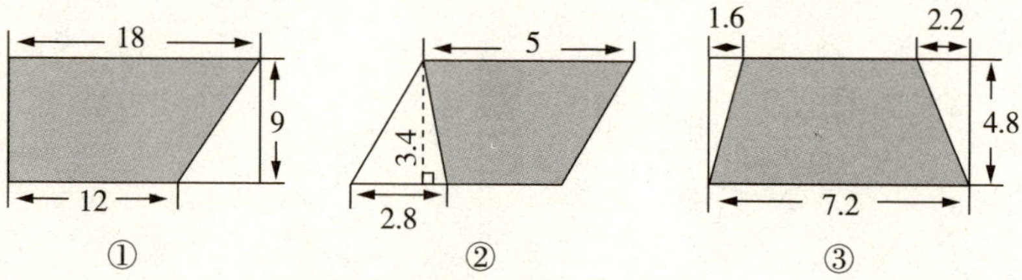

图5－2

图形①，正确人数为227人，约占总人数的95.7%；图形②，正确人数为161人，约占总人数的67.9%；图形③，正确人数为167人，约占总人数的70.5%。从测试结果看，图形①直接给出求面积所需的数据，正确率比较高；而图形②、③需要根据给出的数据求出梯形的上底或下底，再来求梯形面积，正确率就下降了。

图形②，正确的算式是：（5＋5－2.8）×3.4÷2。而学生却出现了（5＋2.8）×3.4÷2、（5＋5）×3.4÷2、（2.8＋3.4）×5÷2这样的三种算式，没有准确地得到梯形的上底和下底长度。特别是有14人把2.8当作了梯形的下底长度。图形数据过多，会干扰学生正确读图。

图形③，正确的算式是：（7.2＋7.2－1.6－2.2）×4.8÷2。而学生出现了这样的算式：（7.2＋1.6＋2.2）×4.8÷2，没有准确地得到梯形的上底和下底的长度。

另外，这一组题中，出现了小数，而小数的加、减、乘和除，会影响计算结果的正确率。算式正确，但是因为小数计算错误导致结果错误的，图形②有38人，约占总人数的16.0%，图形③有47人，约占总人数的19.8%。统计中发现，相比较整数的计算，小数的计算错误率更高。

（3）图形和文字

【测试题3】科技小组制作飞机模型，机翼的平面图是由两个完全相同的梯形组成的（如图5－3）。它的面积是多少？

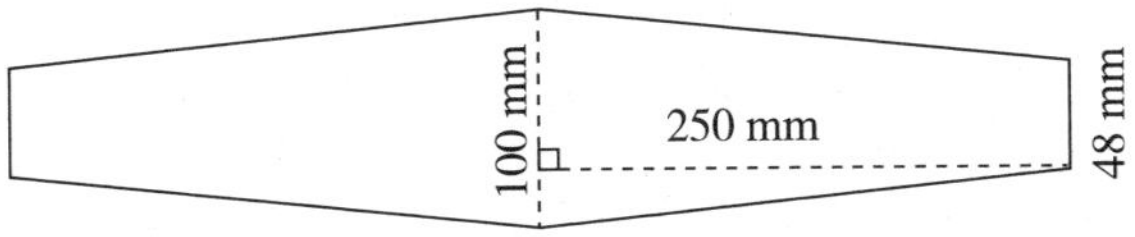

图 5－3

这道题目解题的关键：机翼是由两个完全相同的梯形组成的。要求机翼的面积，先求出一个梯形的面积，再乘 2。本题正确人数为 169 人，约占总人数的 71.3%。典型错误是只求了一个梯形的面积，没有乘以 2 算两个梯形的面积，这样的学生有 31 人，约占总人数的 13.1%。尽管题目给出了文字和图形两种表达，但学生还是没有捕捉到这么重要的信息。

另外，还有 15.2% 的学生列式正确，但计算错误。因为这道题涉及多位数的乘法（积的末尾有 0），学生容易出错。看来，要重视基本的计算能力。

"理解"错误

在阅读文字、数据和图形的基础上，准确地理解题目意思，才能正确地解决问题。没有准确理解问题中所有信息的意义，就容易出现"理解"错误。

【测试题 4】已知梯形的上底为 10 厘米，下底为 15 厘米，面积是 100 平方厘米，高是多少？（如图 5－4）

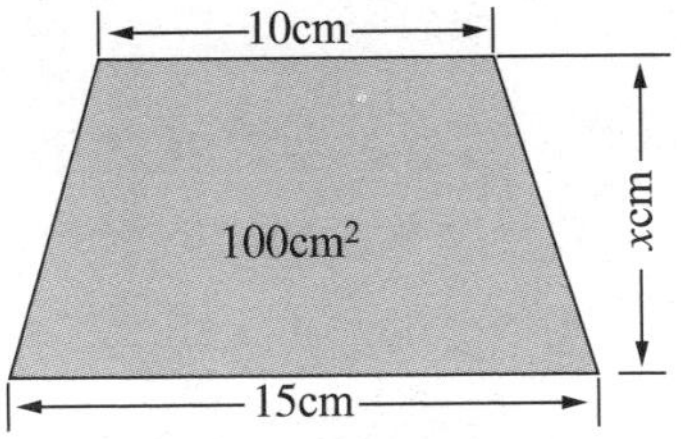

图 5－4

本题正确人数为 207 人，约占总人数的 87.3%。主要有两种典型错误：错误一：100 ÷ （10 + 15）= 4cm（14 人）。错误二：100 ÷ 2 = 50，50 ÷（15 + 10）= 2cm（7 人）。要准确理解梯形面积公式推导过程，才能利用梯形面积公式，进行逆运算。从学生的错误中，我们可以发现，梯形面积公式中的"除以 2"，部分学生没有完全理解，导致逆运算时没有"乘 2"，或者还是“除以 2 ”。

学生还出现了以下一些错误，10 × 15 ÷ 2，100 − （10 + 15）× 2，100 × 2 − （15 + 10）÷ 2，100 ÷ 2 − （10 + 15），100 − 10 × 15 ÷ 2，（15 − 10）÷ 100。虽然人数很少，但是说明对梯形面积公式的推导没有完全理解，导致在逆用时，不能厘清各个量之间的关系。

这个题，可以用算术方法解，也可以用方程来解。统计学生使用的方法，有 69 人用方程的解法，这 69 人集中在其中的两个班，这两个班是同一个数学老师执教。用方程解的学生，方程都对，只有 3 人因为具体解方程过程中的计算错误导致结果错误。这比用算术方法解的正确率要高。

“转换”错误

【测试题5】靠墙边围成一个花坛（如图 5 − 5），围花坛的篱笆长 46 米，求这个花坛的面积。

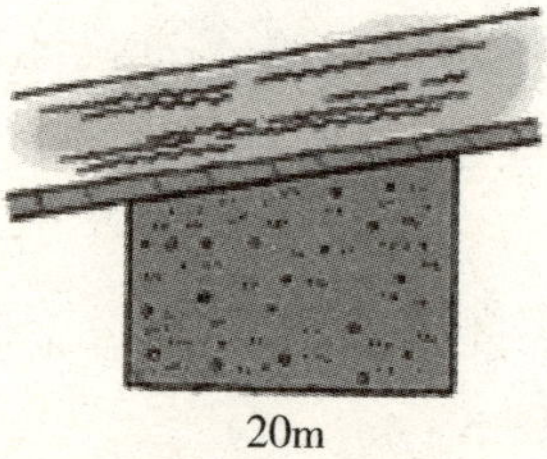

图 5 − 5

本题正确人数为 182 人，约占总人数的 76.8%；有 23 人空白，没有做，约占总人数的 9.7%；另外有 6 人列出的算式是 20 × 46 = 920，约占总人数的 2.5%。题目给出了文字，也出示了图形，要解决问题首先要把文字语言、符号语言和图形语言进行相互的转换。只有能进行明确、清晰的转换，才能正确解决问题。而学生往往在这样的数学语言转换上存在困难，如下面的访谈。

生：(20 + 46) × 20 ÷ 2 = 660。

师：46 表示什么？

生：篱笆的长度。

师：你能指出篱笆在哪里？

学生指着梯形的上底和下底，然后改变主意，指了指梯形的四条边，最后又说可能是三条边，始终不能确定。

师：怎么求花坛的面积呢？

生：花坛是个梯形，梯形面积就是（上底＋下底）×高÷2 啊。

师：那上底、下底和高分别是多少？

学生一脸的疑惑。

由此，我们看到，对于篱笆长 46 米这个条件，学生不能在图中找到确切的长度。图形中标注的 20 米，表示的是梯形的高，学生在计算的过程中，对 20 米这个条件的处理也是混乱的。在解决问题中，任何一步转换的错误都会影响解题的正确，如下面的访谈。

生：(46－20）÷2＝13，(13＋20）×13÷2＝214.5。

师：46 表示什么？

生：篱笆的长度。

师：你能指出篱笆在哪里吗？

生：(准确地指出篱笆）篱笆总长度 46 米，减去 20 米，剩下的 26 米包括左右两段，所以要除以 2。

师：左右这两段相等吗？

生：相等啊。

很明显，26 米表示的是梯形上底与下底的和。学生一定认为上底和下底相等。而且，在第二个算式中，上底、下底和高的数据也是混乱的。

除此以外，我们还可以来看看其余的一些典型的错误。

① 20×46＝920

② 46－20＝26，(26＋20）×20÷2＝460

③ 46×20÷2＝460

④（20＋46）×26÷2＝858

从这里，我们可以看到，错误的原因都是对于 46 和 20 的错误转换。

⑤ 46×2÷20＝4.6m　$a+b=4.6$m，$h=20$m，$S=(a+b)h\div 2=$ $4.6\times 20\div 2=92\div 2=46\text{m}^2$

能先写出公式，然后寻找相应的数据，计算梯形面积，这样的习惯可以减少错误。但是，这个学生把 46 当成了这个直角梯形的面积。把两个直角梯形拼成了一个长方形，得到长方形面积后，除以宽，就是长方形的长，也就是梯形的上底加下底的和，就是4.6米。然后再根据梯形面积公式计算出梯形面积46平方米。从46米出发，绕了一圈，回到了46平方米，只是单位变化了。这样的学生，审题要加强，或者做完题目以后，要对照题目中的条件做一个检查。

“加工技能”错误

【测试题6】已知梯形上底为5厘米，下底为15厘米，①号三角形面积为60平方厘米，求②号三角形面积。(如图5－6)

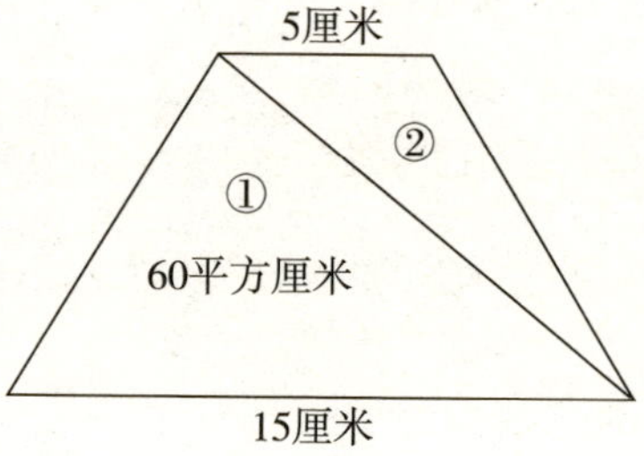

图5－6

“加工技能”错误指的是与算法有关的错误。这道题解题的思路有两种：第一种是已知大三角形的面积和底，求出高，小三角形的高和大三角形的高相等，因此可以得到小三角形的面积，把两个三角形的面积相加，就是梯形的面积；第二种是求出大三角形的高，这条高也是梯形的高，直接求出梯形的面积。学生的典型错误主要有以下三种。

（1）三角形面积公式的逆运算掌握不够

典型错误：$60\div15=4$，$(5+15)\times4\div2=40$。错误人数5人，约占总人数的2%。已知三角形的面积60平方米和三角形的底15米，求高，学生对于这样的逆运算掌握不好，直接影响解题效果。

（2）三角形面积计算和梯形面积计算相互混淆

在求高的过程中，有11人选择了这样的方法求高：$60\times2\div(15+5)=6$。60表示的是大三角形的面积。

师：第一步为什么这样做？

生：先求出高啊！

师：先求谁的高？

生：大三角形的高和梯形的高是一样的，小三角形的高也是一样的。

师：那怎么求高呢？

生：倒过来算，应该先乘2，再除以上底加下底的和。

师：是这样吗？

生：是这样算的。

三角形面积和梯形面积相互混淆，学生还浑然不知。

（3）无法寻找解题线索

对测试题5，5位学生列出了这样的算式：$(5+15)\times 60\div 2=600$。对此访谈如下。

师：你是直接用公式求梯形面积了，对吗？

生：对啊！直接用公式就可以求出来了。

师：高是多少？

生：60。

师：60平方米表示梯形的高吗？

生：哦，60平方米不是梯形的高，我弄错了。

师：那梯形的高是多少？

生：不知道，没法求啊，没告诉我们。

师：从60平方米这里我们可以得到什么？

生：没办法求出高。

对其余的几位学生的访谈也让我们发现，出现这样的错误，并非是粗心所致，而是学生根本找不到解题的线索。

“编码”错误

对测试题5，有学生正确地算出大三角形的高 $60\times 2\div 15=8$，然后得到小三角形的面积 $8\times 5\div 2=20$，最后得到梯形的面积是 $8+20=28$——把大三角形的高当作了大三角形的面积了。这种错误情况可能是一时粗心所致。

参考文献

中文部分

鲍建生 . 2002. 中英两国初中数学期望课程综合难度的比较 [J]. 全球教育展望 (31): 48 – 52.

鲍建生 . 2009. 数学学习的心理基础与过程 [M]. 上海: 上海教育出版社: 10 – 21.

波利亚 . 2007. 怎样解题 [M]. 上海: 上海科技教育出版社 .

布兰思福特 . 2002. 人是如何学习的: 大脑、心理、经验及学校 [M]. 程可拉, 孙亚玲, 等, 译 . 上海: 上海师范大学出版社: 22 – 24.

蔡金法 . 2007. 中美学生数学学习的系列实证研究 [M]. 北京: 教育科学出版社: 309 – 340.

曹培英 . 2000. 中日小学数学教材的比较研究 [J]. 课程 · 教材 · 教法 (6): 52 – 56.

曹培英 . 2006. 新课程背景下小学数学教师本体性知识的缺失及其对策研究 [J]. 课程 · 教材 · 教法 (6): 44 – 45.

曹培英 . 2010. 几何计算怎样体现问题解决策略的多样化 [J]. 小学数学教育 (10): 2 – 4.

陈敏 . 2011. "三角形的面积" 习题设计部分的教材比较研究 [J]. 小学教学 (3): 17 – 18.

程涛, 马刚 . 2004. "梯形面积的计算" 课堂纪实与评析 [J]. 山东教育 (Z4): 89 – 90.

戴再平 . 1996. 数学习题集 [M] . 2004: 164 – 185.

高文君, 鲍建生 . 2009. 中美教材习题的数学认知水平比较: 以二次方程及函数为例 [J]. 数学教育学报, 18 (4): 57 – 60.

顾泠沅, 王洁 . 2007. 校本教研: 从制度建设到聚焦课堂 [J]. 人民教育 (19): 45 – 47.

何丽华, 路品 . 1999. 《梯形面积的计算》教学设计与评析 [J]. 河北教育 (Z2): 53 – 54.

黄宝珊, 朱亮尧 . 1999. 梯形的面积计算 [J]. 广西教育 (3): 28 – 29.

课程教材研究所．1999. 20 世纪中国中小学课程标准・教学大纲汇编：数学卷［M］．北京：人民教育出版社：55－56.
孔企平．2006. 构建以学习为中心的数学课堂：基于小学数学学习过程的教学研究［M］．北京：北京师范大学出版社．
林崇德，申继亮，辛涛．1996. 教师素质的构成及其培养途径［J］．中国教育学刊（6）：17－18.
刘超，冷长生．2007. “梯形的面积”教学设计与评析［J］．辽宁教育（Z2）：117－118.
刘丽．2010. 有关“除法的认识”和“有余数的除法”的教材比较研究［EB/OL］．http：//www. pep. com. cn/peixun/xktj/xiaoshupx/tj/201011/t20101126_ 975345. htmf.
卢烨．1984. 我是怎样上“梯形面积计算”的？［J］．小学数学教师（4）：53－55.
吕敏霞．2008. 中美校本教研比较研究［D］．上海：华东师范大学：49－85.
马立平．2011. 小学数学的掌握和教学［M］．上海：华东师范大学出版社.
马立平．2012. 美国小学数学内容结构之批评［J］．数学教育学报，4（21）：1－15.
孟庆玲．2008. “人教版”与“华师版”初中数学教材比较［D］．长春：东北师范大学．
缪燕．2005. “梯形面积的计算”教学设计［J］．云南教育（10）：39－40.
南欲晓，邢雪琼．2011. 悉心领悟，适时转化：以“梯形的面积”教学为例［J］．教学月刊：小学版：数学（6）：44－46.
王洁，顾泠沅．2005. 学校教研现状与问题诊断：上海市“八区联动”校本教研专题调研之一［J］．上海教育（6A）24－26.
王荣生，朱静芳．1996. 梯形面积教学设计与评析［J］．小学数学教育（11）：36－38.
吴玉兰．2010. “角的认识”实物图使用的教材比较研究［J］．小学教学：数学版（1）：10.
夏军．2008. 新课程背景下中小学校本教研现状与问题研究［D］．重庆：西南大学：5.
许万明．1994. 优化教法培养能力：《梯形的面积》教学设计［J］．青海教育（9）：44.

杨守亮，金连平 . 2001. 梯形面积的计算教学设计与评析 [J]. 小学教学参考（Z1）：74－75.

杨玉东 . 2006. 日、港、沪三种教学研究活动及启示 [J]. 教育发展研究（11）：43－47.

余文森，等 . 2005. 探索以校为本的教学研究 [M]. 上海：华东师范大学出版社：3－47.

于炎 . 2010. 关于我省高中校本教研情况的调查分析 [J]. 沈阳：辽宁教育行政学院学报（5）：152－153.

赵裕春. 1987. 小学生数学能力的测查与评价：低年级 [M]. 北京：教育科学出版社：18－20.

张奠宙. 2005. 中国数学教学中的"双基"和开放题问题解决 [J]. 数学教育学报，14（4）：2.

张奠宙. 2006. 让我们来重新认识三角：兼谈数学教育要在数学上下工夫 [J]. 数学教学（10）：5－6.

张奠宙，孔凡哲，黄建弘，等 . 2009. 小学数学研究 [M]. 北京：高等教育出版社.

张天孝，沈国梅 . 1998. 现代小学数学第九册教学辅导 [M]. 北京：科学出版社：1.

张天孝，唐彩斌 . 2005. 美、日、德小学数学教材的共性特征及启示 [J]. 比较教育研究（1）：78－81.

张天孝 . 2011. 小学新思维数学研究 [M]. 杭州：浙江大学出版社：450－457.

郑毓信 . 2008. 数学方法论入门 [M]. 杭州：浙江教育出版社：76－78.

中央教育科学研究所"校本教研制度实施中的调查分析与对策研究"课题组 . 2007. 全国校本教研实施现状的调查分析与对策研究 [J]. 教育科学研究（1）：31－36.

周超 . 2009. 八年级学生数学认知水平的检测与相关分析 [D]. 上海：华东师范大学：10－12.

周春荔，杨世明 . 1993. 对数学方法论的杰出贡献：希尔伯特和他的《数学问题》[J]. 玉溪师专学报：自然科学版（3）：39.

朱乐平 . 2011. "平行四边形、三角形和梯形的面积公式教学研究" 校本教研活动方案：一 [J]. 教学月刊：小学版：数学（11）：23.

朱宁波，张萍.2007. 教师同伴互助的校本教研模式［J］. 教育科学(6)：16－20.

英文部分

Biggs. 1995. Assessing for learning：Some dimensions underlying new approaches to educational assessment［J］. The Alberta Journal of Educational Research，41 (1)：1－17.

Clements，Wilson，Sarama. 2004. Young children's composition of geometric figures：A learning trajectory［J］. Mathematical Thinking and Learning，6 (2)：163－184.

Clements. 1980. Analyzing children's errors on written mathematical tesk［J］. Educational Studies in Mathematics (11)：1－21.

Crawford et al. 1994. Conceptions of mathematics and how it is learned：The perspectives of students entering university［J］. Learning and Instruction (4)：331－345.

Fischbein，Nachlieli. 1998. Concepts and figures in geometric reasoning［J］. International Journal of Science Education，20 (10)：1193－1211.

附　录

1　根据实验稿课标编写的“三角形面积”教材图片

2　根据实验稿课标编写的“梯形面积”教材图片

3　三角形面积的前测、后测试卷

4　梯形面积的后测试卷

5　三角形面积的教学片段欣赏

6　作业中部分题目学生错误情况统计

1　根据实验稿课标编写的“三角形面积”教材图片

（按出版社名称音序排列）

北京师范大学出版社　五年级上册　2005 年

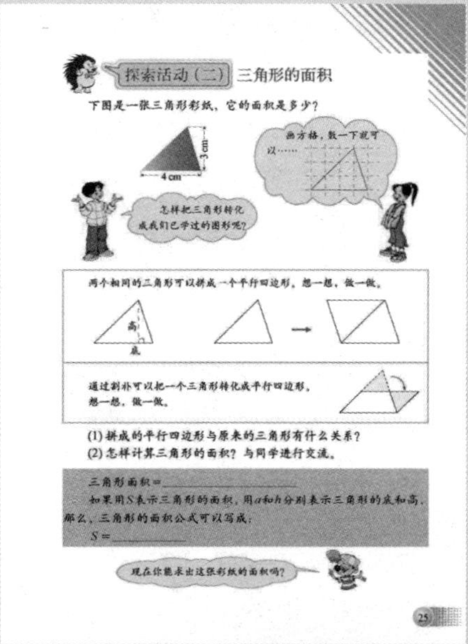

探索活动（二）三角形的面积

下图是一张三角形彩纸，它的面积是多少？

两个相同的三角形可以拼成一个平行四边形。想一想，做一做。

通过剖补可以把一个三角形转化成平行四边形。想一想，做一做。

(1) 拼成的平行四边形与原来的三角形有什么关系？

(2) 怎样计算三角形的面积？与同学进行交流。

三角形面积＝____________

如果用S表示三角形的面积，用a和h分别表示三角形的底和高，那么，三角形的面积公式可以写成：

$S=$________

25

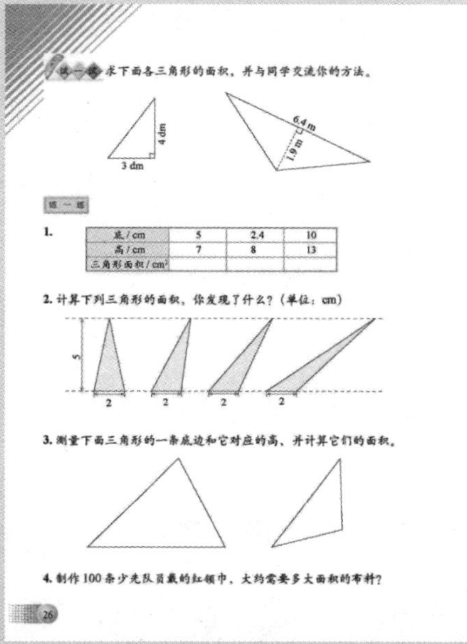

试一试　求下面各三角形的面积，并与同学交流你的方法。

练一练

1.

底 / cm	5	2.4	10
高 / cm	7	8	13
三角形面积 / cm^2			

2. 计算下列三角形的面积，你发现了什么？（单位：cm）

3. 测量下面三角形的一条底边和它对应的高，并计算它们的面积。

4. 制作 100 条少先队员戴的红领巾，大约需要多大面积的布料？

26

江苏教育出版社　五年级（上册）　2005 年

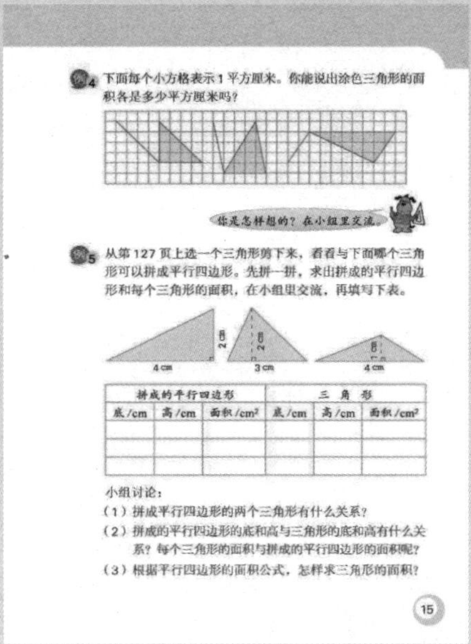

例4　下面每个小方格表示 1 平方厘米。你能说出涂色三角形的面积各是多少平方厘米吗？

例5　从第 127 页上选一个三角形剪下来，看看与下面哪个三角形可以拼成平行四边形。先拼一拼，求出拼成的平行四边形和每个三角形的面积，在小组里交流，再填写下表。

拼成的平行四边形			三角形		
底 /cm	高 /cm	面积 /cm^2	底 /cm	高 /cm	面积 /cm^2

小组讨论：

（1）拼成平行四边形的两个三角形有什么关系？

（2）拼成的平行四边形的底和高与三角形的底和高有什么关系？每个三角形的面积与拼成的平行四边形的面积呢？

（3）根据平行四边形的面积公式，怎样求三角形的面积？

15

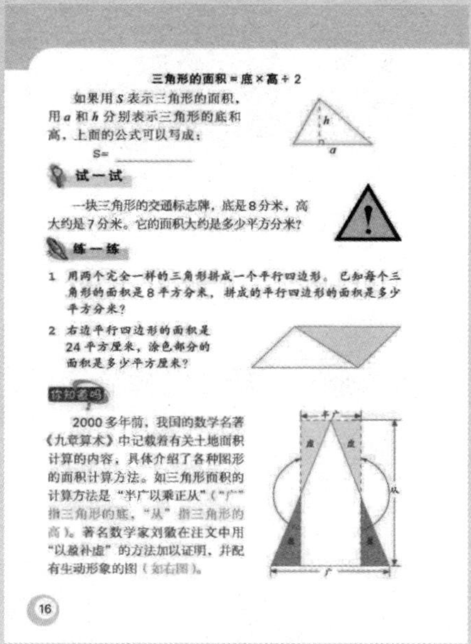

三角形的面积＝底×高÷2

如果用 S 表示三角形的面积，用 a 和 h 分别表示三角形的底和高，上面的公式可以写成：

S= __________

试一试

一块三角形的交通标志牌，底是 8 分米，高大约是 7 分米。它的面积大约是多少平方分米？

练一练

1　用两个完全一样的三角形拼成一个平行四边形。已知每个三角形的面积是 8 平方分米，拼成的平行四边形的面积是多少平方分米？

2　右边平行四边形的面积是 24 平方厘米，涂色部分的面积是多少平方厘米？

你知道吗

2000 多年前，我国的数学名著《九章算术》中记载着有关土地面积计算的内容，具体介绍了各种图形的面积计算方法。如三角形面积的计算方法是“半广以乘正从”（“广”指三角形的底，“从”指三角形的高）。著名数学家刘徽在注文中用“以盈补虚”的方法加以证明，并配有生动形象的图（如右图）。

16

青岛出版社 五年级上册 2006 年

2

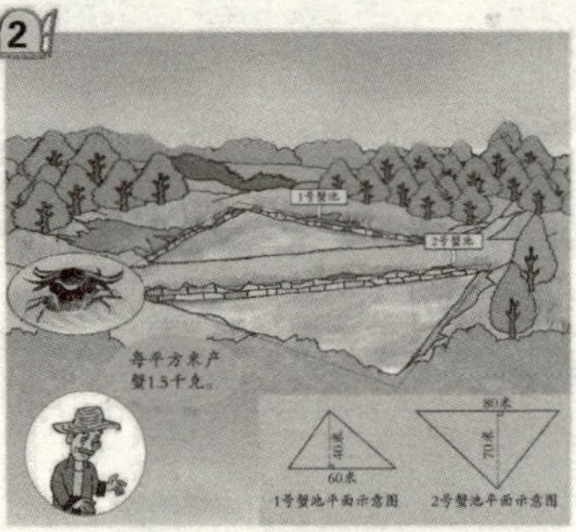

你能提出什么问题？

合作探索

● 1号蟹池的面积是多少？

1号蟹池的形状是三角形。

怎样求三角形的面积呢？

用两个完全一样的锐角三角形拼拼看。

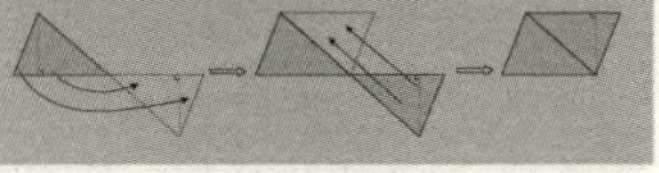

每个三角形的面积与拼成的平行四边形的面积之间有什么关系？三角形的底和高与平行四边形的底和高又有什么关系？

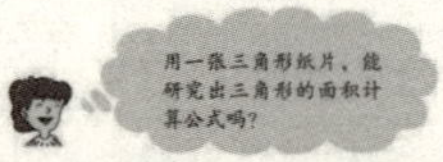

三角形的面积=________________

用字母表示：________________

1号蟹池的面积：________________________

答：1号蟹池的面积是________平方米。

● 2号蟹池今年能产多少千克蟹？

要求能产多少千克蟹，需要先求……

自主练习

1. 计算下面三角形的面积。

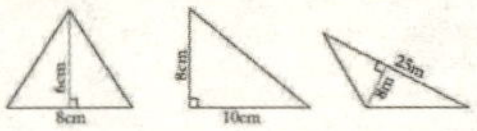

2. 你能算出下面每个图形的面积吗？

3.

高=__________　　　　底=__________

4. 做一块这样的丝巾至少需要多少面料？

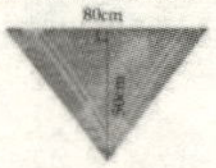

5.

（1）做一块这样的标志牌至少需要多少材料？

（2）每平方米材料的价格是90元，做100块标志牌，需要多少钱？

6.

$0.65+4.2+0.35+5.8$　　$(10.8-2.7)\div(9.2+8.8)$

$6.3\times0.87+0.87\times3.7$　　$[12.8-(7.5+4.5)]\times2.5$

7. 火眼金睛辨对错。

(1) 两个面积相等的三角形一定能拼成一个平行四边形。( )

(2) 三角形的面积是平行四边形面积的一半。( )

(3) 两个三角形底和高分别相等,它们的面积也一定相等。( )

(4) 长方形和正方形都是特殊的平行四边形。( )

8.

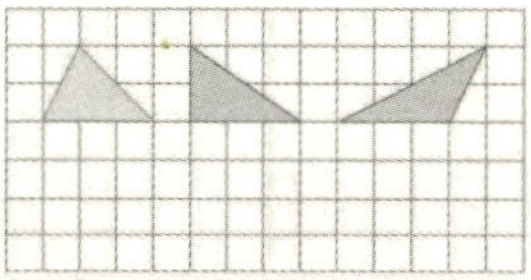

(1) 求出每个三角形的面积，并与同伴说说发现了什么。（每一方格代表$1cm^2$）

(2) 你能在方格图中，画一个与上面三角形面积相等但形状不同的三角形吗？试试看。

9. 你认识这片树叶吗？它的面积大约是多少？说说你的估算方法。

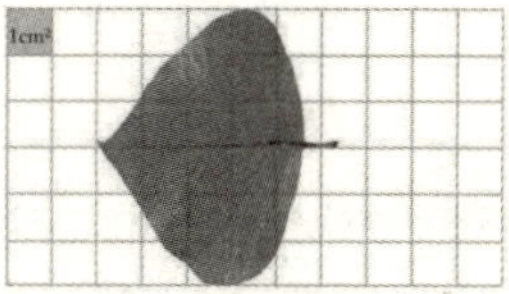

找几片自己喜欢的叶子，估一估它们的面积大约各是多少。

10.

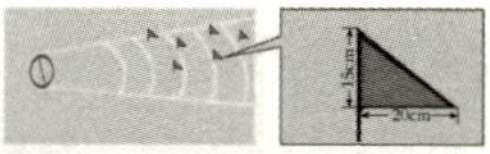

做15面这样的小旗，至少要用多少平方米的铁皮？

11. 一把雨伞的伞面是由8块相同的三角形布料拼成的。每个三角形的底是37厘米，高是48厘米。做这把雨伞至少需要多少布料？

12. 公园里有两块空地，计划分别种玫瑰和牡丹。

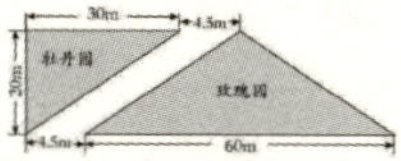

玫 瑰	每棵占地$0.5m^2$	每棵6元
牡 丹	每棵占地$1.2m^2$	每棵10元

(1) 玫瑰园占地多少平方米？种玫瑰一共需要多少钱？

(2) 你还能提出什么问题？

*13. 一个三角形的底长5米，如果将底延长1米，面积就增加1.5平方米（如图）。原来三角形的面积是多少平方米？

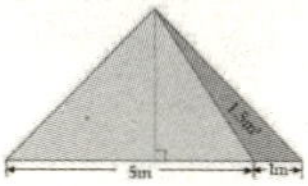

人民教育出版社　五年级上册　2005 年

三角形的面积

根据实验的结果，你能自己写出三角形的面积计算公式吗？

三角形的面积=________

如果用S表示三角形的面积，用a和h分别表示三角形的底和高，那么三角形面积的计算公式可以写成：

$$S = ah \div 2$$

1 红领巾的底是100 cm，高33 cm，它的面积是多少平方厘米？

$$S = ah \div 2$$
$$= 100 \times 33 \div 2$$
$$= 1650\ (cm^2)$$

做一做

一种三角尺的形状如右图，它的面积是多少？

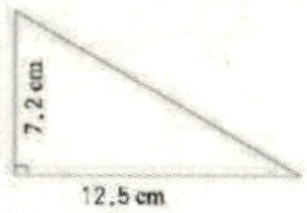

你知道吗？ 大约在2000年前，我国数学名著《九章算术》中的“方田章”就论述了平面图形面积的算法。书中说：“方田术曰，广从*步数相乘得积步。”其中“方田”是指长方形田地，“广”和“从”是指长和宽，也就是说：长方形面积=长×宽。还说：“圭田术曰，半广以乘正从。”就是说：三角形面积=底×高÷2。

*“从”读zòng，古纵字。

练习十六

1．你认识下面这些道路交通警示标志吗？一块标志牌的面积大约是多少平方分米？

2．你能想办法计算出每个三角形的面积吗？

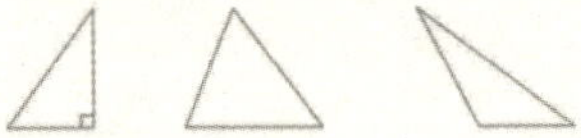

3．已知一个三角形的面积和底（如右图），求高。

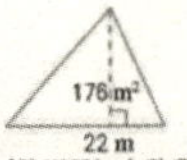

4．要在公路中间的一块三角形空地（见下图）上种草坪。1 m^2 草坪的价格是 12 元。种这片草坪需要多少元？

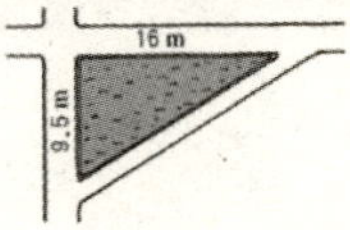

86

5．一块三角形的玻璃，它的底是 12.5 dm，高是 7.8 dm。每平方米玻璃的价钱是 68 元，买这块玻璃要用多少钱？

6．下图中哪两个三角形的面积相等？（两条虚线互相平行。）你还能画出和它们面积相等的三角形吗？

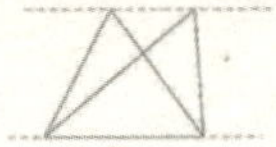

7．把一个三角形分成四个面积相等的三角形，可以怎样分？你能想出几种方法？

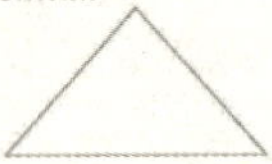

8*．图中两个三角形的面积各是 540 m^2，求平行四边形的周长。

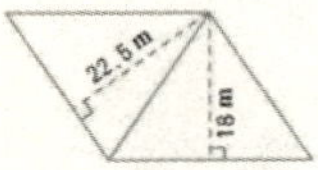

9*．右面平行四边形底边的中点是A，它的面积是48 m^2。求涂色的三角形的面积。

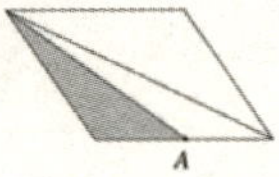

87

西南师范大学出版社　五年级（上）　2005 年

三角形的面积

1

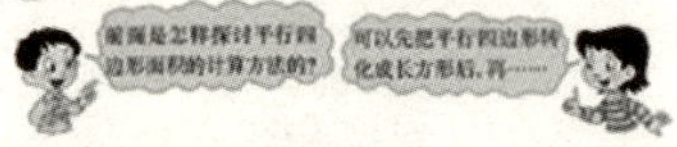

你能把三角形转化成哪些我们会计算面积的图形？

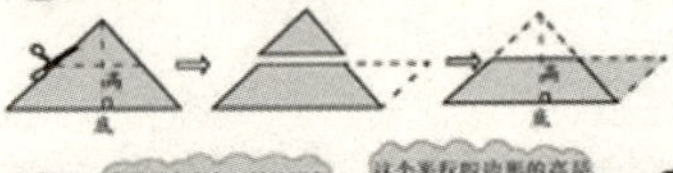

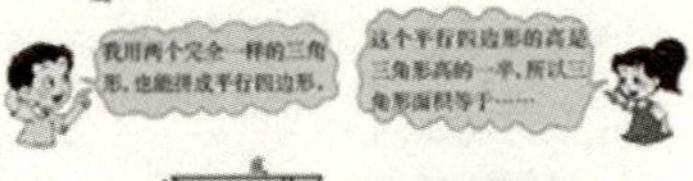

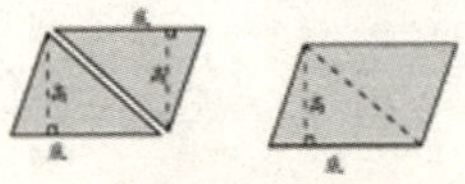

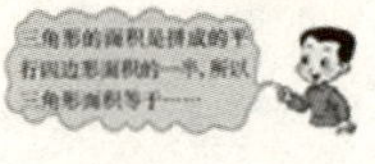

87

议一议

1．两个同学推导出来的三角形面积计算公式一样吗？

2．你还可以用哪些方法推导出三角形面积的计算公式？

三角形面积＝底×高÷2

2　一块三角形纸板的底是5cm，高是4cm，求三角形纸板的面积。

$5\times4\div2=$______(cm^2)

答：三角形纸板的面积是_____。

3　铺这块草坪大约需要多少元？

这块三角形地的面积是多少m^2？

$32\times14\div2=224(m^2)$

铺这块草坪的费用大约是：

$19\times224\approx20\times220=4400$（元）

答：铺这块草坪大约需要4400元。

88

4

做200面这样的小红旗，至少需要多大面积的红纸？

用一张长2.56m、宽0.9m的红纸，大约可以做多少面这样的小红旗？

小组讨论，合作解决问题。

课堂活动

1.拼一拼、议一议：下面哪两个三角形能拼成长方形？哪两个能拼成正方形？

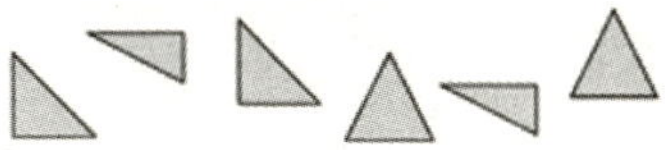

2.在七巧板中找出一个三角形，计算面积。

练习十七

1.谁说得对？

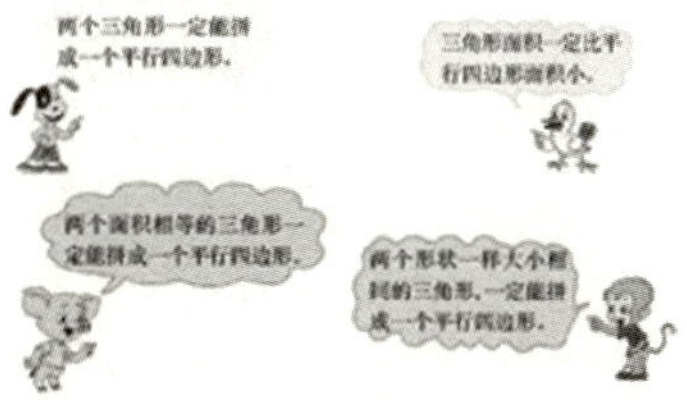

2.计算下列三角形的面积。

3.先量出图中有关数据，再计算图形面积。

4.填表。

底(m)	2.6		7.5	6.8
高(m)	3	4.2	2.4	
三角形面积(m^2)		16.8		16.32

5.量出你的红领巾的底和高，算出它的面积。如果要做50条这样的红领巾，大约需要多大面积的绸布？

6.锦旗的面积是多少cm^2？

7.某单位要用铝皮制作17块交通标志牌，每块标志牌的规格如下图所示。如果在制作过程中一共要损耗0.7m^2的铝皮，制作这些标志牌大约要多少m^2的铝皮？（得数保留一位小数）

8.看图找规律。

9.按要求计算面积。

(1)图中两个三角形的面积分别是多少m^2？

(2)这个梯形的面积是多少m^2？

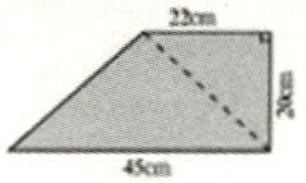

10*.

在一个长为20cm的长方形内，阴影部分的面积是60cm^2（如图），长方形的宽是多少cm？

思考题

S_1、S_2、S_3分别表示3个三角形的面积。

下面的小动物说得对不对？为什么？

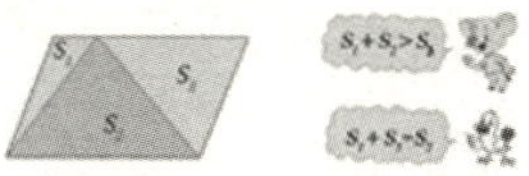

浙江教育出版社 五年级上册 2006 年

28 三角形的面积

观察与提问

操作与交流

1. 用两个同样的三角形拼成一个平行四边形。

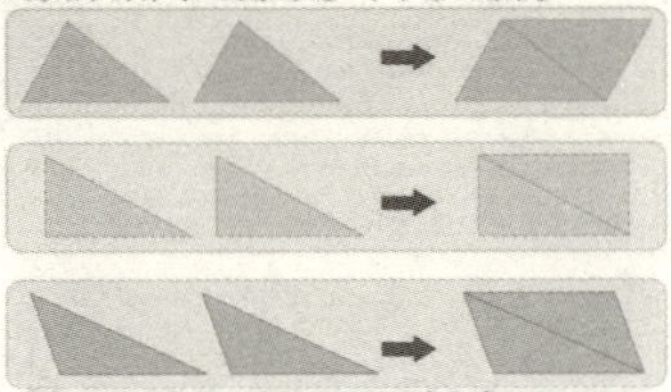

(1) 画出三角形、平行四边形的底和高。
(2) 三角形的底和高与平行四边形的底和高有什么联系？

93

2. 将下面的三角形(每个方格代表$1cm^2$)剪一刀，拼成与三角形面积相等的平行四边形。

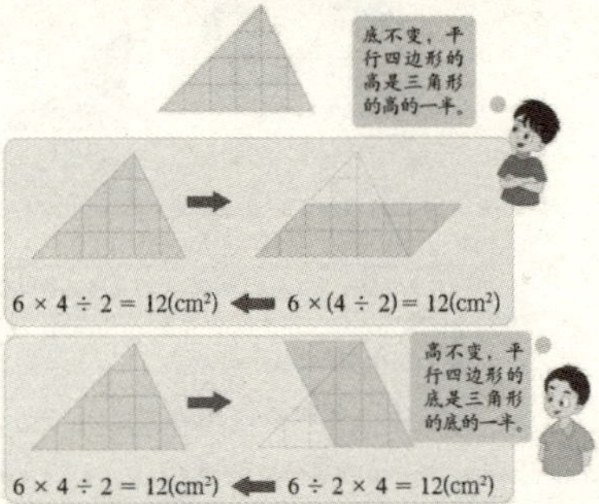

你发现了什么？

通过上面的活动，你能总结出三角形的面积计算公式吗？

三角形的面积＝底×高÷2

用字母S表示三角形的面积，a,h分别表示三角形的底和高，那么，三角形的面积计算公式可以写成：

$$S = a \times h \div 2$$

94

练习与应用

1. 看图填空。(每小格代表$1cm^2$)

这些三角形的高都是(　　)cm，底都是(　　)cm。
这些三角形的面积都是□×□÷2＝□(cm^2)。

2. 计算下面图形的面积。

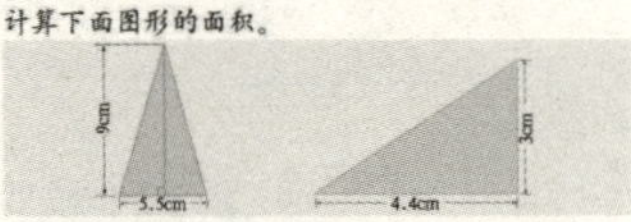

3. 在下面的格子图上画面积都是$12cm^2$的三角形(每小格代表$1cm^2$)，并在下表中分别填上所画三角形的底和高。

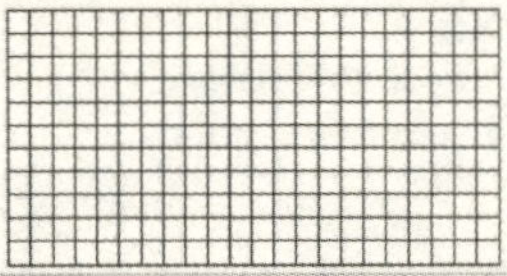

底/cm						
高/cm						
面积/cm^2	12					

95

练一练 [11]

1. 选择条件，求下列图形的面积。

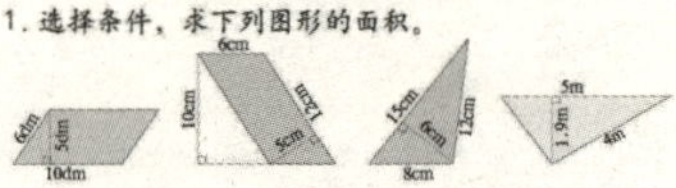

2. 先度量，再计算图形的面积。

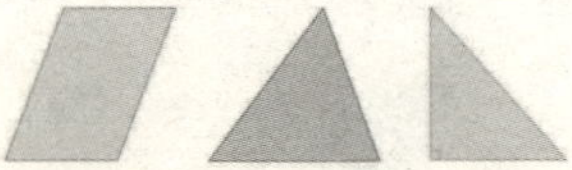

3. 下列图形①和②都是平行四边形。①和②的面积分别有什么关系？

(1)　(2)

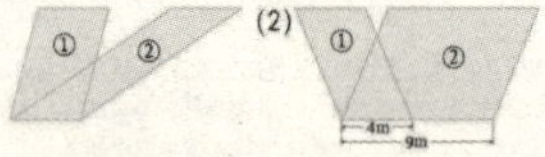

4. 算出下面每个平行四边形的面积。

底/cm		49	50	28.9	18
高/cm		31	11.8	15	6.9
面积/cm^2	估计				
	精确计算				

5. 算出下面每个三角形的面积。

底/cm		4.8	9.7	12.8	5.9
高/cm		6	7	9	8
面积/cm^2	估计				
	精确计算				

96

6. 有一块平行四边形的菜地，底是23.8米，高是14米，每平方米收青菜6千克。这块地可收青菜多少千克？

7. 右图是面积为96平方米的三角形，底是16米。高是多少米？

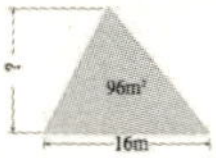

选做题

1. 下图中，$AB = BC = CD$，$EF = FG = GH$。

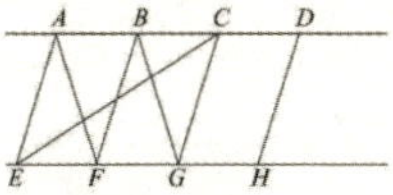

平行四边形AEGC与平行四边形(　　　　)面积相等。
三角形(　　　　)与三角形(　　　　)面积相等。
平行四边形(　　　　)与三角形(　　　　)面积相等。

2. 如右图，已知平行四边形的面积为24平方厘米。求涂色部分三角形的面积。

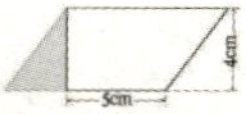

3. 世界著名建筑巴黎卢浮宫的扩建工程，四面均为相等的三角形，每个三角形大约高22m，底长30m。每个三角形的面积大约是多少？

97

2 根据实验稿课标编写的“梯形面积”教材图片

（按出版社名称音序排列）

北京师范大学出版社 五年级上册 2001 年

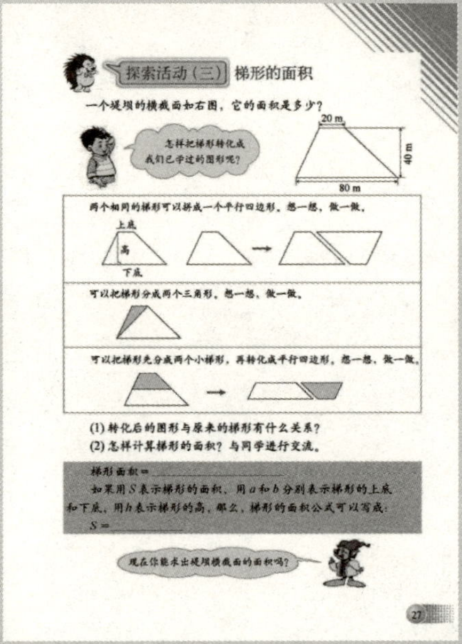
探索活动（三） 梯形的面积

一个堤坝的横截面如右图，它的面积是多少？

两个相同的梯形可以拼成一个平行四边形。想一想，做一做。

可以把梯形分成两个三角形。想一想，做一做。

可以把梯形先分成两个小梯形，再转化成平行四边形。想一想，做一做。

(1) 转化后的图形与原来的梯形有什么关系？

(2) 怎样计算梯形的面积？与同学进行交流。

梯形面积＝＿＿＿＿＿＿

如果用 S 表示梯形的面积，用 a 和 b 分别表示梯形的上底和下底，用 h 表示梯形的高，那么，梯形的面积公式可以写成：

$S=$＿＿＿＿＿＿

27

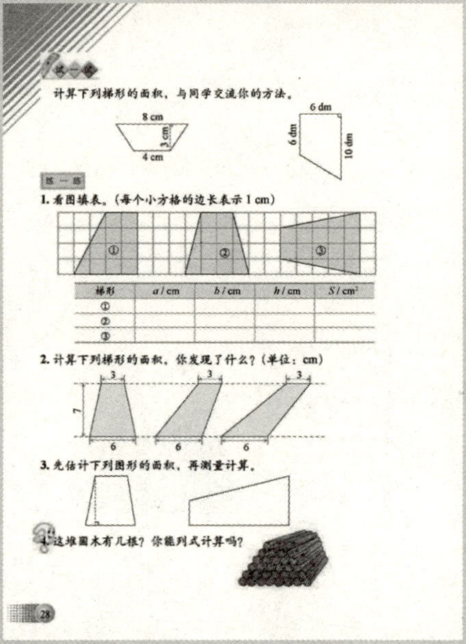
试一试

计算下列梯形的面积，与同学交流你的方法。

练一练

1. 看图填表。（每个小方格的边长表示 1 cm）

梯形	a / cm	b / cm	h / cm	S / cm²
①				
②				
③				

2. 计算下列梯形的面积，你发现了什么？（单位：cm）

3. 先估计下列图形的面积，再测量计算。

4. 这堆圆木有几根？你能列式计算吗？

28

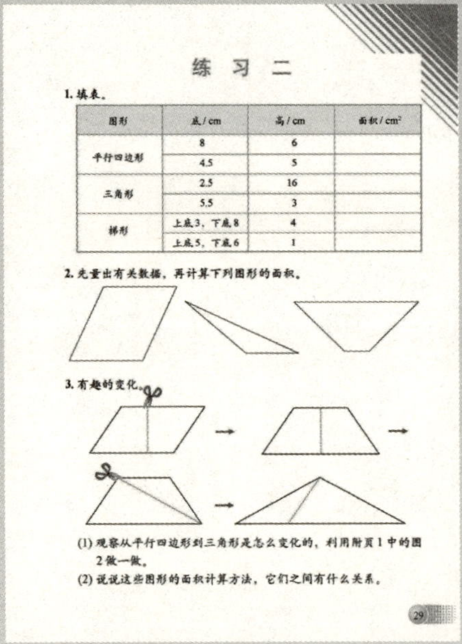
练 习 二

1. 填表。

图形	底 / cm	高 / cm	面积 / cm²
平行四边形	8	6	
	4.5	5	
三角形	2.5	16	
	5.5	3	
梯形	上底 3，下底 8	4	
	上底 5，下底 6	1	

2. 先量出有关数据，再计算下列图形的面积。

3. 有趣的变化。

(1) 观察从平行四边形到三角形是怎么变化的，利用附页 1 中的图 2 做一做。

(2) 说说这些图形的面积计算方法，它们之间有什么关系。

29

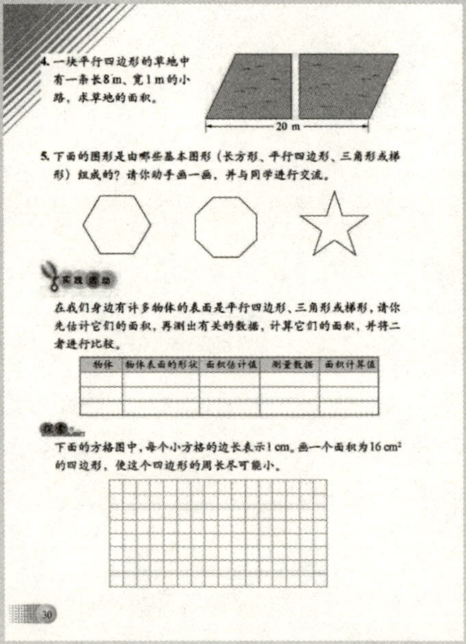
4. 一块平行四边形的草地中有一条长 8 m、宽 1 m 的小路，求草地的面积。

5. 下面的图形是由哪些基本图形（长方形、平行四边形、三角形或梯形）组成的？请你动手画一画，并与同学进行交流。

实践活动

在我们身边有许多物体的表面是平行四边形、三角形或梯形，请你先估计它们的面积，再测出有关的数据，计算它们的面积，并将二者进行比较。

物体	物体表面的形状	面积估计值	测量数据	面积计算值

探索

下面的方格图中，每个小方格的边长表示 1 cm。画一个面积为 16 cm² 的四边形，使这个四边形的周长尽可能小。

30

6 把第 129 页的梯形剪下来，看看哪两个能拼成平行四边形。先拼一拼，求出拼成的平行四边形和每个梯形的面积，在小组里交流，再填写下表。

拼成的平行四边形	底/cm			
	高/cm			
	面积/cm^2			
梯　形	上底/cm			
	下底/cm			
	高/cm			
	面积/cm^2			

小组讨论：

（1）拼成平行四边形的两个梯形有什么关系？

（2）拼成的平行四边形的底与梯形的上底、下底有什么关系？平行四边形的高与梯形的高有什么关系？每个梯形的面积与拼成的平行四边形的面积呢？

（3）根据平行四边形的面积公式，怎样求梯形的面积？

梯形的面积 =（上底+下底）× 高 ÷ 2

如果用 S 表示梯形的面积，用 a、b 和 h 分别表示梯形的上底、下底和高，上面的公式可以写成：

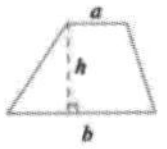

S= ________

试一试

一块梯形的麦田，上底是 36 米，下底是 54 米，高是 40 米。求这块麦田的面积。

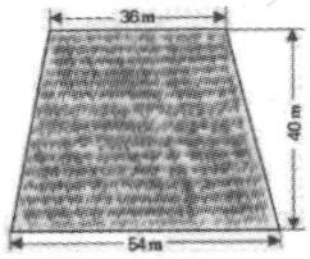

练一练

1 右边平行四边形的面积是 36 平方厘米，它是由两个完全一样的梯形拼成的。涂色的梯形面积是多少平方厘米？

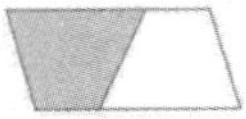

2 计算下面梯形的面积。

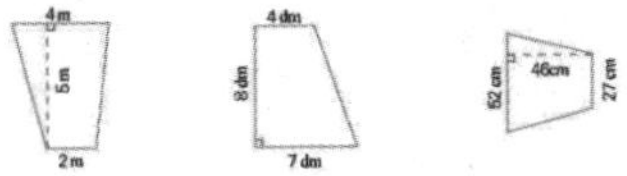

3 一个零件的横截面是梯形，上底 16 厘米，下底 24 厘米，高 8 厘米。这个零件横截面的面积是多少平方厘米？

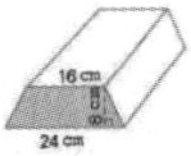

练习四

1 用两个完全一样的梯形拼成一个平行四边形。已知每个梯形的面积是 24 平方分米，拼成的平行四边形的面积是多少平方分米？

2 下面图中哪几个梯形的面积相等？为什么？

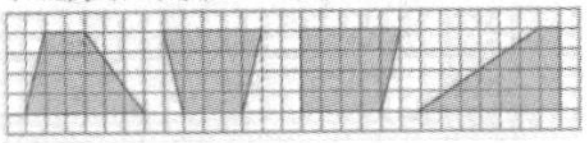

3 量出下面每个梯形的上底、下底和高，算出它们的面积。

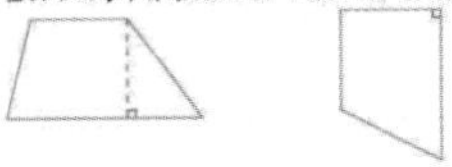

4 "银苏号"滑翔机模型的尾翼是由两个完全相同的梯形组成的（如右图）。它的面积是多少？

5 一块白菜地的形状是梯形。它的上底是 9 米，下底是 12 米，高是 18 米。如果平均每棵白菜占地 9 平方分米，这块地里一共有白菜多少棵？（用计算器计算）

6 分别算出下图中水渠横截面与拦水坝横截面的面积。

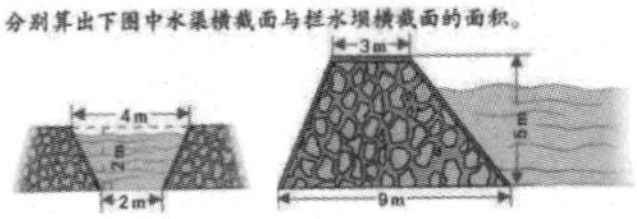

青岛出版社 五年级上册 2003 年

3

你能提出什么问题？

合作探索

1号甲鱼池是什么形状？

它的形状是梯形。

梯形有哪些特征呢？

只有一组对边平行的四边形叫做梯形。两腰相等的梯形叫做等腰梯形。

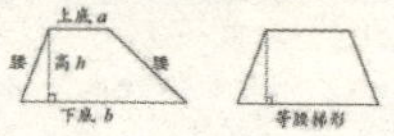

1号甲鱼池的面积是多少？

怎样求梯形的面积呢？

我们也把它转化成学过的图形来研究吧。

我把一个梯形分成了一个三角形和一个平行四边形。

我用两个完全一样的梯形拼成了一个平行四边形。

梯形的面积＝________________

用字母表示：________________

1号甲鱼池的面积：________________

答：1号甲鱼池的面积是______平方米。

2号甲鱼池能放养多少只甲鱼苗？

先要求出2号甲鱼池的面积。

它是由一个梯形和一个长方形组成的，面积是……

在左上角补上一个三角形可以组成一个长方形……

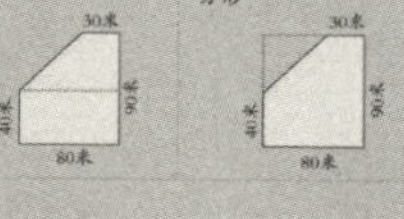

……

2号甲鱼池的面积：________________

放养甲鱼苗数：________________

答：2号甲鱼池能放养_____只甲鱼苗。

问题口袋

自主练习

1. 你能从下面的图形中找到梯形吗？

2. 填一填。

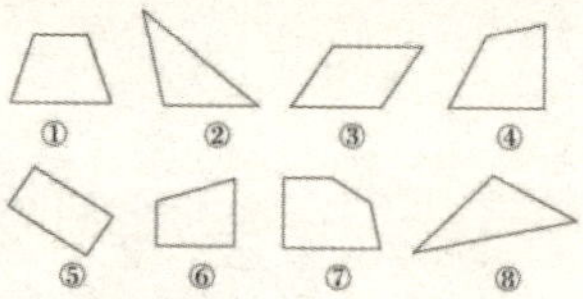

上面的图形中，(　　　)是三角形，(　　　)是平行四边形，(　　　)是梯形。

3. 计算下面图形的面积。

4. 你能求出下面图形的面积吗？

5. 某水渠的横截面是梯形（如图）。渠口宽8米，渠底宽5米，渠深1.8米。求它的横截面面积。

6.

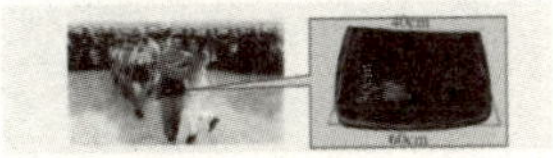

做10件这样的至少用布多少平方米？

7. 木材场常常把木材堆成下图的形状。在计算木材根数时通常用下面的方法：

（顶层根数＋底层根数）×层数÷2

（1）请算出图中木材的根数。
（2）你能用梯形面积公式解释上面的算法吗？

8. 求下面图形的面积。

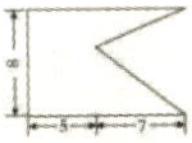

（单位：dm）

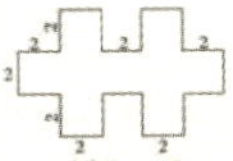

（单位：cm）

9. 草坪占地多少平方米？

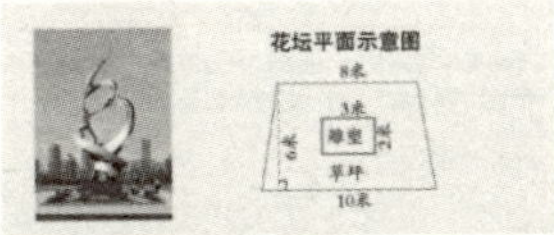

10. 小明家一面外墙墙皮脱落，要重新粉刷（如图）。每平方米需要用0.5千克涂料。如果涂料的价格是每千克10元，粉刷这面墙需要多少钱？

11.

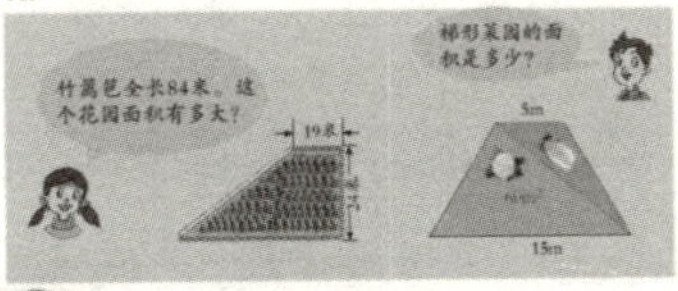

人民教育出版社　五年级上册　2001 年

梯形的面积

梯形的面积＝________

如果用S表示梯形的面积，用a、b和h分别表示梯形的上底、下底和高，那么梯形的面积计算公式是：

____

3 我国三峡水电站大坝的横截面的一部分是梯形（如下图），求它的面积。

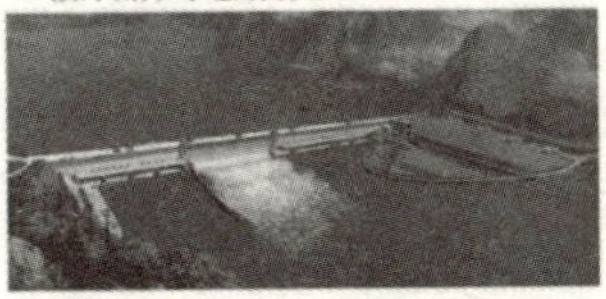

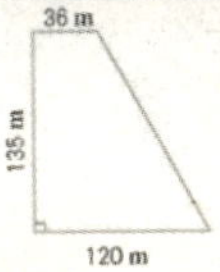

$(36+120)\times 135\div 2$
$=156\times 135\div 2$
$=10530\ (m^2)$

做一做

一辆汽车侧面的两块玻璃是梯形（如下图），它们的面积分别是多少？

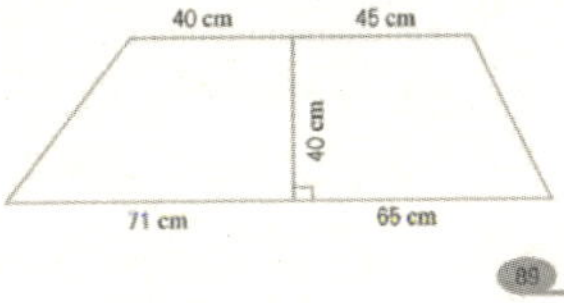

练习十七

1. 自己想办法求出这两个梯形的面积。

2. 科技小组制作飞机模型，机翼的平面图是由两个完全相同的梯形组成的（如下图）。它的面积是多少？

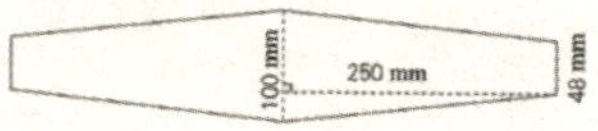

3. 寻找合适的条件，求出图形中梯形的面积。（单位：cm）

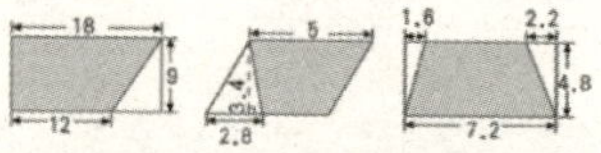

4. 靠墙边围成一个花坛，围花坛的篱笆长 46 m，求这个花坛的面积。

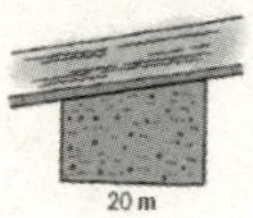

90

5. 一条新挖的水渠，横截面是梯形（如图）。渠口宽 2.8 m，渠底宽 1.4 m，渠深 1.2 m。它的横截面的面积是多少平方米？

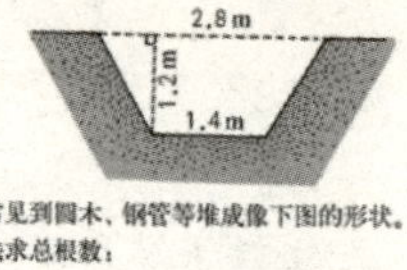

6. 我们经常见到圆木、钢管等堆成像下图的形状。通常用下面的方法求总根数：

（顶层根数＋底层根数）×层数÷2

算出图中圆木的总根数。

7. 在周围找一个梯形，量出它的底和高，再算出它的面积。

测量的物体	上底	下底	高	面积

8*. 在下面的梯形中，剪去一个最大的平行四边形，剩下的面积是多少？有几种求法？

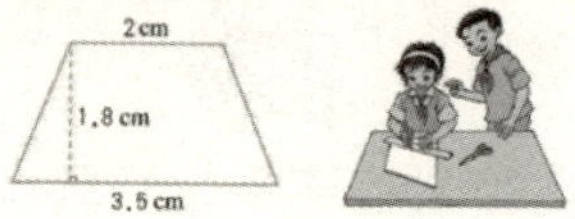

91

西南师范大学出版社　五年级（上）　2001 年

梯形的面积

(1) 你会用下面的梯形学具探讨梯形面积计算方法吗？

把你的想法讲给同学们听。

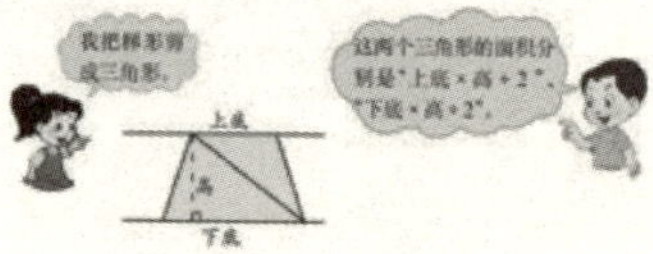

上底×高÷2＋下底×高÷2

＝＿＿＿＿＿＿×高÷2

93

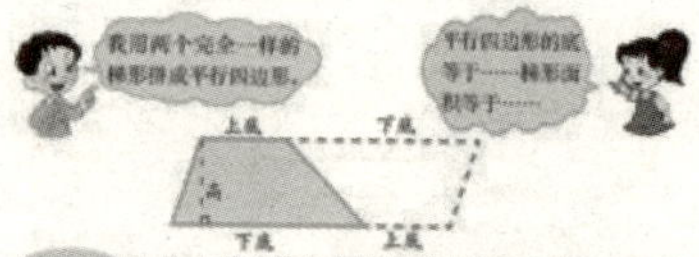

试一试 1. 两个同学推导出来的梯形面积计算公式一样吗？

2. 你还可以用哪些方法推导出梯形面积的计算公式？

梯形面积＝(上底＋下底)×高÷2

(2) 一个梯形的上底是2cm，下底是5cm，高是3cm，求这个梯形的面积。

(2＋5)×3÷2

＝＿＿＿(cm^2)

答：这个梯形的面积是＿＿＿。

(3) 拦河坝的横截面是一个梯形，它的上底是13m，下底比上底长135m，高是26m，求横截面面积。

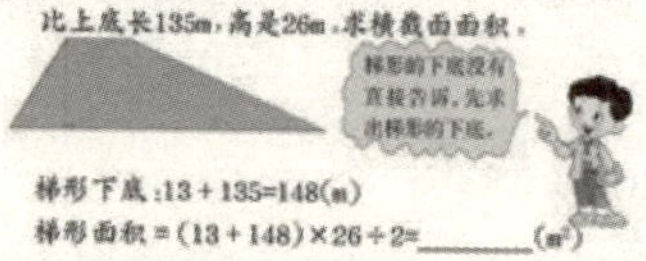

梯形下底：13＋135＝148(m)

梯形面积＝(13＋148)×26÷2＝＿＿＿＿(m^2)

答：拦河坝的横截面面积是＿＿＿。

94

4 这块水田大约能种多少穴水稻?

可以先估算水田的面积,估算时可以把上底看作10米……

____

____

____

____

这样就能算出大约能种多少穴水稻了。

答:这块水田大约能种____穴水稻。

课堂活动

看图填表。(每个方格表示1cm²)

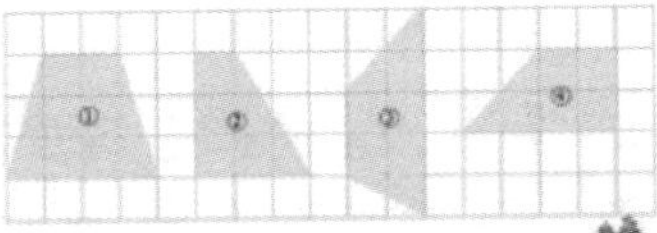

梯形	上底(cm)	下底(cm)	高(cm)	面积(cm²)
①				
②				
③				
④				

议一议 你是用什么方法得出梯形面积的?

练习十八

1. 计算下面梯形的面积。

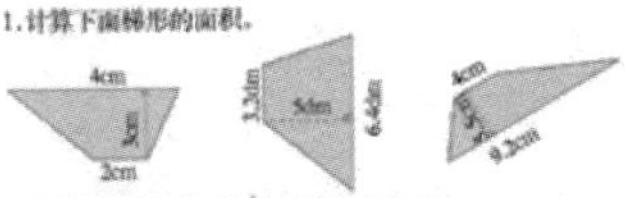

2. 先量出下图中有关数据,再计算图形面积。

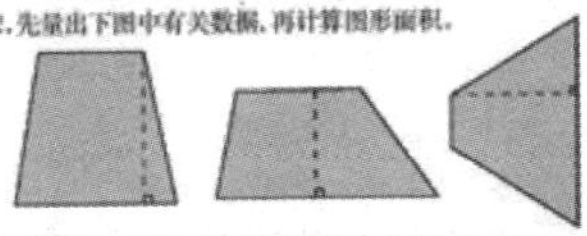

3. 一条新挖的水渠,横截面是梯形(如右图)。这条水渠横截面的面积是多少m²?

4. 这个蝴蝶风筝的面积是多少平方厘米?

5. 一块梯形稻田的上底是21.6m,下底是29.3m,高是7m。如果每m²施化肥0.015kg,这块稻田大约需要施多少化肥?

6. 看图找规律。

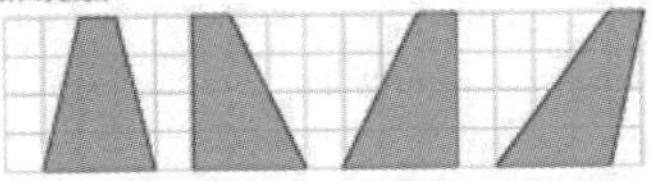

7. 用63m长的篱笆靠墙围一个梯形养鸡场(如图)。这个养鸡场占地多少m²?

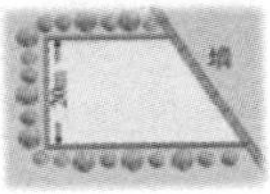

8. 已知左图中阴影部分的面积是30m²,这个梯形的面积是多少m²?

思考题

右图是一个梯形,当上底分别是6cm、4cm、2cm和1cm时,梯形的面积各是多少?

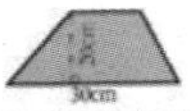

议一议:

(1)当上底为0时,这个图形变成了什么图形?面积怎样计算?

(2)当上底为30cm时,这个图形又变成了什么图形?面积怎样计算?

通过这样的变化,你知道些什么?

浙江教育出版社 五年级上册 2006 年

29 梯形的面积

观察与提问

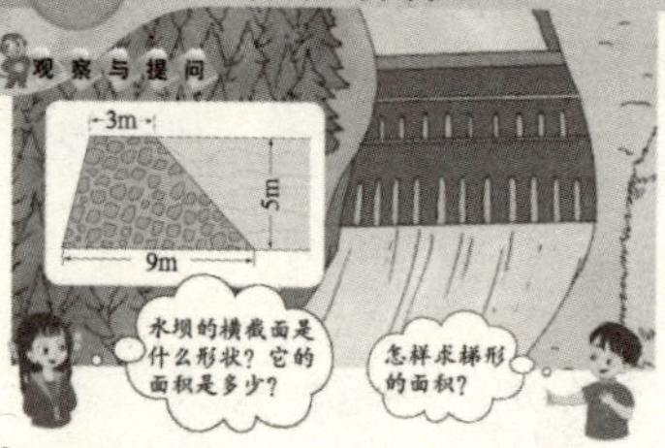

操作与交流

1. 一个梯形，上底是4厘米，下底是7厘米，高是5厘米。它的面积是多少平方厘米？

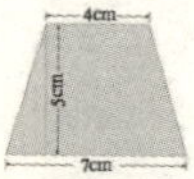

(1) 把两个同样的梯形拼成平行四边形。

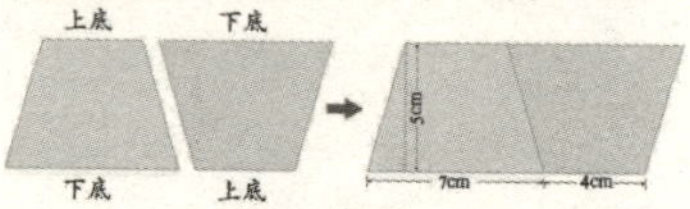

梯形的面积是：

(4+7)× 5 ÷ 2

=55 ÷ 2

=27.5(cm²)

(2) 把这样的梯形分割后，拼成三角形。

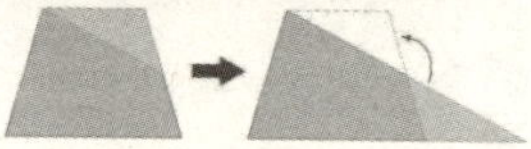

梯形的面积是：

(4 + 7)× 5 ÷ 2

=□÷ 2

=□(cm²)

(3) 把这样的梯形分割成两个三角形。

梯形的面积是：

4 × 5 ÷ 2 + 7 × 5 ÷ 2

=(□+□)×□÷ 2

=□(cm²)

通过上面的活动，我们可以推算出：

梯形的面积＝ ______________

用字母S表示梯形的面积，a,b和h分别表示梯形的上底、下底和高，那么梯形的面积计算公式可以写成：

$S=(a+b)\times h\div 2$

2. 求水坝横截面的面积。 (3 + 9)× 5 ÷ 2

= 12 × 5 ÷ 2

= 30(m²)

练习与应用

1. 观察下面的梯形，填表。(每小格代表1cm²)

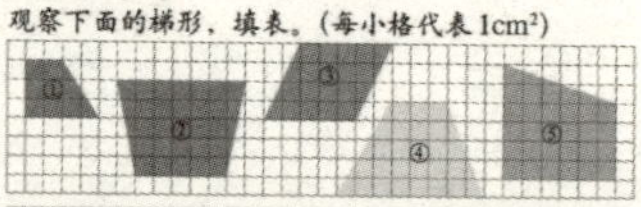

梯 形	①	②	③	④	⑤
上底/cm					
下底/cm					
高/cm					
面积/cm²					

2. 计算下面各图形的面积。(单位：mm)

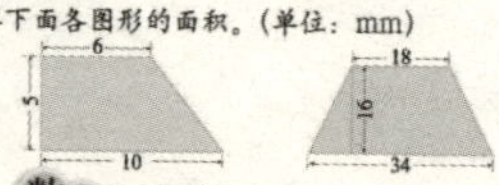

数学百花园

出入相补原理

在我国，几何学不仅有悠久的历史，丰富的内容，还有重大的成就。其中有一个简单易懂的出入相补原理，广泛应用于多种多样的问题中。出入相补原理是指一个平面图形从一处移置到另一处，面积不变。如果把图形分割成若干块，那么各部分面积的和等于原来图形的面积。这也是平面图形面积计算公式推导的基本原理。

练一练 [12]

1. 有一条水渠的横截面是梯形（如下图），渠口宽（上底）28分米，渠底宽14分米，渠深12分米。它的横截面积是多少平方米？

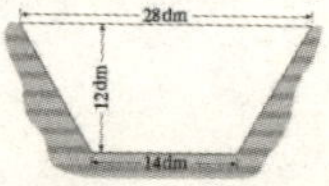

2. 下面是一座水电站拦河坝的横截面图，求它的面积。

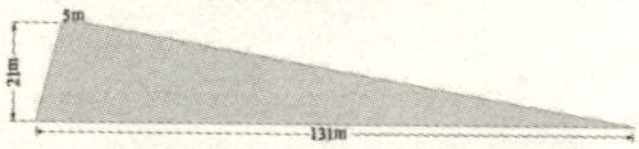

3. 右图是上底10厘米、下底15厘米、面积100平方厘米的梯形。高是多少厘米？

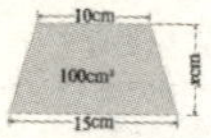

4. 木工把一块面积是110平方厘米的梯形木板按左图锯开。大三角形的面积是多少平方厘米？

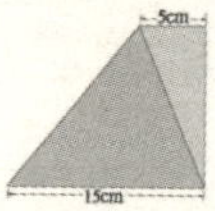

5. 这堆圆木有多少根？

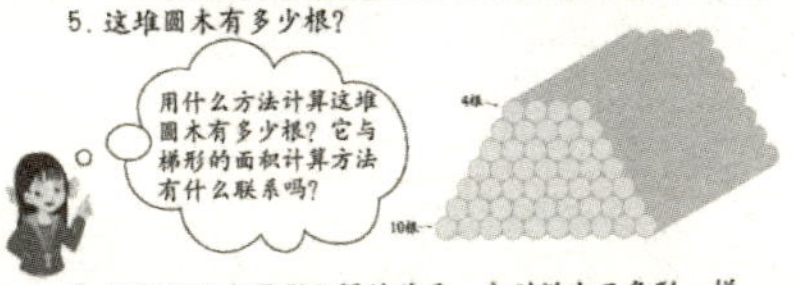

6. 根据下面各图形之间的关系，分别说出三角形、梯形、平行四边形和长方形的面积计算公式。

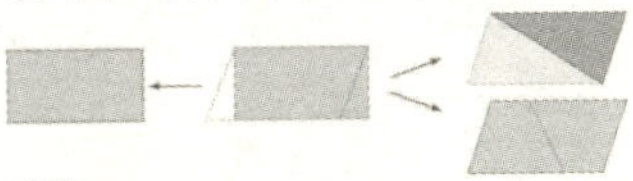

选做题

1. 将下图的平行四边形分成三角形、梯形两部分，两部分面积相差40平方厘米。梯形的下底是多少厘米？

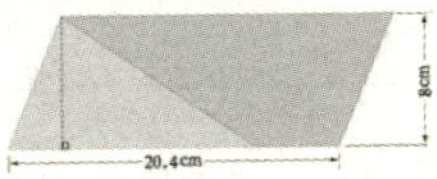

2. 已知三角形ABC的面积是36平方厘米，AC长8厘米，DE长3厘米。求阴影部分的面积。

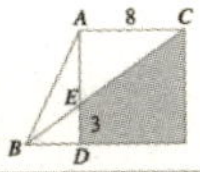

102

3　三角形面积的前测、后测试卷

三角形面积的前测试卷

1. 下面图形的面积是指哪一部分呢？涂色表示出来。

2. 画出下面三角形 *AB* 边上的高。

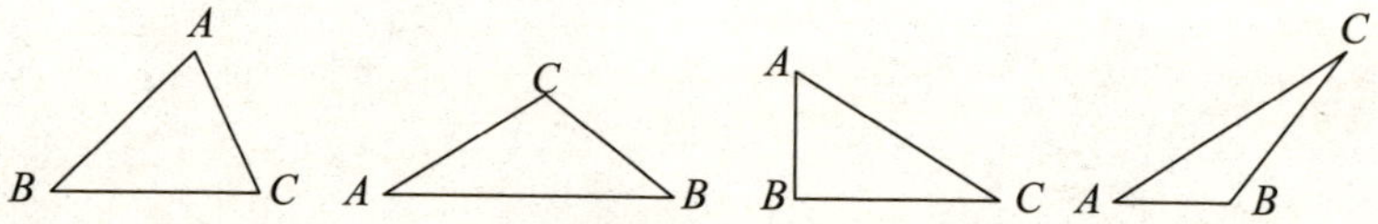

3. 每个小方格表示 $1cm^2$。写出方格图中各图形的面积。

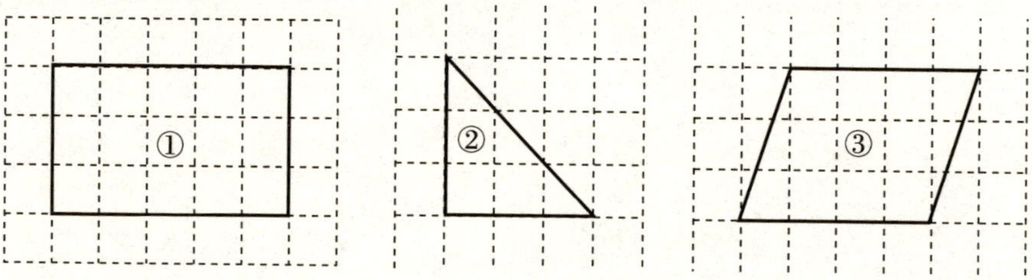

①________　②________　③________

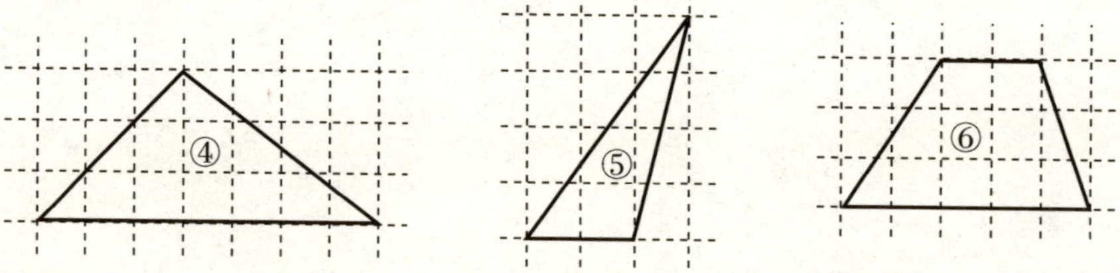

④________　⑤________　⑥________

4. 计算下面图形的面积。

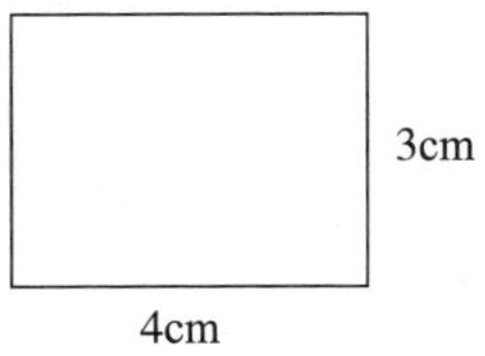

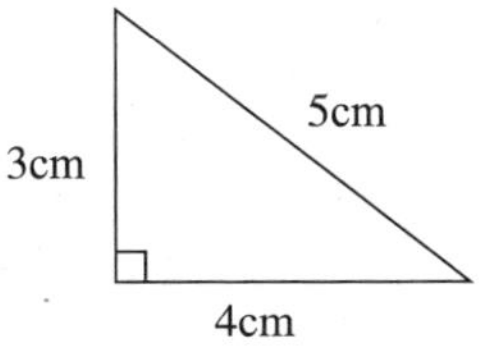

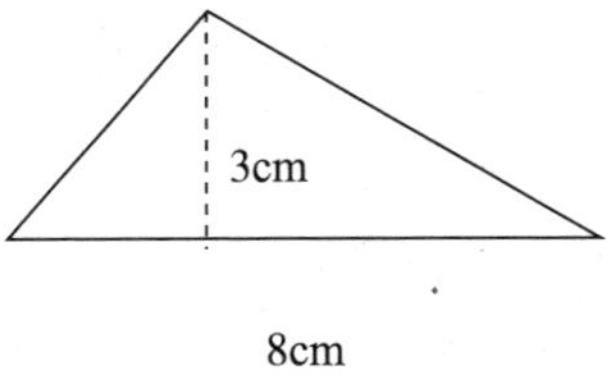

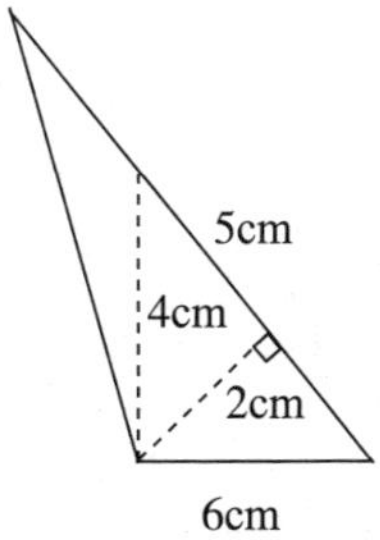

三角形面积的后测试卷（A）

1. 求下面各三角形的面积（单位：cm）。

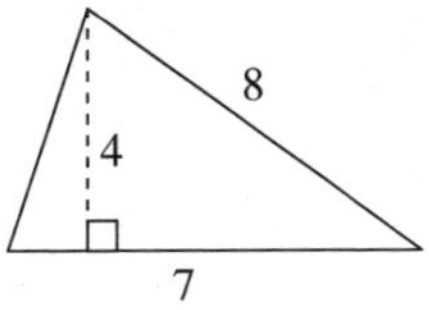

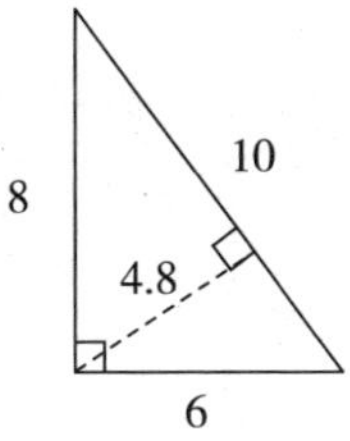

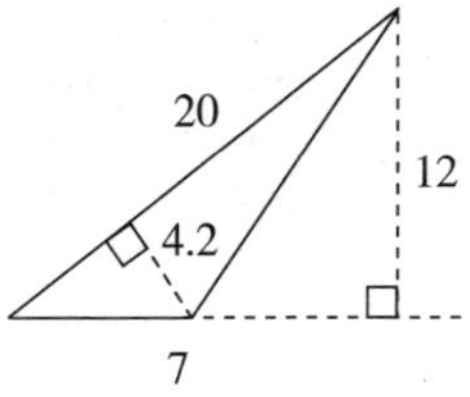

2. 填表。

项目＼不同三角形	①号三角形	②号三角形	③号三角形
底/厘米	12	2	
对应高/厘米	5		20
面积/平方厘米		10	10

3. 填空。

（1）一个平行四边形与一个三角形的底和高都相等。如果平行四边形的面积是4平方厘米，那么三角形的面积是（　　　）平方厘米。

（2）一个平行四边形与一个三角形的面积和高都相等。如果平行四边形的底边长是 4 厘米，那么三角形的底边长是（　　　）厘米。

4. 解决问题。

（1）一块红布长 3 米，宽 1.5 米，把它裁成底和高都是 3 分米的三角形小旗，可以裁多少面？

（2）一块地的形状正好是一个直角三角形，量得它的三边长分别是 30 米、40 米和 50 米。请你求出它的面积。

（3）如图，将三角形 *ABC* 分割成三个三角形。

已知三角形①的面积是 3 平方厘米。

求：三角形②的面积是多少平方厘米？

三角形 *ABC* 的面积是多少平方厘米？

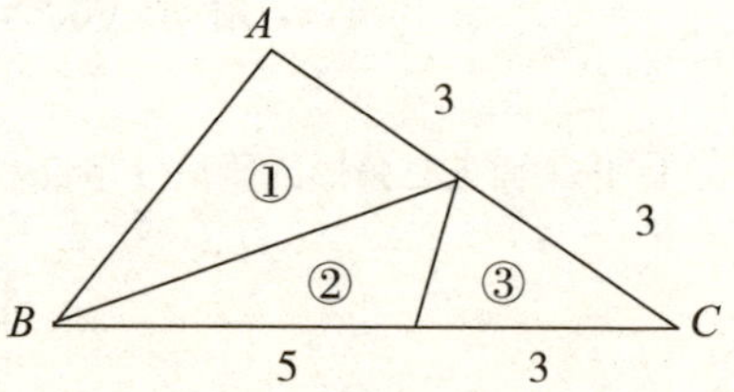

三角形面积的后测试卷（B）

1. 求下面各三角形的面积（单位：cm）。

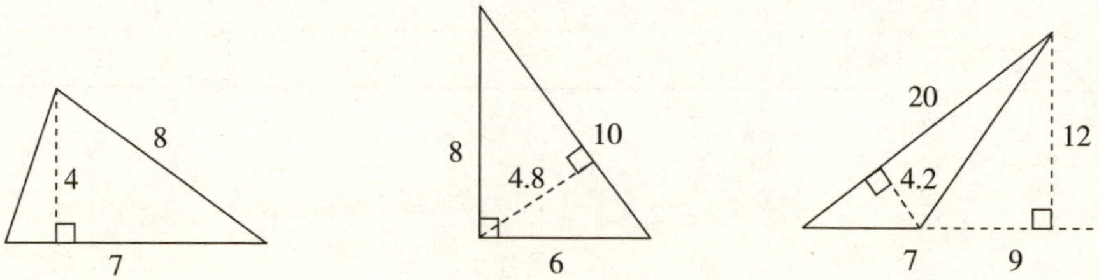

2. 填空。

（1）一个三角形，底边长 12cm，高 5cm。它的面积是（　　　　）。

（2）一个三角形，面积 10 平方厘米，高 2 厘米，底边长（　　　　）。

3. 填空。

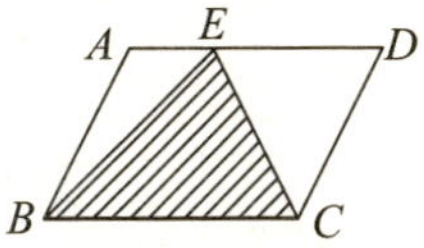

（1）如右图，如果平行四边形 ABCD 的面积是 4 平方厘米，那么三角形 EBC 的面积是（　　　）平方厘米。

（2）一个平行四边形与一个三角形的面积和高都相等。如果平行四边形的底边长是 4 厘米，那么三角形的底边长是（　　　）厘米。

4. 解决问题。

（1）一块红布长 3 米，宽 1.5 米，把它裁成底和高都是 3 分米的三角形小旗，可以裁多少面？

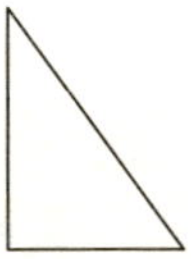

（2）如右图，一块地的形状正好是一个直角三角形，量得它的三边长分别是 30 米、40 米和 50 米。请你求出它的面积。

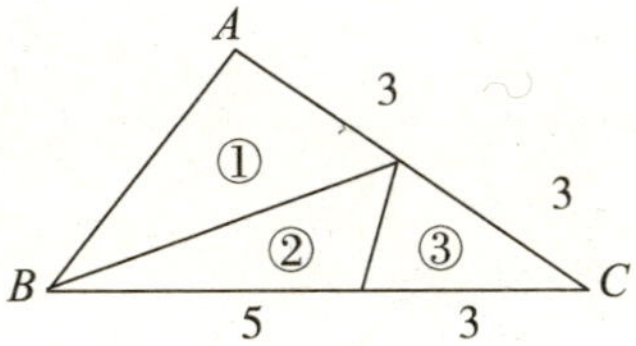

（3）如右图，将三角形 ABC 分割成三个三角形。

已知三角形①的面积是 3 平方厘米。

求：三角形②的面积是多少平方厘米？

三角形 ABC 的面积是多少平方厘米？

4 梯形面积的后测试卷

1. 你能计算下列梯形的面积吗？请列式计算。如不能，请说明理由。

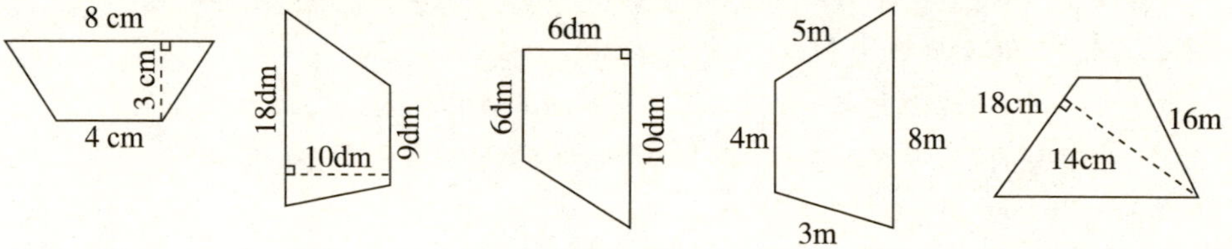

① ② ③ ④ ⑤

2. 寻找合适的条件，求出图形中梯形的面积（单位：cm）。

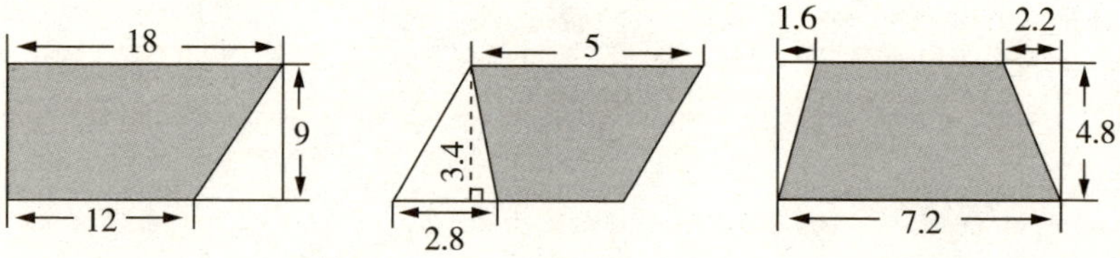

① ② ③

3. 科技小组制作飞机模型，机翼的平面图是由两个完全相同的梯形组成的（如下图）。它的面积是多少？

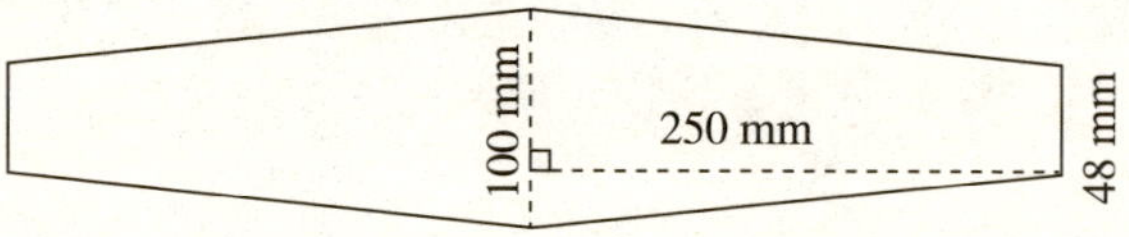

4. 靠墙边围成一个花坛（如下图），围花坛的篱笆长 46 米，求这个花坛的面积。

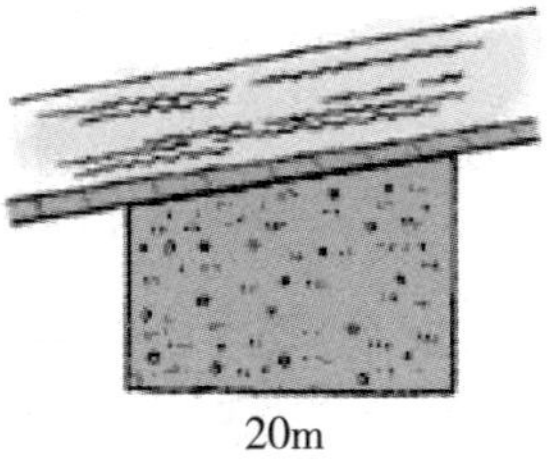

5. 梯形菜园的面积是多少?

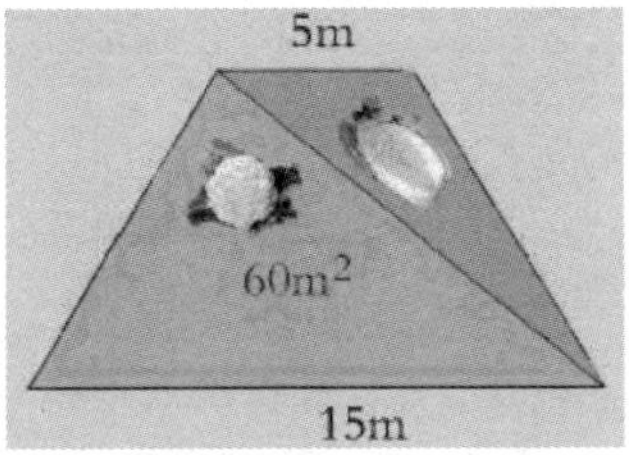

5 三角形面积的教学片段欣赏

片段 1：来自张学东老师的教学设计

师：每位同学的桌子上都有一袋学具（内有两个完全一样的锐角三角形、直角三角形、钝角三角形、一个长方形、一个平行四边形、大小各异的任意三角形若干个），请你们自由组合成学习小组，利用这些图形进行操作研究，看谁能用多种方法发现三角形面积的计算公式。（学生有的独立思考，有的互相讨论，有的动手剪图形。不一会儿有了初步的结论，教师让他们上台展示）

生 1：当把两个完全一样的直角三角形拼成一个长方形时，原三角形的底等于长方形的长，原三角形的高等于长方形的宽，原三角形的面积等于长方形面积的一半，所以三角形面积 = 长方形面积 ÷ 2 = 底 × 高 ÷ 2。

生 2：当把两个完全一样的锐角三角形拼成一个平行四边形时，原三角形的底可拼成平行四边形的底，原三角形的高可拼成平行四边形的高，原三角形的面积等于平行四边形面积的一半，所以三角形面积 = 平行四边形面积 ÷ 2 = 底 × 高 ÷ 2。

生 3：当把两个完全一样的钝角三角形拼成一个平行四边形时，原三角形的底可拼成平行四边形的底，原三角形的高可拼成平行四边形的高，原三角形的面积等于平行四边形面积的一半，所以三角形面积 = 平行四边形面积 ÷ 2 = 底 × 高 ÷ 2。

生 4：任何一个平行四边形都可沿着对角线剪成大小完全一样的两个三角形，所以三角形面积 = 平行四边形面积 ÷ 2 = 底 × 高 ÷ 2。

生 5：任何一个长方形都可沿着对角线剪成两个大小完全一样的三角形，每个三角形的面积都是原长方形面积的 $\frac{1}{2}$，所以三角形面积 = 平行四边形面积 ÷ 2 = 底 × 高 ÷ 2。

生 6：一个等腰三角形沿一条高对折，可以剪拼成一个长方形，这个长方形的长 = 三角形底 ÷ 2，宽等于三角形的高，所以三角形面积 = 平行四边形面积 ÷ 2 = 底 × 高 ÷ 2。

师：同学们真会动脑筋！采用了这么多方法推导三角形面积的计算公式。但我发现大家是运用两个完全一样的三角形、长方形、平行四边形等特殊的图形推导出三角形面积计算公式的。（出示一个任意的三角形）对于一个任意三角形，能不能想办法推导出三角形面积的计算公式呢？

学生拿出身边的任意三角形，讨论、交流、操作然后汇报。

生 7：把一个三角形沿两条边的中点剪开拼成一个平行四边形，平行四边形的底是三角形的底，平行四边形的高是三角形的高 ÷ 2，所以三角形面积 = 平行四边形面积 ÷ 2 = 底 × 高 ÷ 2。

生 8：把一个三角形折叠成两个完全一样的长方形，长方形的长等于三角形的底 ÷2，宽等于三角形的高 ÷2，所以三角形的面积 = 长方形面积 ×2 = （底 ÷2）×（高 ÷2）×2 = 底 × 高 ÷2。

片段 2：来自汪和庆老师的教学设计

一、用一个三角形，通过剪拼推导三角形面积公式。

师：(拿出一个带方格背景的锐角三角形)，请你剪一刀或者两刀把它拼成一个我们学过的面积公式的图形——可以是平行四边形，包括长方形。拼完以后还要回答：

三角形的面积和拼成的平行四边形（含长方形）面积有什么关系?

平行四边形的底相当于三角形的什么？高呢?

你能不能根据这些关系推导出三角形的面积计算公式?

学生独立活动，教师巡视：拼了一种，还有别的方法，可以再拿一个三角形来活动。

指名展示：

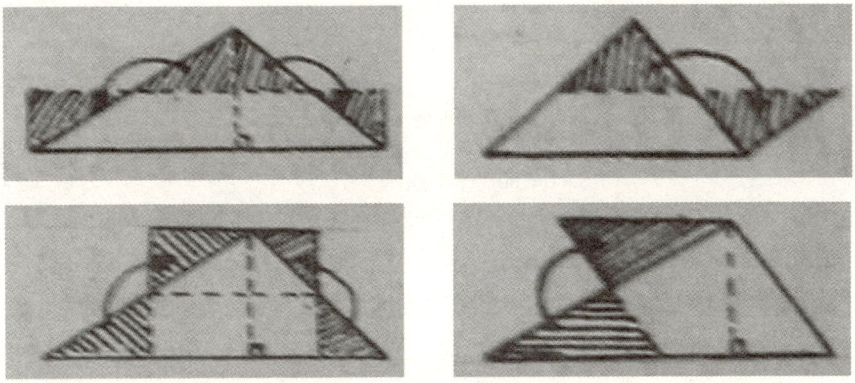

逐个观察，说说图形之间的关系。

面积关系——板书：三角形的面积 = 平行四边形的面积

底和高之间的关系，按照剪拼的具体情况，逐步补充板书，形成下面这样两个公式：

三角形的面积 = 平行四边形的面积 = 底 ×（高 ÷2）

三角形的面积 = 平行四边形的面积 =（底 ÷2）× 高

二、接下来，我们用两个完全一样的三角形，拼成一个学过的图形，来推导出一个

三角形的面积公式。(学具为两个锐角三角形)

自主活动。

指名汇报，板书推理过程。

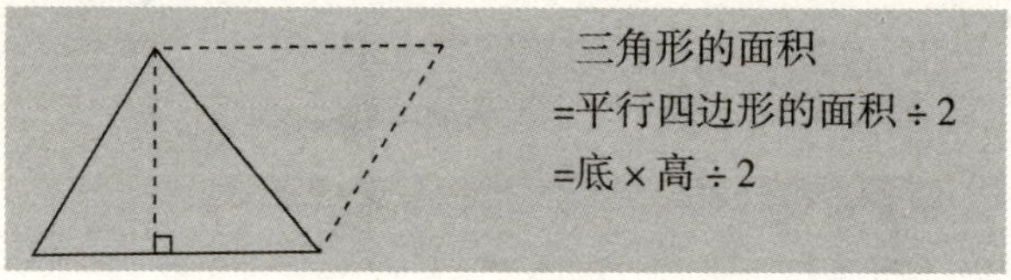

片段3：来自邱学华老师的教学设计

一、剪开长方形和平行四边形，推导三角形面积公式

师：那么三角形能不能通过剪拼的办法剪拼成长方形呢？我们来做个实验。

学生拿出预先准备的长方形纸片，先量一量，长方形的长和宽（长10厘米，宽6厘米）并算出它的面积。然后沿长方形的对角线剪开，分成两个大小形状相同的三角形，并算出它的面积。

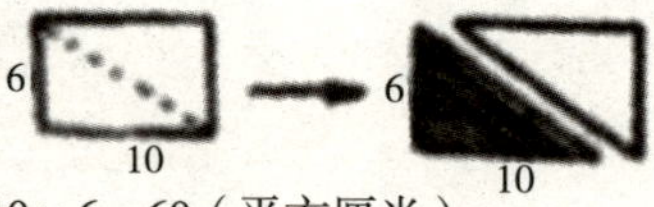

10×6=60（平方厘米）

10×6÷2=30（平方厘米）

(这个实验让学生清楚地看出，这个三角形的面积是原来长方形的一半。)

学生再拿出预先准备的平行四边形纸片，量出它的底和高（底10厘米，高6厘米），算出它的面积。然后沿对角线剪开，分成两个大小形状都相同的三角形，再算出它的面积。

10×6=60（平方厘米）

10×6÷2=30（平方厘米）

（要求学生仔细观察平行四边形的底和高同剪开的三角形的底和高是一致的，充分相信剪开的一个三角形是原来平行四边形的一半。）

通过上面两个实验，组织学生讨论，让学生尝试说出计算三角形面积的公式：

三角形的面积＝底×高÷2。

二、自学课本，学习用倍拼法推导三角形面积公式

师：刚才我们是用“分”的办法证明，计算三角形面积的公式，课本是用“合”的办法证明，把两个大小形状相同的三角形拼成一个长方形或一个平行四边形。

（指导学生认真阅读课本，同桌两人相互读，相互讨论。）

6 作业中部分题目学生错误情况统计

1. 一条新挖的水渠，横截面是梯形（如图）。渠口宽 2.8 米，渠底宽 1.4 米，渠深 1.2 米。它的横截面的面积是多少平方米？

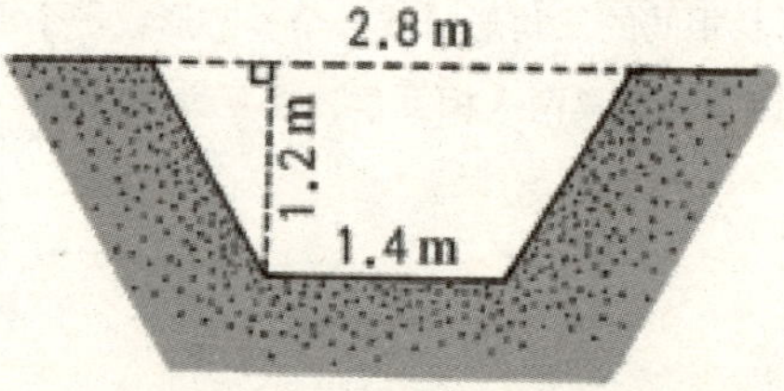

本题正确人数 192 人，约占总人数的 81.0%，错误人数 45 人，错误率约为 19.0%。其中计算错误 42 人。这是梯形面积计算的应用问题，但还是基本的梯形面积计算问题。涉及小数的计算，学生的错误率还是比较高的。小数的加、减、乘、除，还是要加强。

2. 在右面的梯形中，剪去一个最大的平行四边形，剩下的面积是多少？有几种求法？（请画出示意图）

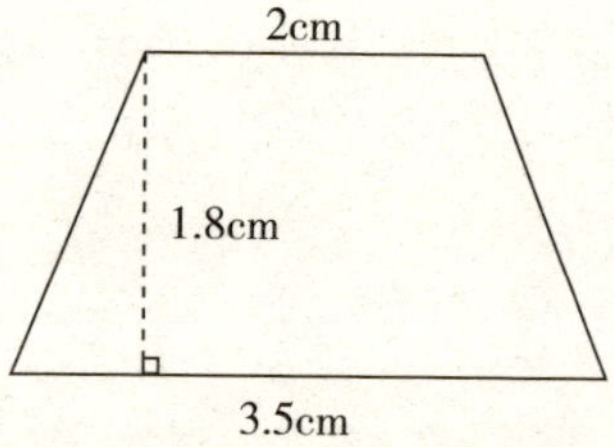

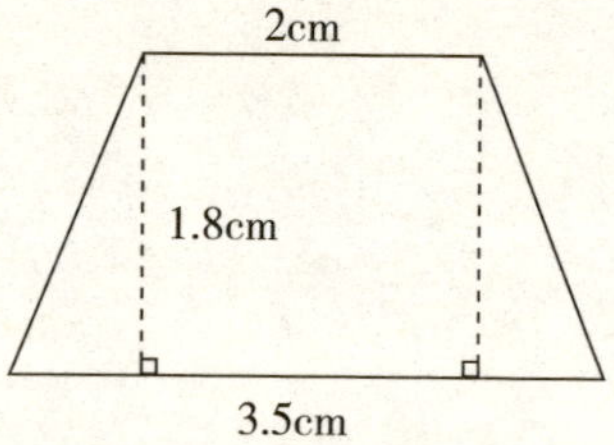

这道题一共有两种思路。方法一：直接求三角形的面积。方法二：先求梯形面积和平行四边形面积，然后求出它们的差，就是三角形的面积。有一个特例，那就是把这个图形当作等腰梯形，如右图，两个小三角形的面积相等，求出一个三角形后乘 2，得到两个三角形的面积和。虽然，这是一种特殊的解决问题的方法，但是把问题作特殊化的处理，也是解决问题的方式之一。这道题做对的人数为 164 人，其中只采用方法一的有 54 人，约占总做对人数的 33%；只采用方法二的有 39 人，约占总做对人数的 24%；两种方法都用的有 71 人，约占总做对人数的 43%。各种类型错误如下表。

典型错误	错误人数
空白	21
求三角形面积时，没有除以 2	15
只求出了梯形的面积	11
只求平行四边形面积	2
求梯形面积时，没有除以 2	3
其他错误（数字看错、计算错误等）	21

3. 我们经常见到圆木、钢管等堆成像下图的形状。通常用下面的方法求总根数：(顶层根数 + 底层根数) × 层数 ÷ 2。请说明道理。

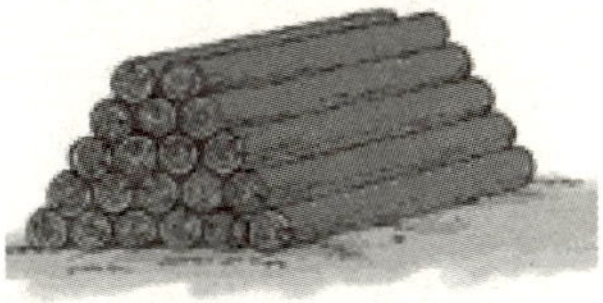

统计学生的完成情况，摘录典型的错误如下：

(1) 因为这些木头摆在地上成梯形状，所以可以按照梯形面积公式算。

(2) 它和梯形求面积公式一样，顶层根数 = 上底，底层根数 = 下底，层数 = 高。

(3) 可以把这些圆木（钢管）看成一个梯形，把两个梯形拼在一起，是一个平行四边形。因平行四边形的圆木（钢管）数 = （上底 + 下底） × 高，所以梯形的圆木（钢管）数 = （上底 + 下底） × 高 ÷ 2。

(4) 因为“顶层根数 + 底层根数”是顶、底根数之和，“ × 层数”就是乘总层数，“ ÷ 2”是因为我们算了两份——一份是顶层根数，另一个是底层根数。

(5) 底层根数 + 顶层根数 = 总底根数，乘层数就是算出总根数，又因为多算了一倍，所以要除以 2。

(6) 这个公式就是等差数列公式。(顶层根数 + 底层根数) ÷ 2 = 最中间的圆木数 (平均数)，平均数 × 层数 = 总根数。

(7) 因为一头一尾是一对，两头两尾又是一对，但这样乘层数会多算一倍，所以要除以 2。

(8) 如果再堆这样的圆木或钢管，把它旋转 180°，再拼起来的话，就是一个堆成平行四边形的圆木（钢管），而平行四边形的底正好是原来的上底和下底，因此可以用平行四边形的方法求出总根数，最后就会发现这个平行四边形正好是原堆的两倍，就可以用除以 2 的方法求出原堆根数。

(9) 用这种方法算：（2 + 6） × 5 ÷ 2 = 20（根）。死算：6 + 5 + 4 + 3 + 2 + 1 = 20 (根)。答：两种不同的方法算出来都有一样的结果，所以这种方法是正确的。

后 记

这是我们在“朱乐平小学数学名师工作室”学习期间的一份作业，一份最艰巨、最痛苦却又始终吸引着我们、鼓舞着我们的作业。以一节课为抓手，借研究一节课来学习、感悟课程标准（教学大纲）、课程乃至教学思想的流变和流派，朱老师的这个创意“折磨”了我们整整5年。作为小学老师，我们备过课，却不知道课还要备得这样深、这样广；且当这样深而广地着眼于历史背景和教学理论时，又始终不能脱离扎实而具体的这一节课。这样的研究我们没有现成的模式可以参照，这样的文章我们不知道从何起笔。我们摸索了5年，从最初的茫然，到找到一点微光而兴奋，又无数次地推翻重来，搁浅，再一鼓作气……终于，在朱老师的极力帮助下，慢慢地“堆”成我们今天的文字，并且，出乎意料的，它还成为了一本书。

如前所述，这本书将紧紧扣住“三角形面积”和“梯形面积”两节课，来呈现我们就这两节课查找到或实践过的相关上位数学知识、教学知识，不同时期的教材、教学设计，学生情况测查和访谈等。在这些方面我们所占有的资料、所想到的观点和所进行的实践，都将真诚地与你共享，希望引起你的共鸣和得到你的批评。

全书分为两篇：上篇“三角形面积的教学研究”由陈敏完成，下篇“梯形面积的教学研究”由许含英完成。因两节课相互关联，我们两人很可能在文章的个别章节中关注了相同的问题，但又都会联系各自的课具体展开。由于我们两人所持的研究逻辑和理论信念不尽相同，两篇的体例和格式虽基本统一，但仍保留了各自的特色。比如，对三角形面积的教学要求，课程标准（教学大纲）长期保持了一致，因此，在“三角形面积教学研究”这一篇中，我们没有设立有关课程标准（教学大纲）比较的章节。

在成文过程中，我们无疑是努力的，但努力的背后，离不开朱乐平老师细致的指导和热情的鼓励（当然也有鞭策的时候）。另外，教育科学出版社的郑莉老师给我们的文风和文笔做了很多点拨，我们在文本中做了一些尝试，以增加与读者的互动，提高读者的阅读兴趣和乐趣。

小学老师也能做研究。与大家共勉！

陈敏　许含英

2013 年 7 月于杭州